2030年の
フード&アグリテック

NAPA
NOMURA Agri Planning & Advisory

農と食の未来を変える世界の先進ビジネス70

野村アグリプランニング＆アドバイザリー株式会社————［編］

佐藤光泰・石井佑基————————————————［著］

同文舘出版

はじめに

　2020年3月2日、米国大手IT企業のグーグル（アルファベット）社の傘下で社会課題の解決に取り組む研究開発組織X（旧グーグルX）社は、ビッグデータと人工知能（AI）を活用した水産養殖管理用のデジタルプラットフォームを開発したことを発表した。これは生簀内の高精度カメラや3D画像処理技術を用いて魚1匹ごとの「顔」を認識し、AIが生簀内の魚の数や個々のサイズ、病気の有無などをリアルタイムに判別・記録する個体管理システムである。

　X社はこれまで、自動運転技術で世界を席巻しているウェイモ社や"空飛ぶ"風力発電として画期的なマカニ社をスピンアウトしており、「Tidal（タイダル）」と名付けられた水産養殖プロジェクトの行方に注目が集まる。

　X社で陣頭指揮を執るのは、グーグル社の共同創業者であるセルゲイ・ブリン氏である。同氏は「動物福祉（動物愛護）」や「環境問題」に強い関心を持ち、2013年にオランダ・マーストリヒト大学で開発された世界初の培養肉に研究資金を投下したスポンサーとしても知られている。培養肉は牛の筋幹細胞を採取・培養して製造される代替肉で、「と畜」の必要がなく地球環境に負荷の小さい製品のため、別名"クリーンミート"とも呼ばれている。

　培養肉は2022年頃の上市が見込まれるが、昨今、世界中で旋風を巻き起こしている代替食品は、植物由来の原料で製造された植物肉である。植物肉は米国のスタートアップであるビヨンド・ミート社とインポッシブル・フーズ社が2015年以降に市場を創造し、ビーガンやベジタリアンだけでなく、社会課題に高い関心を持つ若いリベラル層を中心とした消費者を取り込んだ。

　植物肉が消費者の支持を集めた最大の理由は、テクノロジーの進化による「味」の飛躍的な改善である。両社の植物肉は本物の肉の見た目や味、香り、食感などを分子レベルで解析し、植物性原料のみでそれらを再現することに成功した。これまでの"もどき肉"とは味で一線を画する。

　植物肉は一過性のブームで終わる気配はない。米国食肉最大手タイソン・フーズ社のノエル・ホワイトCEOは2019年末に、「2030年に植物肉が食肉市場の半分程度を占めていても不思議ではない」と述べているように、2015年の

SDGs（持続可能な開発目標）の採択以降、消費者の嗜好は根本から変わり始めている。「エシカル消費」が表すように、彼らの関心は社会課題の解決であり、言い換えると持続可能な畜産の生産システムの構築である。

　筆者はこのようなデジタルプラットフォームや代替肉などの農と食の新たな技術・製品分野を『フード＆アグリテック』と呼んでいる。これは「フード（食品）」と「アグリ（農業）」に、デジタルやロボットなどの「テクノロジー」を掛け合わせた造語であり、わが国が推し進める「スマート農業」に、一部の食品・流通分野を含めた農と食の新たなソリューション概念である。

　フード＆アグリテックは、「第三次農業革命」を通じて農業分野の生産性改善や効率・省力化に寄与すると同時に、農と食の産業にデジタルトランスフォーメーション（DX）を促す契機となる。つまり、製品やサービス、生産から流通までの各プロセス、ビジネスモデルなどが変革し、業界の垣根も徐々に取り払われ始める。異業種からの多様なプレーヤーの参入を通じて市場のすそ野の拡大が進む。結果として、2030年までにフード＆アグリテックは「農と食の持続可能な新たなエコシステム」を創造することになろう。

　本書ではフード＆アグリテックを5つのセクターに分類し、第Ⅰ部では各セクターの市場概要と動向などを俯瞰する。続く第Ⅱ部では、フード＆アグリテックを牽引する世界のスタートアップ／企業70社を紹介し、第Ⅲ部では各セクターの2030年までの市場展望とDX時代の農業経営を俯瞰する。

　フード＆アグリテックが国内外で大きな注目を浴びている中、本書の内容が、農と食の産業に携わる関係者はもちろん、新規ビジネスを検討する異業種企業の皆様にとって、少しでもお役に立てれば幸いである。

　最後に、この場を借りて、本書の訪問取材にご協力頂いた国内外の先進企業70社の皆様に心より御礼を申し上げる。また、出版の労をとって頂いた同文舘出版株式会社の青柳裕之様と大関温子様に深謝するとともに、本書の出版に関して様々なサポートを受けた弊社の太野敦幸社長と同僚の皆に感謝したい。

2020年3月

野村アグリプランニング＆アドバイザリー株式会社

調査部長　主席研究員　佐藤　光泰

第Ⅱ部　フード＆アグリテックをリードする 世界の先進スタートアップ／企業70社

3．生産プラットフォーム ……………………………………… 106

4．流通プラットフォーム ……………………………………… 132

5．アグリバイオ ……………………………………………… 152

（2）ゲノム編集　182

第Ⅲ部　フード＆アグリテックが促す農と食のデジタルトランスフォーメーション（DX）

2　フード＆アグリテックと2030年の日本農業 ⋯⋯⋯⋯⋯ 234

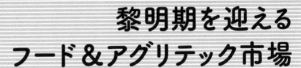

第Ⅰ部

黎明期を迎える
フード＆アグリテック市場

1 フード＆アグリテックと第三次農業革命

1. フード&アグリテックが期待される背景

　日本の農水産業の経済規模は2011年以降拡大に転じている。内閣府によると、1994年に9.4兆円あった農水産業の名目GDP（国内総生産）は、2011年の5.1兆円までほぼ一貫して下がり続けたが、その後は増加に転じ、2018年は6.6兆円となった。この7年間の年平均成長率（CAGR）は約4%にも及ぶ。

　また、農地の「担い手」への集積率は2010年の41%から2017年の55%に上昇し、同時に農産物販売で年間3億円以上の農業経営体数が全体に占める割合は2010年の0.99%から2015年の1.47%に拡大するなど、農地の集約化と農業経営体の大規模化が進展している。これらの背景には、農地集積バンクの創設や6次産業化、農水産物・食品の海外輸出、企業の農業参入などの推進策をはじめとした2010年以降の国の「攻めの農政」の取り組みが奏功しているものと考えられる。

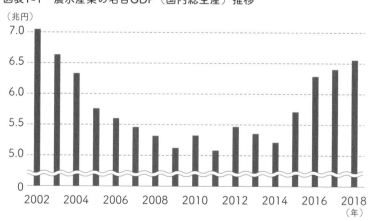

図表1-1　農水産業の名目GDP（国内総生産）推移

（兆円）

（出所）内閣府「2018年度国民経済計算」より、筆者作成

　その一方、農業者の高齢化や労働力不足、農地の減少など、農業の主要な経営資源である「担い手」と「農地」の減少には歯止めがかからない。農林水産省によると、農業経営体数は2010年の168万経営体から2019年の119万経営体に、同様に農地（耕地）面積は459万haから440万haにそれぞれ減少した。また、60歳以上の基幹的農業従事者が全体に占める割合は、2010年の74％から2019年の80％に上昇している。

　農業者の高齢化以上に深刻なのが労働力不足である。昨今、「農作業を行う人員が不足するために収穫期にある一部の農産物を収穫できない」という悲痛な声が国内外で聞こえ始めた。少子高齢化と人口減少が続く日本でこれらの構造的な課題を解決するのは容易ではない。この状況が続く前提で、日本農業をどう維持し活性化させていくのかがまさに問われている。

　その解決策として、2020年代に普及が期待される農と食の最重要テーマが"フード＆アグリテック"分野であろう。これは「フード（食品）」と「アグリ（農業）」にITやロボットなどの「テクノロジー」を掛け合わせた造語であり、わが国が推し進めている「スマート農業」に、一部の食品・流通分野を含めたソリューション概念である。フード＆アグリテックへの期待は世界中で高まっているが、その背景には主に5つの要因がある。

　第一は、農業の担い手を補完する省力化への期待である。例えば、稲作は水管理が重要だが、毎日、軽トラックを走らせて水位を確認し、水位が下がっている場合には水門を開けるなどの管理を行うのは大変な作業である。数十haに及ぶ大規模水田を経営している農業者は、その作業だけで半日もの時間を費やしてしまう。水田内に水位情報を感知できるIoTセンサを設置し、自宅のパソコンやタブレット、スマートフォンでその管理ができるようになると、大きな省力化に寄与する。農業経営者の配偶者が自宅で子どもの面倒を見ながらその管理に携わることができるし、農業経営者はその時間をマーケティングや商品開発、営業などに費やすことが可能となる。

　第二は、"匠の農家"の経験と勘の継承への期待である。良い農産物を作るには何年・何十年と農作業に携わることで自然と身に付く経験と勘が重要だといわれて久しい。例えば、必要最小限の水と肥料で植物が持つ生命力を最大限に引き出し、甘いトマトを育てることで著名な「永田農法」がある。水と肥料

を与えすぎると甘いトマトはできないが、水と肥料を与えないとトマト自体が育たない。その絶妙な判断基準は当農法の考案者である永田氏の経験と勘に依存しており、匠の農家に依存した農法といえる。このような農法のシステム化として、特殊なフィルムを使って自動で水や肥料を調整する技術が普及し始めている。今後はこれまでの栽培のビッグデータを収集・解析し、人工知能（AI）によって技術の普遍性や精度を高め、特定の匠の農家が有する経験と勘の形式知化を実現することが期待されている。

　第三は、農業経営体の大規模化と担い手の多様化のさらなる推進への期待である。日本農業は大規模化や企業の農業参入が進展している。大規模化は経営の効率化を、企業の農業参入は担い手のすそ野の拡大にそれぞれ寄与している。一方、規模を拡大するだけで効率化を促せるかというとそうではない。大規模化のメリットを活かした新たな生産技術やシステムの投入が不可欠となる。例えば、小規模な稲作や畑作では、農業者が農場に入って虫の発生状況や作物の生育状況を目視で確認し、必要な防除や生育のための農薬や肥料の散布を行うことができるが、規模が大きくなると目視は非効率となる。ドローンを用いて農薬や肥料の散布を行うだけでなく、事前にリモートセンシング技術によって農薬や肥料が必要な個所を特定した「ピンポイント散布」を行うなど、管理の仕方自体を変える必要がある。

　第四は、将来的な世界の食料需給のひっ迫懸念を払拭する期待である。国連によると世界人口は2019年の77億人から2030年の85億人、さらに2050年には97億人へと増加することが予想されている。食料需要は確実に増えていく一方、農地の宅地化の進展や異常気象、農業の労働力不足などで供給がそれに追いつかずに、需要に対して供給がひっ迫する懸念が高まっている。今後、限られた農地と労働力で生産性を高める他、水の使用量をできるだけ抑えた技術や農法、生産プロセスの開発などが期待されている。例えば、閉鎖空間で農水産物を生産する植物工場や陸上養殖は、農地や海面を利用しない新たな農水産業の生産形態として国内外で開発が進められている。また、食料供給の問題は、突き詰めるとタンパク質の供給課題に他ならない。人間の3大栄養素の1つであるタンパク質は、水を除くと人の体の6割程度を占めており、最も重要な栄養素といっても過言ではない。昨今、タンパク質をより安価で効率的に開発・

製造することを目指すスタートアップが世界中で続々と誕生している。

　第五は、SDGs（持続可能な開発目標）の要請である。SDGsは2001年に策定されたミレニアム開発目標（MDGs）の後継として、2015年9月の国連サミットで採択された国際的な開発目標である。SDGsは「持続可能な開発のための2030アジェンダ」に記載された17のゴールと169のターゲットから構成されており、2030年までに国連の全加盟国が達成することを念頭に置いている。SDGsは発展途上国のみならず、先進国自身が取り組むユニバーサル（普遍的）なものであり、昨今、欧米を中心にSDGsを経営の中心に取り入れる企業が急増している。欧米ではフード＆アグリテック分野への投資単位が日本よりも1桁も多いのだが、その理由として、農と食の持続可能性に対する関心の度合いが相対的に高いことが指摘される。欧米の企業や投資家の多くは、今の農と食の生産システムを「持続可能」とは考えておらず、持続可能な新たな生産システムの構築に期待を寄せている。例えば、植物工場は農地を不要とする新たな生産システムであるのと同時に、省水やフードマイレージ（食料の輸送量に輸送距離を掛け合わせた指標；CO_2排出量の指標）の削減にも寄与する。また、タンパク質を供給する既存の畜産物の生産システムは環境への負荷が大きく、動物福祉（動物愛護）の観点を含めて、その持続性に疑問が出始めている。既存の畜産物を補完または代替する新しいタンパク質の開発・供給に寄与する技術や製品を開発するスタートアップへの投資も盛んになっている。

2. フード＆アグリテックと第三次農業革命

　フード＆アグリテックは、農業技術の革新を起こす第三次農業革命の到来ともいわれている。過去2回の農業革命を振り返り、フード＆アグリテックが促す第三次農業革命の特徴をまとめたい。

　農業技術に大きな変革をもたらした第一次農業革命は、1900年代前半のエンジン（内燃機関）式トラクターの開発と普及である。現在でもトラクターは穀物農業の要であり、トラクターの開発とともに機械農業の歴史が始まったといっても過言ではない。トラクターの元祖は19世紀中頃に英国で開発された蒸気機関式トラクターだといわれているが、当方式は安全面に課題があり、普

及することはなかった。蒸気機関式よりも軽くて扱いやすい最初のエンジン式トラクターは、1890年代に米国で開発され、その普及に大きく貢献したのが米国・大手自動車メーカーのフォードである。当社は1917年に「フォードソン・トラクターF型」を上市し、ライン生産方式により価格を大きく下げることに成功した。1920年代には当社が欧州で製造を開始した他、欧州のメーカーも同方式によるトラクター製造への取り組みを開始し、欧米でエンジン式トラクターの普及が進んだ。田畑の耕起や肥料の散布、荷物の運搬や牽引など、これまで牛や馬などの家畜に依存していた欧米の農家の生産性を飛躍的に高めた。また、農作業の機械化は、米国で大規模農業と組織化を推し進めるきっかけにもなった。

　次に、第二次農業革命は、一般的に"緑の革命（Green Revolution）"と呼ばれ、1960年代の「品種改良」と「化学肥料」、「灌漑」の主に3つの農業技術の開発と普及を指す。当時、アジアの人口が急増し始め、このままでは食料生産が追い付かずに世界中で食料危機に陥るのではないかという懸念が広がった。ロックフェラー財団などが国際的な農業研究機関である国際トウモロコシ・コムギ改良センター（CIMMTY、本部：メキシコ）や国際稲研究所（IRRI、本部：フィリピン）に開発資金を供給し、小麦や稲の高収量品種の開発に成功した。この時期の代表的な品種として、植物の背丈を低くして気候の影響を受けにくくした短稈（たんかん）品種や多肥料に耐える多収量品種の開発などがある。また、空中の窒素を固定する技術であるハーバー・ボッシュ法の開発（製品実装）により窒素肥料の大量生産化を実現した。さらに、農業に不可欠な水を管理する灌漑技術として、農業用水を溜めて必要な時に利用できる湛水灌漑の他、スプリンクラー以来の技術革新といわれるピンポイントに水を供給できる点滴灌漑が普及した。これらの灌漑設備網が整った水管理のもとで、環境や肥料への耐性が向上した品種を用いて化学肥料を大量に投下した農業を実践し、小麦や米などの穀物の生産性が世界中で飛躍的に増加した。実際、国連食糧農業機関（FAO）によると1980年のフランスの小麦の単位当たり収量は、1950年からわずか30年で3倍弱、同様に中国の米収量は約2.5倍となった。結果的に、急増していた食料需要をさらに上回る食料供給を実現し、食料危機の懸念を払拭することができた。それと同時に、1970年頃にアジアの開発途上

国で人口の4割程度を占めていた栄養失調の比率は、2000年頃には15%程度にまで低下した。

　このように、農業の技術革新はこれまで2度の大きな変遷を経て現在に至る。第一次農業革命が1900年代、第二次農業革命が1960年代、そして今回のフード&アグリテックによる第三次農業革命が2020年から始まることに鑑みると、およそ60年サイクルで大きな技術革新が起こることになる。

3. 第三次農業革命に期待される成果

　第三次農業革命の目的は何か。言い換えると、フード&アグリテックに期待される成果は何か。それは「世界の人口増加に対する食料供給」と「持続可能な農と食の新たなエコシステムの構築」だと考える。

　まず、「世界の人口増加に対する食料供給」への期待は、1960年代の第二次農業革命の背景と近い。つまり、現在77億人の人口が2050年に95億人まで増加することが見込まれている中、食料供給をどう増産していくかである。農産物の供給は基本的に「農地面積」と「単位当たり収量」の掛け算で決まる。開発途上国の経済成長に伴い農地を宅地などに転用する動きや農業者の高齢化で耕作を放棄する動きが進展する他、世界的な異常気象による火災や水不足などで農地面積が大きく増加する気配はない。実際、この50年で人口はほぼ倍増したにもかかわらず、農地面積はわずか10%程度しか増加していない。そのため、第二次農業革命と同様に「単位当たり収量」を伸ばすことを基本戦略に置いた食料供給の増産が現実的となる。

　1960年代の品種改良と化学肥料、灌漑による「緑の革命」を促した3大技術は単位当たり収量を大きく伸ばしてきたが、1990年代の後半辺りからその効果も限定的になりつつある。例えば、品種改良の考えられる掛け合わせは既に限界に近づきつつあり、また、化学肥料を大量に投入することに対しては環境制約の観点から各国が規制を強め始めている。

　さらに、「食料問題は水問題」といわれるように、農業生産において水は必要不可欠な資源である。灌漑は水があることを前提とした技術であるが、そもそもの水資源が不足する懸念が叫ばれている。実際、経済協力開発機構

（OECD）は人口増加や気候変動などにより、2050年には深刻な水不足に見舞われる河川流域の人口が39億人（世界人口の40％以上）になる可能性があると予想している。水が大量に利用できる前提で開発された現在の灌漑技術も、単位当たり収量をこれまで以上に大きく伸ばすことは考えづらい。

　第三次農業革命を導くフード＆アグリテックは、既存技術の制約をはじめ、資源面や環境面での制約を受けながら「単位当たり収量」を伸ばす技術や生産プロセスなどの開発を進めていくこととなる。その一方、フード＆アグリテックの中には、実質的に「農地面積」の拡大を促すことで食料増産に貢献する技術分野もある。その代表は植物工場であり、従来は農業生産ができなかった都市や工場、建物の中で作物の生産を可能とする。植物工場は農地面積の新たな創造に寄与するだけでなく、省水型の技術でもあり、水資源の制約を克服する生産システムとしても注目が集まっている。

　第三次農業革命のもう1つの目的は「持続可能な農と食の新たなエコシステムの構築」である。背景には、SDGsに対する消費者の関心の高まりがある。実際、環境や健康、動物福祉（動物愛護）などの社会問題に対して高い意識を持つ消費者は世界中で増えている。例えば、農産物や食品を選ぶ際に、化学肥料を極力使用していない農産物やフードマイレージの少ない食品を好む消費者も多い。

　また、昨今では動物福祉（動物愛護）などのエシカル（倫理的）な観点や畜産が排出する温室効果ガスの地球環境への影響の観点から、植物性由来の代替肉を選択する消費者も増えている。欧州ではそもそもビーガン（菜食主義者）やベジタリアン（動物性食品よりも植物性食品を中心に食べる消費者）が多いが、SDGsの制定後、特に若い消費者のビーガンが増えているといわれる。米国でも2010年以降、リベラル層を中心とする若い消費者を中心に健康面への配慮の他、環境や動物福祉（動物愛護）などの社会的課題を解決するために、環境負荷の少ない食材や食品を好んで食べる人々が増加している。

　未来の消費を担うミレニアル世代の嗜好の変化は一過性のトレンドではなく、大きなうねりとなって世界中で浸透する可能性が高い。現在の農と食のエコシステムは、持続可能性のある新たなエコシステムへ移行せざるを得ない局面にあるといえる。米国の大手食肉企業や穀物メジャーなどが、こぞって植物肉の開発に本腰を入れ始めた昨今の動向はその証左でもあろう。

2 フード＆アグリテックの市場概要

　本書ではフード＆アグリテックのセクター（技術・ビジネス領域）を「次世代ファーム」、「農業ロボット」、「生産プラットフォーム」、「流通プラットフォーム」、「アグリバイオ」の5つに分類した。次世代ファームは、農業や水産業の新たな生産システムを指し、サブセクターを「植物工場」と「陸上・先端養殖」の2つとした。農業ロボットは農業生産の効率化や省力化に寄与する新たな農業機械であり、ここではサブセクターを「ドローン」と「収穫ロボット」、「ロボットトラクター」の3つとした。生産プラットフォームとは、クラウドやセンサ、ビッグデータ・AIなどのデジタル技術を活用して、農畜水産業の生産プロセスの改善に資するオンライン上のプラットフォームをいう。流通プラットフォームは、デジタル技術を活用して既存の生鮮流通とは一線を画したオンライン上の取引プラットフォームである。アグリバイオはバイオテクノロジーを駆使して農畜水産業や食品分野の生産性や効率化、省力化に資する分野で、サブセクターを「代替タンパク」と「ゲノム編集」の2つとした。

　各セクターとサブセクターのそれぞれの定義は次項で行うものとする。

図表1-2　フード＆アグリテックの5つのセクター

セクター名	サブセクター名
次世代ファーム	植物工場
	陸上・先端養殖
農業ロボット	ドローン
	収穫ロボット
	ロボットトラクター
生産プラットフォーム	同左
流通プラットフォーム	同左
アグリバイオ	代替タンパク
	ゲノム編集

（出所）筆者作成

フード＆アグリテックの5つのセクター（9つのサブセクター）は、農と食の「調達」→「生産」→「加工（製品化）」→「流通（販売）」という各プロセス（サプライチェーン）に直結する。例えば、「調達」はゲノム編集や代替タンパク（代替飼料）、「生産」は次世代ファームや農業ロボット、生産プラットフォーム、「加工」は代替タンパク（代替食品）、「流通」は流通プラットフォームにそれぞれプロットできる。フード＆アグリテックは農と食の各プロセスの効率化や刷新を通じて、持続可能な農と食の新たなエコシステムの構築に大きく寄与していく。

　以下、フード＆アグリテックの5つのセクターについて、それぞれ概要と市場環境／事業動向を俯瞰し、足元の市場規模を推計する。

1. 次世代ファーム

概　要

　次世代ファームは、農業生産の「植物工場」と水産養殖の「陸上・先端養殖」の2つのサブセクターの構成とする。

　植物工場は、閉鎖空間で内部の光や温湿度、CO_2濃度、養分・水分などをコントロールして植物を計画的に生育する栽培システムである。植物工場は一般的には、施設園芸で自然光を用いて行う「太陽光利用型」と建物や工場の中でLEDなどの人工光を用いて行う「人工光型」の2種類があるが、ここでは「人工光型」植物工場のみを次世代ファームと位置付ける。

　陸上・先端養殖は、閉鎖循環式の陸上養殖システムと海面・陸上での先端（ハイテク）養殖システムである。閉鎖循環式の陸上養殖は、陸の上の閉鎖空間で水槽や循環ポンプ、ろ過槽などを用いて人工海水を循環させながら水産物を養殖するシステムである。陸上養殖には「閉鎖循環式」の他に、取水ポンプで海水を取り入れて汚れた水を排出する「かけ流し式」や一部を排水・取水して残りを循環させる「半循環式」などがあるが、ここでは「閉鎖循環式」の陸上養殖のみを次世代ファームとする。

　また、先端養殖システムは、「IoTセンサやAIなどのデジタル／ロボット技術をフル活用して、従来の養殖システムとは一線を画した効率性や省力化を追

求したハイテク養殖システム」と定義する。例えば、ノルウェーやチリなどの水産養殖の先進国では、生簀内外に取り付けられた高精度カメラやIoTセンサを活用して生簀内の状況を把握し、適時、事務所内から遠隔でモニタリングを行っている。昨今では、ロボットを活用した給餌や水揚げの自動化、そして全ての養殖魚にセンサを埋め込んで個体管理やトレーサビリティ管理を行うなど、養殖業のさらなる効率化と省力化を促す技術などが実証されている。

(1) 植物工場

市場環境／事業動向

日本では1980年代から研究開発が進められ、開発期間は40年程度となる。我々はこの間の植物工場を時代別に3つに区分している。1980年代と90年代を「開発期」の第一世代、2000年代を「スタートアップ勃興期」の第二世代、2010年代を「他産業への普及期」の第三世代とする。

1980〜90年代の第一世代は、大学や大企業の一部が行う研究開発が中心で、植物工場の認知度が本格的に高まり始めたのは第二世代の2000年代である。2005年以降、多くのスタートアップが立ち上がり、次世代型の農業システムとして脚光を浴び、ベンチャーキャピタル（VC）や大企業による投資が相次いだ。

しかし、結果として、この時期のスタートアップの大半は技術とビジネスモデル開発の壁を乗り越えることができなかった。例えば、第二世代を代表するスタートアップのF社は、2008年にVCや金融機関、大企業などから20億円以上の資金を調達し、当時世界最大規模の植物工場を北陸地方に建設した。ただ、これまでの実証レベルの植物工場とは桁違いの大空間の栽培環境を上手くコントロールすることができずに、その後、いくつかのビジネスモデルの変更を試みたが、2018年に破産した。また、同じく第二世代のスタートアップとして一世を風靡したM社は、2004年以降、主にレストラン内で設置する小規模植物工場システムなどを開発し、様々な企業やレストランなどへ設備とシステムを販売した。ところが、栽培支援を中心とするアフターフォローが後手に回り、既存顧客の離脱が相次ぎ2015年に民事再生法の適用を申請した。

このように、第二世代では多くのスタートアップが設立されたものの、今で

も活躍している企業は極めて少ない。数少ない成功企業の代表格はスプレッド（京都）である。当社は2006年に設立された後、直営工場で研究開発を進めながら野菜を栽培し、主にスーパーへ販売する直営モデルで成長した。現在では、日本の植物工場を牽引する企業の1社となった。

2010年代の第三世代は、大企業を中心とした異業種の企業による植物工場の参入が相次いだ時期である。企業の新規ビジネステーマの1つとして植物工場が定着した。その大きなきっかけは、2009年に農林水産省が経済産業省と合同で開催した「植物工場ワーキング・グループ（WG）」である。植物工場は農業だけでなく電機や建設、システムなど様々な事業領域に関係することから地域活性化に寄与するテーマとされ、戦後初めての両省による合同WGでその立ち上げを支援した。2009年の補正予算にて農林水産省が97億円、経済産業省が50億円の補助金を準備して、主に植物工場のコスト削減や普及を進める研究プロジェクトを公募し、全国7大学を中心に産学のコンソーシアムを組成するなど植物工場の技術開発や標準化への取り組みが始まった。

2010年以降の第三世代の代表的なプレーヤーは、ファームシップ（東京）やレスターホールディングス（東京）、木田屋商店（千葉）などである。ファームシップは2014年に設立されたスタートアップであるが、他企業とのオープンなパートナーシップ連携を特徴に、設立からわずか5-6年で、国内最大規模の植物工場ネットワークを有する企業へ成長した。

レスターホールディングスは日本を代表する上場半導体商社であるが、2015年12月にバイテックベジタブルファクトリー（東京）を設立して植物工場ビジネスに参入した。2016年に秋田県大館市で1号プラントを稼働したのを皮切りに、現在、全国で5つのプラントを展開し、直営で展開する植物工場プレーヤーとしては、スプレッドなどと並ぶ国内最大規模の事業者となった。

食品スーパーを運営する木田屋商店は千葉県浦安市で1781年に創業された老舗企業であり、2013年に植物工場ビジネスに参入した。現在、直営プラントを3ヵ所運営する他、連携プラント7ヵ所を支援しており、徹底した技術と運営の改善で高い価格競争力を誇る植物工場プレーヤーの1社である。

第三世代の特徴は「大型化」であり、特に2015年以降に建設された植物工場ではその傾向が顕著である。一昔前は、1日当たり生産量が0.5万株（レタス換

算、以下同じ）を超えると大型植物工場といわれてきたが、今では1万株で標準、数万株でようやく大型といわれている。目下、5万株または10万株といった超大型植物工場を建設する話も始まっている。

市場規模推計

　業界各社へのヒアリングと推計に基づき、国内の植物工場の2019年の市場規模（野菜の出荷高ベース）を152億円とした。試算の内訳（前提）として、出荷量はレタス換算の1日当たり出荷量（日産）を合計40万株強と見積もり、1株当たりの重量を簡便的に100gと置いた。結果、植物工場で生産される野菜の年間出荷量は1.5万トン程度（40万株強／日×100g/株×365日）となる。また、単価は1株当たりの平均出荷単価を100円と仮定した。

　植物工場業界の寡占度合いはどうか。一般社団法人日本施設園芸協会によると、国内の植物工場（人工光型）は2019年2月時点で202ヵ所あるという。試算した日産を202ヵ所で割ると、1ヵ所当たりの日産は2,000株強となる。しかし、我々はこの単純平均の数値は実態を表しておらず、現在大手4社のみで全体出荷量の55％程度のシェアを持つものと推計している。また、日産1万株以上を生産する国内企業は現状15社程度と考えており、この15社で実に全体の8割程のシェアを持つものと推察している。植物工場業界は、上位企業による寡占度合いが高いことがわかる。

(2) 陸上・先端養殖

市場環境／事業動向

　陸上養殖（閉鎖循環式、以下同じ）は古くからある養殖技術である。飼育槽の中の水をろ過装置や脱窒装置などを通して浄化し、再度、循環させる養殖システムであり、基本的に水族館と同じ仕組みである。

　陸上養殖が大きく注目を集め始めたのは2005年頃である。この頃、世界的に穀物をはじめとする食料価格が急騰し、食料需給のひっ迫が懸念され始め、農業分野の植物工場と同様、水産分野の新たな養殖システムとして陸上養殖に脚光が集まった。

　我々は陸上養殖を2005年から2010年辺りを第一世代、2015年前後から現在

を第二世代と区分している。

　2005年からの第一世代は、多くの陸上養殖スタートアップが誕生した。代表的なスタートアップは、四国地方の山奥で有機トラフグを養殖するO社や東海地方の大学内でクロマグロを養殖する大学発ベンチャーのW社、近畿地方で高級魚のクエを養殖するS社などである。

　O社は米国ミネソタ大学の医学部で免疫学や微生物学を専攻した専門家がCEOを務める会社として注目を集め、様々な国内VCから資金調達を行った。また、W社は某大学が有する地下海水技術（無酸素である地下海水を使用）とエアレーション技術（微細気泡発生装置で溶存酸素量を増加）をもとに陸上でクロマグロ養殖を行う世界初の企業として注目され、地元の行政や企業を巻き込んだ「クロマグロ陸上養殖プロジェクト」を推進した。さらに、S社は流通が少なく高級魚として知られるクエの陸上養殖に初めて成功したスタートアップで、文部科学省の重点地域研究開発推進プログラムに認定された産官学のプロジェクトとしても関係者の関心を集めた。

　第一世代を代表する3社のスタートアップは、結果的には現在、事業を継続できていない。トラフグとクエの陸上養殖は、病原性の細菌やウィルスの侵入と蔓延を防ぐことができず、実証プラントから商業プラントへの移行が進まなかった。また、クロマグロは稚魚の池入れから1年ほどかけて出荷予定サイズの半分（15kg程度）までの養殖には成功したが、それ以降の成育技術が定まらずに研究開発も頓挫した。

　陸上養殖の第二世代は2015年前後から始まったものと考えている。第一世代の対象魚はトラフグが主流であったが、第二世代はサーモン類（トラウト／アトランティックサーモンなど）が牽引している。サーモン類は寿司ネタとして国内で高い人気を誇る他、中国をはじめとする海外需要の急増を受けて、2015年以降、国内で陸上養殖によるサーモン類の生産を実証する動きが活発になった。例えば、地域の独自ブランドとして「ご当地サーモン」が人気となり、現在、全国約70ヵ所で実証が進められている。また、サーモン類の養殖や陸上養殖で国内有数の実績を誇る林養魚場（福島）は2019年9月、NECネッツエスアイ（東京）と連携して、陸上養殖でサーモン類を通年生産する合弁会社であるNESIC陸上養殖（山梨）を立ち上げた。さらに、大手水産会社のマ

ルハニチロ（東京）は、2017年より山形県で陸上養殖プラントを建設し、日本固有の魚種であるサクラマスの生産実証を開始している。

　第二世代の代表的なスタートアップは、FRDジャパン（埼玉）とソウルオブジャパン（東京）である。FRDジャパンは2016年からトラウトサーモンの生産実証を開始し、当社が有する水処理技術（特許技術の生物ろ過システムなど）で、1日当たり換水率が0.2％前後という驚異的な閉鎖循環システムを開発している。当技術は省水に寄与するだけでなく、陸上養殖で最大のリスクといわれる病原菌やウィルス発生の抑制を通じたビジネス化への期待が高まっている。現在、千葉県木更津市にあるパイロットプラントで順調に実証が進められており、2021年以降に商業プラント（年間生産量1,500トン）の建設を計画している。

　また、ソウルオブジャパンは現在、三重県津市でアトランティックサーモンの陸上養殖プラントを建設中で、2021年秋頃の竣工・稼働開始を予定している。驚くべき点はプラントの規模である。当社プラントの総工費は約220億円で、出荷量は年間1万トンを想定している。これは日本のアトランティックサーモンの年間輸入量の10％程度に匹敵する量と推計され、稼働後は、国内はもちろん、アジア有数のアトランティックサーモンの養殖・供給事業者となる。陸上養殖の主要コストはエサ代と水道光熱費、人件費、減価償却費であり、うちエサ代以外は固定費に換算される項目が多い。これまでに類を見ない当社の超大型プロジェクトは、単位当たり固定費の削減を通じた陸上養殖のビジネス化への期待が寄せられている。

市場規模推計

　業界各社へのヒアリングと推計に基づき、国内の陸上・先端養殖の2019年の市場規模（水産品の出荷高ベース）を116億円とした。そのほぼ全ては先端養殖であり、現状、陸上養殖は1億円程度の規模と推定している。実際、陸上養殖のプレーヤーで、現時点で大規模に、かつ継続的な出荷を行っている企業は見られない。今後の成長期待がかかるFRDジャパンは実証プラントで養殖されたトラウトサーモンを既に出荷しているが、それでも規模は年間30トン程度である。多くの企業が実証段階にあり、陸上養殖によって飼育された水産

品の普及はこれからである。

　先端養殖は、東北や四国、九州の日本を代表する水産養殖産地において、モニタリングやトレーサビリティの一部でデジタル技術を活用した先進事例が散見され始めている。その一方、ノルウェーやチリで行われているように、デジタル技術やロボット技術を活用して稚魚の投入（池入れ）から日々の成育・モニタリング、水揚げ、加工・包装・出荷の一連の養殖サイクルを“ハイテク化（効率化・省力化）”している事例は国内では見つけられない。そのため、市場規模の算定においては先端養殖の定義（算定範囲）を広げて、養殖の生産プロセスにおいて、最新のセンサとコンピューター・システム（養殖生産プラットフォーム）を導入して、効率的で省力化に資する養殖経営を行っている施設から出荷される養殖魚も含むものとした。

　日本の養殖業（海面＋内水面）の2018年の産出額は5,928億円であり、先端養殖による産出額はそのうち約1.9%の115億円と推計した。

2. 農業ロボット

概　要

　農業ロボットは、様々な用途の製品が開発されているが、ここではサブセクターを「ドローン」と「収穫ロボット」、「ロボットトラクター」の3つの構成とする。

　まず、ドローン（農業用、以下同じ）は、主に農薬散布や肥料散布、農場のセンシング（生育調査や植生分析など）、受粉、農産物の運搬、鳥獣害対策などの目的で利用される。一般的には“マルチコプター”と呼ばれ、“シングルローター”の「無人ヘリコプター」とは区別されている。

　次に、収穫ロボットは、広義で見ると稲作のロボットコンバインや酪農の自動搾乳ロボットなど対象作物は多岐にわたるが、ここでは未だ開発期にある野菜と果樹の「青果物」のみを対象とした。また、収穫ロボットの性能としては、IoTセンサやAIを搭載したロボットが、画像認識やロボットアームなどの技術にもとづき、収穫期にある農産物を自動で判別して収穫する「自律走行（または飛行）」と「自動収穫」の技術を有するロボットとする。さらに、将来

的に機能が付加されることが見込まれる「除草」や「葉かき（風通しや採光の改善、病害虫の防止などの目的で一定の葉を切ること）」の作業を自動で行うロボットも本分野に含めるものとする。

最後に、ロボットトラクターは様々な定義があるが、ここでは無人状態で自動走行が可能な農業機械（農林水産省が定義する自動・無人化レベルのレベル2または3）とし、農業機械は「トラクター」と「田植機」、「コンバイン」の3つのみと定義する。同省の「農業機械の安全性確保の自動化レベル」では、農業機械の自動化と無人化を次のように定義している。レベル0は手動操作、レベル1は使用者が搭乗した状態での自動化（直進走行などハンドル操作の一部などを自動化）、レベル2は農場内や周辺からの監視下による無人状態の自動走行（有人監視下での自動・無人化）、レベル3は遠隔監視下での無人状態での自動走行（完全自動・無人化）である。

(1) ドローン

市場環境／事業動向

ドローンは2018年以降、国内農業分野で急速に普及が進んでいる。小型なため利便性が高く、1台が1,300万円程度の無人ヘリコプターと比べて安価で、大規模農業経営の効率化と省力化に直結することなどが背景にある。近い将来、ドローンはトラクターと並んで、農業経営においてなくてはならない農業機械に位置付けられるものと推測している。

農業用ドローンの歴史は浅く、DJI社とXAG社の中国大手ドローンメーカー2社が2016年以降に市場を創出した。一般農業者向けに発売された世界初の農業用ドローン製品は、世界最大手の民生用ドローンメーカーであるDJI社が2015年11月に発表した農業用ドローン専用機種「AGRAS MG-1」である。当社はその翌年に中国で初めて上市したが、その後、同国内で急速に普及し、2020年2月末時点の普及機体数は8万台を超えたと推計している。また、世界の農業用ドローン市場は中国が85％程度のシェアを持ち、その7割程度はDJI社とXAG社の2社で市場を占有しているものと思われる。

日本国内では、DJI社が2017年に製品の発売を開始し市場が開花した。2018年中頃に登録機体数が1,000台を超えたといわれており、2020年2月末の登録

機体数を3,000台程度と推計している。なお、その7割程度はDJI社製のドローンだと考えられる。XAG社は2016年に日本法人を立ち上げて、2018年以降に代理店網を拡充させるとともに、農薬分野で世界首位のバイエルグループとも連携し、現在、日本での当社製ドローンの急速な浸透が始まっている。日本の企業では、無人ヘリコプターで圧倒的な国内シェアを持つヤマハ発動機（静岡）の他、農業用ドローンで高い実績を有するエンルート（埼玉）やTEAD（群馬）、マゼックス（大阪）、ナイルワークス（東京）などがある。その中で注目はナイルワークスである。当社は2015年に設立された薬剤散布と生育診断を同時に自動実行する農業用ドローンの企画・開発を行うスタートアップであるが、当社の高い技術力にもとづくドローン製品やサービスの今後の普及に期待が集まり、INCJ（旧産業革新機構、東京）や住友化学（東京）、住友商事（東京）、全国農業協同組合連合会（東京）などの国内大手企業・団体が、製品の上市前から当社へ出資している。

　国内の農業用ドローンは、稲作だけでなく様々な作物で高い需要があるものの、登録手続きが複雑であったことや、航空法や農薬取締法、電波法の規制などもあり、現状、需要に見合った供給は実現できていない。ただ、政府はドローンを「空の産業革命」と位置付けており、昨今、様々な規制や慣習が緩和・撤廃され始めた。農業用ドローンの現在の対象品目は、登録農薬の関係で水稲や大豆、小麦の穀物と限られているが、今後は畑作物などへの拡がりが期待される。また、農薬散布以外には、肥料散布や播種、生育調査・解析などのセンシング、収穫農作物の運搬などへの用途・機能の拡充も見込まれている。

市場規模推計

　業界各社へのヒアリングと推計に基づき、国内の農業用ドローンの2019年の市場規模（メーカー／代理店の製品出荷高と農業者向け各種サービス売上高の合計）を310億円とした。市場規模の内訳は、対象品目や機能の用途別に「稲作用途（麦や大豆を含む）」と「畑作用途」、「その他農業用途（施設園芸用途や収穫作物の運搬用途など）」、「水産・畜産用途」、「各種サービス」とした。メーカー／代理店の製品出荷高は、ドローン本体の他にバッテリーや充電器、基地局、操縦用タブレットなども含むものとする。また、各種サービスは、

メーカーや代理店が、顧客である農業者向けに、薬剤散布の代行（農作業代行）やセンシング用のドローンを使った生育診断などのドローンに付随（または派生）するサービスを指す。

　2019年の国内農業用ドローンの市場規模は、稲作をはじめとする「穀物用途」がほぼ全てを占め、その他、「畑作用途」と「各種サービス」がそれぞれ5億円前後と推計する。現状、「その他農業用途」と「水産・畜産用途」の用途の市場はほぼ立ち上がっていないと考えている。

(2) 収穫ロボット

市場環境／事業動向

　国内の農業従事者が減少している中、野菜と果樹の青果物を対象とした自動収穫ロボットが担う役割とその潜在市場は極めて大きいものと考えている。実際、青果物生産の全作業時間に占める収穫作業（調整作業を含む、以下同じ）の割合は大きく、品目や地域・栽培方法などで異なるが、一部出荷作業も含めてイチゴやキュウリで約5割、アスパラガスやピーマンで約6割ともいわれている。また、自動収穫ロボットが将来的に提供する付加機能と見込まれる「除草」や「葉かき」の作業時間を加えると、自動収穫ロボットが提供する価値は膨大なものとなる。自動収穫ロボットは、日本農業を持続可能な産業にするために必要不可欠な農業機械である。

　日本を含む世界中で高い需要があるが、2020年2月末時点では、自動収穫ロボットは"プレ"上市期にある。2010年代前半に一部の企業が製品を上市したことがあるが、技術や性能、ビジネスモデルなどの各面で時期尚早感が強く、普及することはなかった。この5〜10年で農業を取り巻く環境も大きく変わり、2010年代の4G（第4世代移動通信システム）の普及とともに機械学習で利用されるデータ量が増え始め、2015年以降にセンサやAI、ロボティクスの各技術が開花し始めた。結果、2018年辺りから国内外の一部のスタートアップが製品のプロトタイプを開発し、2019年の中頃以降、地域を絞った実証的な上市が始まったところである。

　自動収穫ロボットの開発は、世界的に見ると主にスタートアップが牽引している。代表的な海外スタートアップは、2019年に世界で初めて2ヵ国以上でリ

ンゴの自動収穫ロボットをプレ上市した米国のアバンダント・ロボティクス社や、世界最短の「5秒に1粒を収穫可能」なイチゴの自動収穫ロボットを開発したベルギーのオクティニオン社、軍事技術から派生したAIが組み込まれたソフトウェアを搭載したドローンによる自動飛行型のリンゴ収穫ロボットを開発したイスラエルのテヴェル・エアロボティクス社などがある。

また、葉かきや除草に関する自動走行ロボットでは、AIを駆使してレタスの"間引き"とピンポイント除草を行うロボットを開発した米国のブルーリバーテクノロジー社や、グリーンハウスのコンピューター制御システムで圧倒的な世界シェアを持つオランダのプリヴァ社が開発を進めるトマトの葉かきロボットなどに世界の注目が集まっている。

国内では、青果物選果施設の国内最大手であるシブヤ精機（静岡）が、2014年に農研機構と開発した高設栽培用のイチゴ収穫ロボットを発売した実績を持つ。また、大学による研究開発も進んでおり、宇都宮大学では2014年に同大学発ベンチャーのアイ・イート（栃木）を立ち上げ、イチゴ収穫から包装（個包装によるパッケージ）までを行う技術開発を進めている他、信州大学は2016年より不二越機械工業（長野）と連携して、レタスやキャベツの自動収穫ロボットの開発を行っている。さらに、パナソニック（大阪）やデンソー（愛知）などの大手企業に加えて、ロボット専業ベンチャーのスキューズ（京都）などが、トマトの収穫ロボットを開発している。

国内で注目する企業は、2017年に設立されたinaho（神奈川）である。当社はアスパラガスの収穫ロボットを開発したスタートアップであり、2019年9月から佐賀県で当ロボットの上市を行っている。

市場規模推計

業界各社へのヒアリングと推計に基づき、国内の青果向けの自動収穫ロボットの2019年の市場規模（メーカー／代理店の製品出荷高と農業者向け各種サービス売上高の合計）を多く見積もっても3億円程度とした。その大半は植物工場内に導入された収穫ロボットと考えている。植物工場内に収穫ロボットを導入している企業はスプレッド（京都）などの限られたプレーヤーのみであるが、閉鎖空間への導入は施設園芸や露地栽培と比べると容易である。施設園

芸と露地向けの自動収穫ロボットの市場規模は、現状、実証用とプレ上市の製品（サービス売上高含む）に留まり、多く見積もっても数千万円程度と推計する。

(3) ロボットトラクター

市場環境／事業動向

トラクターと田植機、コンバインの3つは稲作経営（麦を含む）において欠かせない"三種の神器"といわれる農業機械である。国内では歩行型トラクターといわれる耕うん機が、牛や馬などの家畜に替わって1950年代から普及し、その後（乗用型の）トラクターが1960年代から浸透し始め、稲作経営の効率化に大きく寄与した。

2010年代中頃から産官学で始まった農業機械の自動化・無人化に向けた開発の動きは、1960年代以来の大きな効率化と省力化をもたらし、就農者の減少や高齢化による人手不足を補うものとして期待が集まっている。また、最小限の操作を人手で行うようになるため、稲作経営の大規模化に資する他、経験や勘に頼っていた農作業からの脱却、若者や企業などの多様な担い手の就農や農業参入に寄与することも見込まれている。

そもそも、トラクターなどの自動化は、1990年代から国の研究機関や一部の企業などで研究が進められていた。しかし、当時は農業人材の不足という大きな切迫感もなく、製品の開発と実装が行われることはなかった。その後、日本の少子高齢化の進展とともに農業人材の不足は年を追うごとに深刻化し、農林水産省が2013年11月に「スマート農業の実現に向けた研究会」を立ち上げた頃から、農業機械メーカー各社や産官学のコンソーシアムなどにより、農業機械の自動化に関する研究と開発が進められている。

農林水産省の定める自動化レベルにおいて、国内で初めて「レベル1（使用者が搭乗した状態での自動化）」の製品を開発・上市したのがクボタ（大阪）である。クボタは2016年に「直進キープ機能付き田植機」と「自動操舵機能付き畑作大型トラクタ」を、また2018年に「自動運転アシスト機能付きアグリロボコンバイン」をそれぞれ上市した。各農業機械のハンドル操作を一部自動化（オートステアリング化）し、ヤンマーアグリ（大阪）や井関農機（愛媛）など

の大手メーカーも続いた。

　有人監視下での自動化である「レベル2」は、作業者が農場内または周辺から常時監視した状態でトラクターや田植機、コンバインを無人で自動走行させることをいう。単独での無人走行の他、1人の作業者が無人機と有人機を使用する協調運転も可能である。ちなみに、2018年に放映されたTBSの人気ドラマ「下町ロケット」内で登場する"無人トラクター"は、自動化レベルでレベル2以上を指すといわれている。

　レベル2のロボットトラクターは、2017年6月からクボタがモニター販売を開始した他、2018年10月にヤンマーアグリ、井関農機が同年12月にそれぞれモニター販売を開始している。レベル2のトラクターは、赤外線センサや超音波ソナーなどを装備し、安全性性能が格段に上がっている。そのため小売価格で軽く1,000万円を超える。価格面で買い替えの壁も出てくるものと思われるが、例えばヤンマーアグリの製品は、業界では珍しい既存製品への"後付け"を可能としている。

　トラクターでは大手メーカーによる自動化レベル2の製品が出揃ったが、自動化レベル2の田植機とコンバインの上市はこれからである。次の上市は田植機（有人監視下での無人田植機）であり、2020年1月に、クボタが業界初となる「自動運転田植機」を同年10月に発売することを発表している。自動化レベル2のコンバインについては、2021年後半または2022年中に上市が始まるものと推測される。

　遠隔監視下で完全自律走行を行う「レベル3」はどうか。農林水産省は当初、レベル3を2020年までに実現する目標を立てていたが、2020年2月末時点では「レベル2」に留まる。製品の技術面だけを見ると、コンバインを除いたトラクターと田植機については、既に実用レベルに近づいているともいわれている。しかし、レベル3の社会実装には製品の技術面だけでなく、インフラ面や法律面などで整理すべき様々な課題がある。

　例えば、ロボットトラクターがスムーズに自動走行するための農道整備が必須になる。現在、大半の農道は凸凹が多く、とてもロボットトラクターが自動走行できる状態にはない。また、遠隔監視の距離にもよるが、農道だけでなく公道を走る必要がある場合、現状は作業機械を装着した状態での公道走行は禁

止されているため法改正も必要となる。さらに、自動運転に不可欠な高精度の3Dデジタル地図「ダイナミックマップ」の作成の他、大容量の画像や大量のデータを農村で流すための高速通信インフラの普及も求められる。その際、現状の電波法の改正も必要となるかもしれない。

市場規模推計

ロボットトラクターは、国の自動化レベルで「レベル2以上」にあるトラクターと田植機、コンバインを指すものと定義した。業界各社へのヒアリングと推計に基づき、国内のロボットトラクターの2019年の市場規模（メーカー／代理店の製品出荷高と農業者向け各種サービス売上高の合計）を70億円程度とした。市場規模の内訳は「製品販売高」と「各種サービス」とする。現状、レベル2にある製品はトラクターのみであり、その販売高を合計35億円程度と推計した。また、「各種サービス」は農業者に代行して米を収穫する農作業代行などのサービスであり、製品販売と同じく35億円程度と試算した。

3. 生産プラットフォーム

概　要

生産プラットフォームは、農畜水産事業者がクラウドやセンサ、ビッグデータ、AIなどのデジタル技術を活用して「生産プロセス」の効率化や省力化に資するオンライン上のプラットフォームと定義する。生産プロセスは作物の生産・栽培工程だけでなく、それ以前の作付計画の工程や種子・農薬・肥料・資材などの調達の工程、生産後の収穫や保管の工程も含むものとする。また、対象分野は、稲作や青果、花卉などの耕種農業の他、畜産（酪農、牛肥育、養豚、養鶏、ブロイラー）と水産（漁業・養殖）とした。

生産プラットフォームは、耕種農業の分野では、農場や農作業の情報をクラウド上で一括管理する営農支援システムの他、温湿度・CO_2濃度、日照量などの外部環境を測定して園芸施設内を最適環境にする環境制御システム、水稲向けの水管理システムなどがある。また、畜産分野では個々の酪農牛や肥育牛の活動量と健康状態などを管理する牛群管理システム、水産分野では生簀内の魚

を自動計測するシステムや養殖施設内をモニタリングするシステムなどがある。

市場環境／事業動向

①耕種農業分野

　耕種農業向けの生産プラットフォームは、欧州が施設園芸で市場を切り開いた。オランダのプリヴァ社は1977年に施設園芸の環境制御システムを開発し、現在、当システムの世界シェアは約7割に達する。当システムは、温室内外のセンサが収集する風向や風速、温湿度・CO_2濃度、日照量、葉面温度、光合成量などの情報をもとに、温室内の給液や換気の各装置、ヒートポンプなどの各機器を自動制御して栽培環境を最適化するコンピューター・システムである。

　また、スペインのヒスパテク社は、1980年代後半に施設園芸用の環境制御システムを開発し、世界最大の施設園芸集積都市となったスペイン南部の都市・アルメリアの農業発展に大きく貢献した。当社のシステムは農業生産管理だけでなく、在庫や出荷、流通、会計、労務などの経営上の業務管理を統合したERPシステムで、世界基準の農業認証である「GLOBAL G.A.P」（本部：ドイツ）の監査業務にも当社システムが採用されている。

　米国では昨今、農業生産プラットフォームの集約が始まろうとしている。その中心に位置するのが、ファーマーズ・ビジネス・ネットワーク（FBN）社とクライメート・コーポレーション社の両スタートアップである。

　2014年に設立されたFBN社は、自社が収集・解析した様々な農業者の営農情報を閲覧できる営農データプラットフォーム（意思決定ツール）「FBN」と、種子や農薬・肥料などの農業資材をオンラインで購入できる「FBN Direct」などを開発・展開している。当社はその後、農業者の収益向上につながる様々なツールや機能、サービスを提供し続けている。例えば、これまでの営農情報や実績をもとに即日実施可能な融資や保険、先物取引などの金融サービスの他、コープなどの農業団体では取り扱いが少ないジェネリック種子を自社で開発してオンラインで販売している。当社の独自性の高い生産プラットフォームは、瞬く間に全米の農業者に受け入れられ、利用者の総面積は既に1億エーカー（約4,000万ha）に迫っている。

　また、グーグル社出身の2名によって2006年に設立されたクライメート・コー

ポレーション社は、もともと農業者などに気象予測や天候保険のサービスを提供していた企業である。2015年に営農プラットフォーム「Climate FieldView™」を上市し、わずか5年足らずで普及面積は、米国のトウモロコシと大豆の総作付面積の約45%に当たる7,500万エーカー（約3,000万ha）にまで拡大している。その背景には、当社の創業からの事業である気象予測の精度の高さや小型のBluetooth装置を農業機械に差し込むだけで営農情報が収集できる高い接続性、そして他の農業機械メーカーや関連ソフトウェア企業などとの高い互換性がある。当社のシステムは現在、世界最大の農業機械メーカーである米国のジョン・ディア（ディア・アンド・カンパニー）社をはじめとした60社を超えるメーカーや企業との互換性を持っており、この高い互換性は、農業者のシステム導入における大きなインセンティブになっている。

　それでは日本はどうか。日本では2010年以降、富士通（東京）やNEC（東京）、ネポン（東京）、オプティム（東京）、クボタ、ヤンマーアグリなど、様々な企業から農業生産の管理システムが上市されている。富士通は2008年から生産現場で実証を始めて2012年に「食・農クラウド Akisai（秋彩）」のサービスを、またNECはネポンなどと連携して同じく2012年から「農業ICTクラウドサービス」をそれぞれ展開している。

　また、オプティムは2015年からスマート農業を推進する独自性の高いソリューションを提供している。例えば、ドローンなどで撮影した農場や農作物の画像を解析してAIが異常個所を検知するサービスや、園芸施設内に設置したセンサから環境データを収集・解析して作物の収量や収穫期を予測するサービス、病害虫リスクを診断するサービス、ドローンによるピンポイント農薬散布・防除のサービスなどをそれぞれ提供している。

　さらに、農業機械メーカーにおいても、生産プラットフォームはソリューション提供の要となりつつある。クボタは2014年から営農支援システム「KSAS（クボタスマートアグリシステム）」のサービスを、また、ヤンマーアグリは2013年から農機管理・営農支援システム「スマートアシスト」のサービスをそれぞれ開始している。システム（データ）と農機が連動することで、経験や勘に頼っていた農作業が可視化し、稲作経営の生産性改善や効率・省力化に大きく寄与している。

未上場企業では、ベジタリア（東京）が市場を牽引し始めている。当社グループは、作物の生育状況や環境情報をリアルタイムでモニタリング可能なIoTセンサや、農作業／農場の各情報を一括管理するクラウド型の営農支援システムのサービスなどを提供している。IoTセンサは当社のグループ企業が2001年から農研機構とR&Dを開始するなど、技術開発の歴史は長く、当製品の導入台数は全国で5,000台を超えている。また、営農支援システムは有機農業で国内最大手のワタミファーム（千葉）などの大手農業法人で利用されており、登録農場数は20万件を超えている。

②畜産分野

　畜産分野向けの生産プラットフォームは、国内外ともに酪農業界での取り組みが活発化し始めている。デジタル技術を用いた酪農管理システムを世界で普及させた立役者の1社はイスラエルのアフィミルク社である。当社は酪農向けのセンサとシステムで世界有数のシェアを持つ、同国の協同組合発のテック企業である。当社は1995年に、足と首に装着して牛の活動量や行動データを収集するカウセンサと牛の乳量や乳成分のデータを分析するミルクセンサからの情報をリアルタイムで解析して、個々の牛の発情や病気の発見・予兆などに役立てる酪農マネジメントシステム「AfiFarm」を開発した。イスラエルは1頭当たりの乳量が世界トップクラスであるが、酪農センサと管理システムで国内7-8割のシェアを持つ当社の同国酪農業界への貢献度は計り知れない。

　また、AIと機械学習の技術を駆使した酪農管理システムで急速に業界内のシェアを高めているのがオランダのコネクテラ社である。当社は2015年に設立されたスタートアップで、酪農管理システム（牛群管理システム）「IDA for Farmer」を2017年に開発・上市した。当システムは個々の牛に設置したIoTセンサが、牛の健康状態や活動状況に関するデータをリアルタイムで収集し、それを機械学習で解析しながらAIが酪農経営者に有用な情報を提供するプラットフォームである。高い機能性と視覚的に理解しやすいシンプルなインターフェース、さらに導入し易いサブスクリプションモデルで上市直後から急速に普及し、現在、欧州域内や北米など14ヵ国で展開されている。

　日本の市場を牽引しているのは、2013年に設立されたスタートアップの

ファームノート（北海道）である。当社が2014年に上市した牛群管理システム「Farmnote Cloud」は、国内の酪農事業者に急速に普及し、現在、乳用／肉用牛の牛群管理システムで国内有数のシェアを誇る。試験的に導入可能な無料サービスで間口を広げた点も大きいが、何より高いユーザビリティと機能性を持った（この分野で実質的に）国内初のシステムであり、大きな先行者メリットを享受している。

③水産分野

　水産分野向けの養殖管理プラットフォームは世界的に導入が遅れている。その主な理由は「海」と「陸」の違いだと考える。つまり、海は生産管理システムに不可欠な情報ソースであるセンサやモニタリング用カメラの取り付け・維持が容易ではない。

　養殖管理システムの開発における先進国は水産大国のノルウェーである。同国では2010年代の後半から、国を挙げて持続可能な次世代型養殖システムの研究開発を推進している。例えば、サーモン類養殖で世界第三位のサルマール社は、2018年、150万匹のサーモン類をわずか3名で管理するハイテク外洋養殖施設「Ocean Farm 1」の実証開発に成功した。この施設は直径110m、石油掘削プラントの設計技術を応用した巨大養殖施設であり、給餌も含めた基本的なオペレーションは完全に自動化されている。生簀内には高精度カメラが設置され、映像で魚の状態を確認できる他、全ての魚に埋め込んだセンサでリアルタイムに魚の状態を把握でき、給餌や水揚げなども最適化されている。

　同様に、同国サーモン類養殖大手のセルマック社は、魚の個体管理養殖システム「iFarm」を2018年に開発した。これは個々のサーモンを識別する「顔」認証システムである。当システムの仕組みは、個々の生簀に設置した高精度カメラとセンサ、3次元画像処理技術などを使ってサーモンの目の周りにある黒い斑点の大きさや位置などで各サーモンの「顔」を認識している。これにより、生簀内の魚の数や個々の魚の大きさ、病気の有無などをリアルタイムに判別・記録することが可能となり、歩留りと生産性の改善の他、個々の魚の孵化から出荷までのトレーサビリティの確立などが期待されている。

　魚の個体管理を行う技術は、米国のグーグル（アルファベット）社によって

27

も開発されている。当社グループで社会問題の解決を目指す X（旧グーグル X）社は 2020 年 3 月、「3 年の実証を経て、高精度の水中カメラで生簀内の養殖魚を継続的に撮影し、AI で 1 匹ごとの行動を追跡しながら個体管理を行うシステムを開発した」ことを発表している。当社はこれまで、自動運転と風力発電などの社会課題の大きいテーマ（プロジェクト）に取り組んできたが、そこから自動運転技術で今や世界を席巻しているウェイモ社を、風力発電では“空飛ぶ”風力発電（凧のように空を飛びながら発電を行う発電装置）として著名なマカニ社をそれぞれスピンアウトしている。この養殖プロジェクトは「タイダル（Tidal)」と名付けられ、巨大 IT プラットフォーマーが取り組む養殖管理システムとして、発表直後から大きな関心が寄せられている。

　日本では、2018 年 6 月の「未来投資戦略 2018（Society5.0、データ駆動型社会への変革）」の閣議決定で、「水産業のスマート化」がフラッグシップ・プロジェクトの 1 つに位置付けられた。現在、産官学が連携して、当分野のシステム開発が行われている。例えば、出先や自宅から給餌作業の遠隔制御が可能な養殖管理システムや養殖事業者ごとの最適な給餌パターンでプログラム化された自動給餌システム、AI の技術を活用して養殖魚のサイズを水中画像データから分析して出荷サイズを把握（予測）するシステム、過去の水揚げデータや魚群探知機による音響データを機械学習して、将来の水揚げ量を予測するシステムなどの研究と開発がそれぞれ進められている。

　個別企業では、富士通のシステムに注目している。当社は 2018 年より水産業分野に対する新たなコンセプト「Fishtech®」を掲げ、水産養殖を高度に管理する「Fishtech® 養殖管理」システムを開発している。当システムは養殖場の生簀内に設置された各種センサとカメラが IoT 連携し、生簀・水槽内の生体管理を可能とする。それにより、水温や水質を遠隔から把握できる他、給餌や池入れ、出荷などの養殖作業と在庫データを連動することが可能になる。また、水温や水質が基準値から逸脱した際に通知するアラート機能をはじめ、AI 機械学習による拡張機能も付与されている。管理媒体は PC やタブレット、スマートフォンなどデバイスを問わず利用ができ、これらでリアルタイムのモニタリングが可能となる。

市場規模推計

業界各社へのヒアリングと推計に基づき、国内の生産プラットフォームの2019年の市場規模（農畜水産事業者のIT投資額とシステムメーカーなどによる農畜水産事業者向け各種サービス売上高の合計）を190億円程度とした。農畜水産事業者のIT投資額は、生産プラットフォームへの投資以外にパソコンやスマートフォン、Wi-Fi、クラウド、Web会議システムなどのITインフラ（基礎インフラ）の環境整備のための投資があるが、当市場規模の推計にはこれらは含まないものとする。

市場規模の内訳として、稲作や青果・花卉などの耕種農業が約115億円（うち各種サービスは20億円程度）、畜産は約55億円（同10億円弱）、水産は20億円強（同4億円程度）とそれぞれ推計した。

4. 流通プラットフォーム

概　要

流通プラットフォームは、広義にはデジタル技術を活用して既存の生鮮流通とは一線を画した取引プラットフォームであり、狭義には農畜水産事業者がオンライン上で消費者や実需者（食品スーパーやレストランなど）への直接販売を行うオンライン上の取引プラットフォームとそれぞれ定義する。狭義の定義は、いわゆる農畜水産物のEC（電子商取引）サイトであり、農畜水産事業者が消費者に直接販売するB2C型や実需者向けのB2B型だけでなく、C2C型（消費者間の商品取引）やO2O型（オンラインとオフラインを融合させたマーケティングや取引）などの新たな形態も含むものとする。

オンラインを活用した農畜水産物の直接取引は、B2C型とB2B型ともに国内外で市場が拡大している一方、海外の一部の国々では中間流通を代表する卸売市場のデジタル化への取り組みも始まっている。

市場環境／事業動向

①中国

現在、流通プラットフォーム（生鮮流通・取引のオンライン化）で世界最先

端を走るのは中国である。EC市場で世界最大手のアリババグループ社や中国第2位のJDドットコム社は、2010年代中頃から生鮮食品の取り扱いに注力し始めた。また、同じ時期に中国の農村部と都市部にあるレストランなどをダイレクトにつなぐオンライン上の取引プラットフォームを開発するスタートアップが次々と誕生している。その代表格は美菜社と宗小菜社である。

　美菜社は中国有数のユニコーン企業（時価総額が10億ドル以上の未上場企業）で、中国全土の農業者と上海や北京などの都市部の飲食店をつなぐB2B型の食材ECプラットフォーム「美菜」を運営している。当社事業は2014年の設立から6年足らずで既に中国100都市以上に展開され、70以上の生鮮物流拠点（倉庫）と3,000台以上の配送トラックを保有し、顧客である飲食店の店舗数は200万店舗を超えている。当社は「農村部と直接ネットワークを構築することが難しい都市部の中小零細の飲食店に対象を絞ったことが大きな成功要因」と述べている。

　同様に、アリババ社の出身者が2014年に立ち上げた宗小菜社は、野菜に特化したB2B型のECプラットフォーム「宗小菜」を展開し、杭州を代表するユニコーン企業予備軍として注目を集めている。中国の主要な野菜産地である山東省や雲南省、甘粛省など10の産地をカバーし、登録済みの野菜生産者は800万軒（うち600万軒が農業法人）を超え、都市部の登録バイヤーは中国80以上の都市で1,300万軒に達している。当社では成功の要因を「中国の家庭で使用するほぼ全ての野菜を揃える豊富な商品バリエーションと、独自性の高い"リバース型"物流モデル（当社が指定する都市部の倉庫へ野菜生産者は商品を配送し、購入者はそこへ引き取りに来る）、そして弊社の産地への深いコミットメント」と分析している。

　また、中国では卸売市場のデジタル化でも世界をリードしている。中国全土で38ヵ所の農産物卸売市場を開発・運営している深圳農産物グループ社は、2015年頃から各市場内にアリババグループのECサイト「T-Mall（天猫）」などに出店するEC事業者のための新施設「EC棟」を建設した他、市場内のリアル取引を補完・効率化する目的で、産地とテナント間や、テナントとバイヤー・消費者間をそれぞれつなぐECプラットフォームを整備してきた。また、全てのテナントの店頭にQRコードを添付し、決済手段として利用するだけでな

く、トレーサビリティなどの情報をバイヤーに提供している。さらに、各テナントの取引・信用情報をビッグデータ解析し、AIにより7項目で個々のテナントを“スコア化”している。テナントの入れ替えに役立てられるだけでなく、テナントへの即日融資などの金融サービスにも役立てられている。

②米国

　米国の流通プラットフォームは、EC市場で国内首位（世界でも第2位）のアマゾン・ドットコム社が牽引している。生鮮食品の配送サービス「アマゾン・フレッシュ」を2007年から開始して生鮮流通のEC市場を牽引するだけでなく、2017年には同国大手高級スーパーのホールフーズ・マーケット社を買収し、オンラインとオフラインを融合させたO2O型のマーケティング戦略で新たな市場を創出している。

　また、2015年以降、スタートアップ企業によるユニークな取り組みも進んでいる。例えば、2016年に設立された米国のアグリゲーター社は、中小零細の農業者と都市部の食品小売やレストランをつなぐB2B型の農産物ECプラットフォーム「Aggregator Marketplace」を運営している。同プラットフォームの特徴は、個々の中小零細農業者の小規模な供給を組み合わせて供給ロットを大きくする一方、バイヤー側の個々の小口注文も同様の組み合わせにより発注ロットを大きくしてマッチングさせている点にある。いわば、「農協」と「生協」の特徴を併せ持つプラットフォームといえる。

③欧州

　欧州ではオランダのパンヨーロピアン・フィッシュオークション社が開発・運営する鮮魚のオンライン取引プラットフォーム「Pefa Auction Clock」が著名である。当プラットフォームは、漁業者（売り手）と水産商社などのバイヤー（買い手）がオンライン上で鮮魚のオークション（セリ）を行うプラットフォームであり、オランダの他、デンマークやイタリア、スウェーデンの4ヵ国・14都市の漁港や卸売市場で運用されている。セリ取引をオンラインで実施することで、バイヤーは漁港や卸売市場にわざわざ出向かなくてもスマートフォンやタブレット、パソコン経由でどこにいても取引に参加できる。しか

も、当社のシステムが導入されている14都市のいずれのオークションにも参加することができる。セリ取引に参加するバイヤーのすそ野の拡大は漁業者にもメリットがあり、当社では「結果として漁業者の所得向上に大きく寄与している」という。

　中間流通の先端企業としては、フランス・パリにある世界最大の卸売市場「ランジス・マーケット」を運営するセマリス社が有名である。当社は、もともとパリの中心部にあった中央市場をパリ南部の都市・ランジス市へ移転する際に、フランス政府やパリ市、民間企業などで設立された半官半民の企業である。1990年代以降、欧州の他の卸売市場の流通高が軒並み減少に転じる中、当社は他市場に先駆けて食品安全基準の厳格化や時代のニーズに合わせた新施設（チーズパビリオンやオーガニックパビリオンなど）と新機能の開発などでシェアを伸ばし、2018年の流通高は移転前の10倍を超えた。

　また当社は、2015年以降、「デジタル化（デジタライゼーション）」を経営の最重要テーマと位置付け、その取り組みを進めている。例えば、欧州中のバイヤーがランジス市場内の約1,200社のテナントを効率・効果的に検索できるシステム開発などのIT投資を行う他、生鮮流通分野のイノベーション開発を行う目的で、起業家やスタートアップが自由に研究開発を行えるインキュベーション施設を市場内に開設している。2015年に開設した当インキュベーション施設では、現在までにコールドチェーンを最適化するデジタルプラットフォームやリモート温度管理システム、日々の膨大な廃棄物を効率的に処理するリサイクルシステムなどの革新的な技術やサービスが開発され、当社の市場運営に活かされている。当社は今やフランスで最も成功した第三セクターの1社だといわれている。

④日本

　国内の流通プラットフォームは、1970年代の中頃からカタログ宅配として始まった。この時期、食材宅配のタイヘイ（千葉）やヨシケイ（静岡）、生協系宅配のパルシステム生活協同組合連合会（東京）、自然食品宅配の大地を守る市民の会（大地を守る会の前身で現オイシックス・ラ・大地（東京））などが当市場を創造・牽引した。

　インターネットを活用した生鮮品のECビジネスが展開されたのは2000年に入ってからである。その草分け的な存在は、2000年に設立されたオイシックス（現オイシックス・ラ・大地）である。当社は当時、インターネットでモノを買うことも珍しかった時代に、農産物購買のECプラットフォーム「Oisix」を立ち上げ、業界で初めて有機農産物などを1品ずつ購入できる場をオンライン上に提供した。また、規格外の「ふぞろい野菜」や絶滅危惧品種の野菜に焦点を当てた「リバイバルベジタブル」などの商品・ブランド開発に取り組む他、"作った人が自分の子どもに安心して食べさせられることのできる商品基準"と定義する「Oisix安全基準」の策定などの取り組みを通じて、一気に会員数を増やしていった。

　2010年になり、「4G」サービスの開始で、徐々に消費者の間でスマートフォンが普及するようになるにつれて、また少子高齢化に伴う一人世帯やDINKs世帯（子どもを持たない共働き夫婦）の増加が目立つようになるにつれて、食品スーパーや百貨店などによる"ネットスーパー"への事業参入が相次いだ。同時に、楽天（東京）が2012年に子会社を通じて生鮮食品の宅配サービス「楽天マート」を開始し、2017年には「アマゾン・フレッシュ」のサービスが日本でも始まるなど、ECビジネスを専業とする企業によるビジネス展開も熱気を帯び始めた。

　流通プラットフォームの新しい潮流が生まれたのは2015年前後からである。この頃から生産者が消費者や実需者とオンライン上で直接コンタクトしながら取引できる場を提供するECプラットフォームが上市され始めた。例えば、2015年に設立されたポケットマルシェ（岩手）は、農業者や漁業者が消費者とオンライン上で会話をしながら農畜水産物を購入できるC2C型のプラットフォーム「ポケットマルシェ」を運営するスタートアップである。当プラットフォームは、一言で表現するとフリマアプリの「メルカリ」に近いモデルである。購入者である消費者が出品者である生産者と直接コミュニケーションを取りながら生鮮品を購入できる点で、これまでの食品宅配・ECサイトとはモデルが異なる。物量などの面で販路が限定される小規模生産者においては、自身の生産プロセスや商品のこだわりを、オンライン上で直接、消費者へ伝えることができる新たな取引の場となる。現在、当社のプラットフォームに登録して

いる農畜水産物の生産者は2,000名を超え、常時3,500品目以上の生鮮品などの食品が出品されている。

　また、マイファーム（京都）は体験農園のサービスで高いシェアを持つスタートアップであるが、2019年3月にオンライン卸売市場アプリ「ラクーザ」を開発し、同年8月よりサービスの本格運用を開始した。当アプリは農業者と食品スーパーやレストランなどのバイヤー向けに提供するB2B型の取引プラットフォームであり、現在、農産物と畜産物、関連する加工品の取引を対象としている。当プラットフォームの特徴は、まず、セリ機能を持つ点にある。生産者の出品商品はセリでバイヤーに落札される。この機能こそがオンライン"卸売市場"と言われる所以でもある。次に、生産者は当プラットフォームに登録しているバイヤーへ直接コンタクトを取ることができる他、サンプルを配送することも可能である。現在、農産物や畜産物を生産する約1,500件の生産者と約500件のバイヤーが登録しており、その数は日々増加している。

　両社のように、2015年以降の流通プラットフォームの新潮流は、農畜水産事業者にオンライン販売という新たな選択肢を提供しているだけでなく、消費者やバイヤーとの直接のコミュニケーション（購入後のフィードバックを含む）を通じて、自身の商品やマーケティング手法などの改良を促す副次的効果もある。農畜水産事業者の所得向上と経営改善を増進するプラットフォームとして、今後も市場の拡がりが期待される。

市場規模推計

　業界各社へのヒアリングと推計に基づき、国内の流通プラットフォームの2019年の市場規模（農畜水産事業者がオンライン上で消費者や実需者へ直接販売を行う取引高）を633億円とした。農畜水産物の生産者ベースの産出額は2018年で10兆5,685億円であり、いわゆるEC化率（産出額に占めるオンライン取引高のシェア）は0.6%となる。経済産業省によると、2018年の食品・飲料・酒類のB2C型のEC化率は2.6%となっており、今後、生鮮品のEC化率は伸長してくるものと予測している。

　なお、推計市場は、流通プラットフォームの狭義の定義である「農畜水産事業者がオンライン上で消費者や実需者への直接販売を行うオンライン上の取引

プラットフォーム」に限定した。また、市場区分は対象品目で「農産物（穀物・青果・花卉などの耕種農産物）」と「畜産物」、「水産物」の3つで分けた。

633億円の推計市場のうち、農産物の市場規模を434億円、畜産物を120億円、水産物を79億円とそれぞれ推算した。農林水産省によると農産物の生産者ベースの産出額は2018年で5兆7,815億円であり、EC化率は0.75%であった。また、同様に、畜産物の産出額は3兆2,129億円、EC化率は0.37%、水産物の2017年の漁業産出額は1兆5,741億円、EC化率は0.50%であった。

現在、消費者や実需者向けにオンライン上で直接取引を行う農業生産者の数は1万名を超えたものと推計しており、これは国内の販売農家戸数（2019年：113万戸）の0.9%に当たる。今後も流通プラットフォームの機能やサービスの向上に伴いこの割合が高まるものと予測している。

5. アグリバイオ

概　要

アグリバイオはバイオテクノロジーを活用して農業や食品分野の生産性や効率化、省力化に資する分野であり、ここでは今後市場が急拡大するものと見込まれる「代替タンパク」と「ゲノム編集」の2つのサブセクターで構成するものとした。

代替タンパクは、世界の人口増加で肉類をはじめとする魚介類やミルク・乳製品などのタンパク質の需要が急増する他、健康や環境問題、動物福祉などへの消費者の関心が高まる中、従来の製品や生産プロセスに替わる食品や飼料などを指す。代表的な製品としては、昨今、世界中で大きな注目を集めている植物由来の原料でのみ製造された植物肉（代替肉）や2000年に入ってから市場が劇的に増加している豆乳（代替ミルク）などがある。また、タンパク質の含有量が乾燥重量で6割、畜産物の3倍ともいわれる昆虫食をはじめ、単位当たり収量で畜産物と比べて超高収量な藻類なども代替タンパク製品として昨今、国内外の注目を集めている。

ゲノム編集は、生物の持つ全遺伝情報（ゲノム）の任意の個所を改変する技術である。ゲノム編集は「CRISPR-Cas9（クリスパー・キャスナイン）」や

「TALEN（タレン）」などの狙った位置を正確に切断できるツール開発によって実現した新しい技術分野である。特定の遺伝子を破壊する「ノックアウト型」と、目的の遺伝子を外部から挿入する「ノックイン型」の2種類が存在する。なお、本書では特に断りがない場合、ゲノム編集はノックアウト型を指すものとする。アグリ分野への応用としては、ゲノム編集は、既に普及している遺伝子組換え作物（GMO）とは異なり、外来遺伝子が含まれず、安全性が高いのが特徴である。さらに、環境への影響が少なく、収量の増加や消費者の栄養状況の改善に貢献するため、国連機関においてもSDGsを達成する1つの手段として期待されている。

(1) 代替タンパク

市場環境／事業動向

代替タンパクは、現在、国内外で大きな注目を集めている分野であるが、いわゆる"代替食品"といわれる食品は日本でも古くから存在した。例えば、バターの代替である「マーガリン」やカニ肉の代替である「カニカマ」、牛肉の代替である「大豆ミート」、小麦粉の代替である「米粉」、ビールの代替である「発泡酒」などがそうであり、主に価格面（一部、アレルギーや健康などの機能面）に着目した商品開発が行われてきた。欧米や中国などの他国でも、「大豆ミート」などの代替食品はだいぶ前から発売されていた。

それでは、2010年代後半から欧米を中心にこの分野に注目が集まり始めた理由は何か。大きく3つが考えられる。1つ目は、消費者の健康への意識の高まりである。もともと欧州には野菜を中心とした食生活を送るベジタリアンや菜食主義者と言われるビーガンが数多く存在するが、2010年以降、米国でも健康への意識の高まりによるベジタリアンやビーガンが増加している。実際、2009年には全人口の1%程度（約300万人）であった米国のビーガン人口は、2019年には7%程度（約2,000万人強）に増加したと推計しており、市場のすそ野が拡がっている。

2つ目は、米国の若者を中心としたリベラル層による環境や動物福祉（動物愛護）などの社会問題への関心の高まりである。背景には2015年9月の国連サミットで採択されたSDGsの影響が大きい。実際、畜産業が地球環境に与える

影響は小さくない。FAOによると、人為的に排出されている温室効果ガスの14.5％が畜産業に由来し、毎年家畜から放出されるメタンガスの量は、石油に換算すると南アフリカ共和国に1年分の電力を供給する量に匹敵するという。植物性由来の代替肉を通常の畜産と比較すると、温室効果ガスは90％程度、必要な水は99％それぞれ削減できるといわれている。

　また、昨今、欧米の消費者が、健康や環境問題以上に高い関心を持つのが動物福祉（動物愛護）である。人間の生命を維持するために牛を飼育し「と畜」する行為を是としない考えを持つ消費者が増加している。グーグルの共同創業者であるセルゲイ・ブリン氏もその1人で、同氏は2013年に世界初となる培養肉の開発に成功したオランダのマーストリヒト大学の研究におけるスポンサーでもある。2015年以降、躍進を続ける植物肉や培養肉のスタートアップには、ビル・ゲイツ氏やレオナルド・ディカプリオ氏などの米国の数多くの著名人が投資を行っているが、彼らの関心は環境や動物福祉（動物愛護）の問題解決であり、持続可能な畜産業の生産システムの構築に期待を寄せている。

　この分野が注目を集める3つ目の理由は、テクノロジーの向上による「味」の飛躍的な改善である。昨今の植物肉のブームを巻き起こした米国のスタートアップであるビヨンド・ミート社やインポッシブル・フーズ社の製品が消費者の支持を集めた最大の理由である。

　これまで各国で発売されていた大豆ミートは、見た目は肉に近いが、味は消費者の声として「肉とは似て非なる食べ物」という意見が大半を占めていた。ビヨンド・ミート社の植物肉製品はこれを劇的に変えた。その証拠に、これまでの大豆ミート製品は食品スーパーの売り場の隅にある"もどき食品コーナー"で売られていたが、当社の植物肉は全米スーパーとして初めて、ホールフーズ・マーケットの「精肉売り場」で販売された。これまでの"もどき肉"とは一線を画した商品性であることがうかがえる。

　また、味の改善だけでなく、当社の製品は精肉売り場で「生」の状態で販売されている点も画期的といえる。本物の肉と同様に、家のフライパンなどで焼く一連の調理体験までを再現しているからである。新しい代替肉の登場は、もともと健康や環境、動物福祉などに高い意識や関心を持つ消費者の食生活を転換させる大きな契機となった。

このような市場環境の変化を受けて、現在、世界中で植物肉をはじめとする様々な代替タンパク製品の研究開発が始まっている。代替タンパクを代表する製品カテゴリーとして、「植物肉（代替肉）」と「培養肉（同）」、「植物性ミルク／乳製品（代替ミルク／乳製品）」、「昆虫タンパク（昆虫食）」の4つについて、以下、先進的な海外企業などの動向を概述したい。

①植物肉

代替タンパク市場全体を牽引するのは「植物肉」である。上述したビヨンド・ミート社とインポッシブル・フーズ社の米国のスタートアップ2社が2015年以降に本市場を創造した。

2009年に設立されたビヨンド・ミート社は、2013年に当社初の製品となる「ビヨンド・チキン」を上市した。翌年には植物由来の挽き肉「ビヨンド・ビーフ」を、そして2015年には当社の看板製品であるハンバーガー用パティの「ビヨンド・バーガー」をそれぞれ上市した。その後、2017年の「ビヨンド・ソーセージ」の発売開始により、牛肉と豚肉、鶏肉の畜産3分野の植物肉製品の上市を完了している。

当社は2019年5月、株式をニューヨーク・ナスダック市場に上場したが、その後、KFCコーポレーション社（ケンタッキー・フライド・チキン）やマクドナルド社、ダンキンドーナツ社などの米国大手ファストフード・チェーンとの業務提携と店頭での試験販売を進め、2020年2月末時点で、国内外5万店以上の食品小売と外食の各店舗で当社製品が取り扱われている。

ビヨンド・バーガーの主原料は、エンドウ豆から抽出したタンパク質であるが、本物の牛肉ハンバーガーの食感を再現するために、アラビアガムやジャガイモのデンプンなど合計22の原料を使用している。霜降りはココナッツオイルとココアバターで、肉の赤身はビーツで、風味や香りは酵母エキスなどでそれぞれ絶妙に再現している。これらの原料は全て植物由来のもので、動物性原料や遺伝子組換え作物、大豆、グルテンなどは一切使用されていない。

インポッシブル・フーズ社は、スタンフォード大学の生化学者であるパトリック・ブラウン名誉教授によって2011年に設立された。当社の看板商品である「インポッシブル・バーガー」は2016年後半に上市されたが、2019年には

米国を代表するハンバーガーチェーンのバーガーキング社で「インポッシブル・ワッパー」製品の取り扱いが始まり、急速に知名度と供給量を拡大させた。現在、全米をはじめ、香港、マカオ、シンガポールなどの国内外の外食チェーン約2万店舗で供給されている。

　当社は本物の肉の見た目や味、香り、食感などを分子レベルで解析し、これらを植物性原料のみで再現している。主原料は大豆由来の植物原料であるが、当社製品の最大の特徴は、大豆から抽出したレグヘモグロビン「ヘム（ヘムタンパク質）」を活用している点である。ヘムは大豆タンパク質の色素添加物であり、これにより肉特有の血がしたたるような肉汁や風味、味わいを再現することに成功している。

　当社は遺伝子工学を用いて、この大豆ヘムを効率的に生産する体制と手法を確立している。この大豆ヘムは2019年8月に米国食品医薬品局（FDA）による安全性が承認され、同年9月より全米のバーガーキング全店（約7,500店舗）や食品小売チェーンでの販売が開始されている。

　日本では1960年代から大豆ミート製品を開発している不二製油グループ本社（大阪）が著名であるが、2018年以降、この市場への参入を表明する企業が相次いでいる。既に大塚食品（大阪）や伊藤ハム（兵庫）、日本ハム（大阪）、丸大食品（大阪）、日本アクセス（東京）などの大手企業が、植物肉製品の上市または今後の製品化を発表している。

②培養肉

　植物肉と並んで代替肉カテゴリーを形成しているのが「培養肉」である。植物肉とは異なり現在は開発期で、2020年2月末時点では国内外で当製品は上市されていない。培養肉は、植物肉と同様に従来の肉製品とは生産プロセスが異なるため代替肉に分類されるが、植物肉とは似て非なる製品である。

　培養肉は、牛や豚、鶏などの家畜の細胞を採取・培養して製造されるため、その製造手法が植物肉とは根本的に異なる。培養肉は、肉そのものを持続的に供給する試みであり、「と畜」の必要がなく地球環境に大きな負荷がかからない製品でもあるため、別名「クリーンミート」とも呼ばれている。

　培養肉の最大の特徴は「本物の肉」であることだ。一般的に代替肉の評価基

準には「見た目」や「味」、「食感（質感）」、「栄養」の4つがあるといわれる。現状上市されている植物肉は、「食感（質感）」と「栄養」を克服できていないと指摘する声が多いが、培養肉は基本的にそれらをクリアできる。

　特に食感は、肉の味の判断にも大きく影響してくる。実際、米国の植物肉を試食した日本人の中には、これまでの大豆ミートとの違いを大きく評価する一方、課題として「口に入れた際の食感」を指摘する声も多い。つまり、食感の改善が植物肉の次の課題となることを示している。食感を決めるのは植物繊維の方向性である。簡便に表現すると、本物の肉は繊維が一方向だが、植物肉の繊維の多くは多方向であり、これが食感の違いとして認識されるようである。培養肉は本物の家畜から採取した細胞を培養して製造された肉であり、もちろん、繊維も一方向となる。

　培養肉の製造は、採取・選抜した筋幹細胞を培養液や栄養素、成長因子などを入れた培養装置（バイオリアクター）で増殖し、筋繊維を組成した後に、それを積み重ねて筋組織を形成するプロセスが各社ともに一般的である。

　先述したように、培養肉は2013年に世界で初めてオランダのマーストリヒト大学で開発された。この成果をもとに同大学発のスタートアップとして2016年に設立されたのが、モサ・ミート社である。当社は牛の1つの細胞（サンプル）から8億の筋組織を生成可能で、これはハンバーガー用パティ（約113g）の8万個に相当する。2019年には生産プロセスを自動化するバイオリアクターを開発するなど培養肉製品のコストダウンを進めている最中であり、早ければ2022年頃の上市を計画している。

　米国を代表する培養肉スタートアップは、シリコンバレーのメンフィス・ミーツ社である。当社は心臓専門医と幹細胞生物学者の2名によって2015年に設立され、2017年に世界初となる鶏の細胞培養肉（プロトタイプ）を開発した。2018年には米国食肉最大手のタイソン・フーズ社から出資を受けている。現在、挽肉やハンバーガー、ミートボール、ソーセージなどの培養肉製品の開発を著名シェフとともに進めており、早くて2021年頃の製品上市を計画している。

　培養肉の分野では本市場を創造した両スタートアップが著名であるが、その他、特徴的な技術を持つ企業は2017年に設立されたスペインのノヴァ・ミー

ト社である。当社の特徴は「3Dフードプリンタ」を活用した植物肉や培養肉の開発であり、製品コストの大幅な低下が期待されている。また、ビジネスモデルにも特徴がある。当社は代替肉を自社で製造するのではなく、当社の3Dフードプリンタと原材料が詰まったカプセルをレストランなどのパートナー企業へ供給するライセンスモデルである。現在、プロトタイプの製品開発を重ねている最中で、2021年中の上市を計画している。

　日本で培養肉を開発している代表的な企業は、2015年に設立されたインテグリカルチャー（東京）である。当社は2016年に世界初となる全自動型の大規模細胞培養システム「CulNet System」と低価格培養液をそれぞれ開発して、細胞培養肉の大幅なコスト低下を実現したスタートアップである。2019年には世界初の「培養フォアグラ」のプロトタイプ開発に成功しており、2021年以降の製品上市を計画している。

③植物性ミルク・乳製品

　植物性ミルク・乳製品は、植物肉よりもいち早く消費者に受け入れられ、世界的に市場が伸びているカテゴリーである。

　まず、植物性ミルクの市場を牽引するのは、米国のカリフィア・ファームズ社とリップル・フーズ社、エルムハースト社の3社である。カリフィア・ファームズ社は2010年に設立され、アーモンドから植物性由来のアーモンドミルクやコーヒー用のクリームを開発するスタートアップである。当分野で米国有数のシェアを持っており、「おいしい」アーモンドミルクを他社に先駆けて市場へ上市した。牛乳を消費するよりも温室効果ガスの排出を7割程度削減できる点などを謳い、ベジタリアンやビーガンの支持を集めている。2020年1月に実施した投資ラウンド（シリーズD）で2.5億ドルの資金調達を行い累計資金調達額は3億ドルを超えた。

　2014年に設立されたリップル・フーズ社はエンドウ豆から植物性の代替ミルクを開発している。当社は基本的にビーガンに特化した商品を展開し、グルテンやラクトース、ナッツ、遺伝子組換え作物などを使用していない点に加え、豆乳などに比べて水の使用量を95%削減している点などを謳っている。当社の商品は全米の多くの食品小売チェーンで普及しているが、その特徴は本物の

ミルクに近い「味」にある。エンドウ豆からタンパク質を抽出する過程で豆特有の風味を除去し、純粋なタンパク質を生成するなど技術改良を重ねている。当社は創業からわずか5年で、既に累計資金調達額が1億ドルを超えた。

　エルムハースト社はもともと1925年に設立された大手乳業メーカーであったが、2017年に本業の「乳製品業」から「"代替"乳製品業」へと事業を大転換した。当社はアーモンドミルクやピーナッツミルクなどの植物性ミルクを開発する他、現在、燕麦（エンバク、オート麦）を原料とする「オートミルク」が大ヒットし、大豆やアーモンド、ココナッツなどに次ぐ植物性ミルク市場の新たな製品カテゴリーを創造し始めている。

　次に、植物性の乳製品市場を牽引するのは2010年に設立された米国のカイト・ヒル社である。当社は乳製品カテゴリーにおいて、業界に先駆けて「味」をブレークスルーした植物由来のチーズやヨーグルトなどの代替乳製品を開発している。当社が初めて上市した製品は「ソフト／熟成チーズ」であり、2014年からホールフーズ・マーケットで販売されている。翌年には当社の看板商品である「アーモンドミルクヨーグルト」を開発し、その他、クリームチーズやリコッタ、パスタ、ディップなど、現在7つの商品カテゴリーで25を超える商品アイテムを展開している。

　日本でも植物性ミルクの市場は拡がっている。豆乳やアーモンドミルク、ライスミルク、ココナッツミルクなどがあるが、その筆頭は豆乳である。豆乳ブームは1980年代の前半と2000年代前半、そして2010年以降と3度のブームを経ているが、2010年以降の市場は一貫して拡大を続けている。製品開発を行っている代表的な企業は、当市場の半数程度のシェアを持つといわれるキッコーマン飲料（東京）をはじめ、マルサンアイ（愛知）、名古屋製酪（愛知）、ポッカサッポロフード＆ビバレッジ（愛知）などがある。

④昆虫タンパク（昆虫食）

　昆虫タンパクは、古くて新しいカテゴリーである。アジアやアフリカでは、昆虫は貴重なタンパク源として何世紀にもわたり日常的に食されてきた。世界中で昆虫食が注目されるようになったのは、2013年にFAOが昆虫食に関するレポート「Edible insects」を発表して以降である。

　当レポートでは、世界人口は2050年に90億人を超え、食肉消費量は世界で約3割増加するが、供給面で大きな不安があるという。背景として、畜産の排出する温室効果ガスが環境汚染や地球温暖化に及ぼす悪影響を指摘し、既存の食肉生産システムの持続可能性に疑問符を投げかけている。そのため、安定的なタンパク源の供給として、昆虫を食料や飼料として活用することへの期待を述べている。

　当レポートが発表された2年後には国連によるSDGsの発表も相まって、2015年以降、欧米を中心に世界中で昆虫食スタートアップが次々に立ち上がった。現在、その数は300社に迫っているものと推計している。

　実際、昆虫は高効率なタンパク供給源である。乾燥重量の6割程度がタンパク質であり、これは牛をはじめとする畜産物の3倍以上となる。また、飼育が非常に容易な点も特徴である。畜産物と異なり広大な土地や高額な設備は必要ない。もちろん、環境への負荷も相対的に小さい。例えばコオロギと牛の飼育を比較した場合、コオロギの方が2,000倍以上の省水になるといわれている。昨今の環境の中、高タンパクかつ省資源で飼育可能な昆虫食を見直す動きは自然な流れともいえる。

　新たなタンパク源としては良いことずくめのように思えるが、昆虫食の最大の課題は、消費者の「心理的な壁を取り払うこと」であろう。アジアの屋台などでフライにして売られている昆虫を見たことがある方も多いであろうが、昆虫食の習慣がない消費者にとっては、その見た目が拒否反応を生む。

　その課題の克服に向けて、スタートアップの多くは昆虫をそのままの姿で製品化するのではなく、粉末にして代替小麦とする他、それを使ったプロテインバーや菓子、パンなどを製造している。

　世界に先駆けて2015年前後から昆虫食の新市場創出に取り組んでいるのは米国である。それを牽引してきたのはエクソ社とアスパイア・フードグループ社の両スタートアップである。

　2014年設立のエクソ社は、米国で最も知名度のある昆虫プロテインバーを開発している。既に、粉末にしたコオロギの高純度のタンパク質を原料とするプロテインバー「Exo クリケット・プロテインバー」を、ホールフーズ・マーケットをはじめとする全米の食品スーパーなどで販売している。アップルシナ

モンやバナナブレッドなどの5種類の商品アイテムを販売し、グルテンや乳製品、安定剤などの添加物は一切含まれていない。プロテインバー1本には30匹程度のコオロギが含まれているという。

　また、2013年に設立されたアスパイア・フードグループ社は、エクソ社同様にコオロギを原料とするプロテインバー「Aketta」の開発と販売を行っている。当社の特徴は、飼育するコオロギから出るフンを全て周辺農家へ販売するエコサイクルを構築している点や、デジタル技術などを活用してコオロギの繁殖と飼育を効率・省力化したコンテナ型の飼育システムの開発を行っている点などである。なお、2018年に当社はエクソ社を買収し、商品ブランドは米国で浸透しているエクソ社の「Exoクリケット・プロテインバー」に統一した。

　昆虫食スタートアップの多くはコオロギを事業対象としているが、イスラエルのハーゴル・フードテック社はバッタを対象とした世界でも珍しい昆虫食スタートアップである。

　当社は会計士や企業家としての実績を持つCEOと昆虫研究で30年以上の経験を持つCTOなどによって2014年に設立された。コオロギと比較したバッタのメリットとして、バッタは昆虫食として長い食文化を持つため、消費者の心理的ハードルを下げられることだけでなく、立体飼育による飼育密度を高めたスケール化が容易だという。実際、バッタの食文化の歴史が奏功し、当社製品は昆虫食として世界で初めて、2018年にイスラム教の「ハラール」とユダヤ教の「コーシャ」の認定を受けた。また、2019年には環境制御した閉鎖施設で、短期間に大量生産する飼育システム（技術）の開発に成功するなど、国内外から高い注目を集めている。

　日本でも多くのスタートアップが立ち上がっている。2017年に京大発スタートアップとして設立されたエリー（東京）は、カイコ（蚕）を原料とする機能性昆虫食「シルクフード」を開発している。また、2018年設立のBugMo（京都）は、同年11月に国内で初となるコオロギ由来のプロテインバー「BugMo Cricket Bar」を上市した。現在、コオロギの自動生産システムの開発を行うとともに、生産から流通までの各工程でブロックチェーンを導入したプラットフォームの開発などを進めている。

　さらに、2019年に徳島大学発のスタートアップとして設立されたGryllus

（徳島）は、コオロギの粉末「グリラスパウダー」の製造と販売を行っている。パンや菓子などを製造する企業などへの卸売を行う他、備蓄用のパンを自社で製造して、インターネット経由で消費者へ販売している。今後、食用コオロギの全自動型の飼育システムの開発の他、ゲノム編集を用いて特定機能を高めたコオロギの開発などを計画している。

　昆虫を食用ではなく、水産養殖などの飼料用途に開発しているスタートアップとして、愛南リベラシオ（愛媛）やムスカ（東京）などがある。愛南リベラシオは2012年に設立された愛媛大学発のスタートアップで、カイコのサナギから機能性物質を抽出した水産養殖向けの飼料用サプリメント「シルクロース」を開発している。連携パートナーを通じて当製品は普及し始めており、既に事業として黒字化を達成している。

　また、ムスカは2006年に設立されたスタートアップで、「イエバエ」を使ったバイオマスのリサイクルシステムを開発している。当社が有するイエバエは約50年・1,200世代にわたって育種されており、自然種に比べて高い生産性を持つ点を特徴としている。このイエバエを使うことで従来の堆肥化プロセスと比べて格段に早く、かつメタンなどの温室効果ガスの排出が少ない飼料と有機肥料を製造することが可能になるという。

市場規模推計

　業界各社へのヒアリングと推計に基づき、国内の代替タンパクの2019年の市場規模（代替タンパク製品の製造事業者の出荷高ベース）を1,054億円とした。市場推計した代替タンパクの定義を「原料や生産・製造・供給プロセスにおいて従来の製品とは一線を画したタンパク質製品を指し、植物由来の原料を用いて製造される肉製品や卵・乳製品、水産品の他、細胞培養による肉類や水産品、昆虫タンパク、天然資源に由来しない魚粉飼料など」とした。

　この定義に沿った代替タンパクの市場区分は次の8つである。それは「植物肉（代替肉）」、「培養肉（同）」、「植物性ミルク・乳製品（代替ミルク・乳製品）」、「植物卵（卵液、代替卵）」、「植物性・培養シーフード（代替魚肉）」、「昆虫タンパク（昆虫食）」、「その他食用タンパク（藻類など）」、「代替飼料（代替魚粉など）」である。

現在、国内で代替タンパク市場を牽引しているのは「植物性ミルク・乳製品」であり、2019年の市場規模を705億円とした。このうち、豆乳ミルクをはじめとする豆乳製品が9割強を占め、残りをアーモンドミルク製品などが占めているものと推計した。

　「植物肉」は、旧来の大豆ミートを含めて市場は急成長しており、その規模を175億円とした。また、「その他食用タンパク」はユーグレナ（東京）の藻類（ミドリムシ）が牽引しており、同年の市場規模を160億円とした。さらに、「代替飼料」は魚粉の代替製品を中心に同年の市場規模を7億円、「植物卵（卵液）」はマヨネーズ類の代替製品を中心に5億円、「昆虫タンパク（昆虫食）」は各社が製品を上市し始めたタイミングであり、多く見積もっても数千万円とした。なお、「培養肉」は開発期にあり、同年の市場流通をゼロとした。

(2) ゲノム編集
市場環境／事業動向

　ゲノム編集は新しい技術分野であり、各国の規制案の議論と企業や大学による技術開発の取り組みが同時並行で進められている。

　まず、各国の規制状況を俯瞰したい。日本は今のところ「ノックアウト型」のゲノム編集は遺伝子組換えとは見なさず、「届け出」制を採用した。ブラジル、オーストラリア、アルゼンチン、チリ、イスラエルなども日本と同様の方針である。一方、米国とカナダは特にゲノム編集に規制を設けなかった。

　欧州連合（EU）の遺伝子組換えの定義は特殊で、外来遺伝子の導入が行われない「放射線突然変異」も遺伝子組換えに含まれている。そのため、欧州司法裁判所は2019年、「ゲノム編集生物も遺伝子組換えである」との判決を出した。ただし、この判決前には、ドイツ連邦消費者保護食品安全庁が国内においてゲノム編集作物は遺伝子組換えではないと発表した他、オランダ政府もゲノム編集を除外する欧州環境放出指令の改定案を提案するなど、必ずしもEU全加盟国の見解が一致しているわけではない。今後は環境放出指令改正を行って、ゲノム編集生物への規制を緩和するのか、それとも規制状況を現状維持とするかが注目されている。

　なお、ニュージーランドも欧州と類似した遺伝子組換えの定義を行っていた

結果、上記と同様の訴訟でゲノム編集についても遺伝子組換えとして扱われることとなった。

次に、ゲノム編集の開発状況である。現在、米国ではカリクス社が「高オレイン酸大豆」を、キブス社が「除草剤耐性ナタネ」を、コルテヴァ・アグリサイエンス社が「モチ性トウモロコシ」などをそれぞれ開発している。

また日本では、サナテックシード（東京）は「GABA高含有トマト」、農研機構は「高収量イネ」、近畿大学（大阪）は筋肉量を増やした肉厚の「マッスル・マダイ」などの開発を進めている。

遺伝子組換えは農薬使用量の削減や土壌流出の防止、CO_2排出量の削減に多大な貢献をしたものの、生物多様性への悪影響などが懸念事項として指摘されている。一方、ゲノム編集作物は遺伝子組換えと同様の利点が期待され、かつ生物多様性への悪影響が遺伝子組換えよりも低いため、遺伝子組換えから徐々にゲノム編集への切り替えが進められていくものと考えられる。

多くの消費者は農業に自然の恵みをイメージするが、そもそも農業は資源を投入して行う産業であり、その意味でいうと、ほぼ全ての農業は環境破壊行為となる。1960年代の「緑の革命」で象徴されるように、化学肥料の大量投下は農業の効率性を大幅に高めたが、同時に大きな環境負荷となった。農業の「効率性」と「環境負荷軽減」は相反する関係といわれてきた。

2020年代に入り、持続可能な農業に対する期待が世界中で高まる中、ゲノム編集がそれに果たす役割は大きい。ゲノム編集は、そもそも農業の効率を高めながら農業の環境負荷を軽減するという考え方に立脚している。今後、農業の持続性を高める1つの手段として、ゲノム編集への正しい認識が消費者にも浸透し始めるものと推察される。

市場規模推計

2020年2月末時点で、国内で上市されたゲノム編集品種は未だない。参考として、米国のゲノム編集の種子市場を約100万ドル（約1.1億円）と推計した。

米国では2019年9月時点で、4.8万エーカー（約1.9万ha）以上の高オレイン酸大豆が作付けされており、2020年はその2倍以上に拡がる見込みである。収穫された大豆はカリクス社によって全量が買い取られ、高オレイン酸油に加工

されて出荷されている。現在、当社の高オレイン酸油は米国内のみでの流通が認可されているが、米国がトランス脂肪酸を規制する追い風もあり、今後、市場の拡がりが予想される。

第Ⅱ部 >>>

フード＆アグリテックをリードする
世界の先進スタートアップ／
企業70社

　第Ⅱ部では、2020年代のフード＆アグリテック市場を牽引する世界の先進スタートアップ／企業70社を紹介する。なお、特に注記がない場合、各社の記載情報は基本的に2020年2月末時点の情報である。

図表　第Ⅱ部で紹介するフード＆アグリテックの先進企業リスト

1. 次世代ファーム

（1）植物工場
スプレッド（京都）
ファームシップ（東京）
木田屋商店（千葉）
福井和郷（福井）
成電工業（群馬）
SANANBIO（中国）
Crop One HD（米国）
AeroFarms（米国）
Bowery Farming（米国）
Freight Farms（米国）
InFarm（ドイツ）
Growing Underground（英国）
Seedo（イスラエル）

（2）陸上・先端養殖
FRDジャパン（埼玉）
ソウルオブジャパン（東京）
SalMar（ノルウェー）

2. 農業ロボット

（1）ドローン
ナイルワークス（東京）
SZ DJI Technology（中国）
XAG（中国）

（2）収穫ロボット
inaho（神奈川）
Abundant Robotics（米国）
Octinion（ベルギー）
Lely HD（オランダ）
Tevel Aerobotics（イスラエル）
meshek{76};（イスラエル）

（3）ロボットトラクター
クボタ（大阪）
ヤンマーアグリ（大阪）

3. 生産プラットフォーム
オプティム（東京）
スカイマティクス（東京）
ベジタリア（東京）
富士通（東京）
ファームノート（北海道）
FBN（米国）
The Climate Corp.（米国）
GRUPO HISPATEC（スペイン）
Priva（オランダ）
Connecterra（オランダ）
Nofence（ノルウェー）
Afimilk（イスラエル）
A.A.A Taranis（イスラエル）

4. 流通プラットフォーム
ポケットマルシェ（岩手）
マイファーム（京都）
羽田市場（東京）
Meicai（中国）
Songxiaocai（中国）
Shenzhen Agri.（中国）
Shanghai Hema（中国）
Aggrigator（米国）
PEFA（オランダ）
SEMMARIS（フランス）

5. アグリバイオ

（1）代替タンパク
インテグリカルチャー（東京）
BugMo（京都）
タベルモ（神奈川）
ムスカ（東京）
愛南リベラシオ（愛媛）
Gryllus（徳島）
エリー（東京）
Beyond Meat（米国）
Kite Hill（米国）
Memphis Meats（米国）
Finless Foods（米国）
Calysta（米国）
Mosa Meat（オランダ）
Nova Meat（スペイン）
Hargol FoodTech（イスラエル）

（2）ゲノム編集
エディットフォース（福岡）
プラチナバイオ（広島）
Calyxt（米国）
Ginkgo Bioworks（米国）
Inari Agriculture（米国）

（出所）筆者作成

株式会社スプレッド 京都

植物工場で生産された野菜の累計出荷量で業界随一の実績を誇る日本の植物工場業界のパイオニア

🌱 会社概要・沿革

本社所在地	京都府京都市下京区中堂寺粟田町90　KRP8号館
代表者	代表取締役社長　稲田　信二
事業内容	植物工場の運営
資本金	8,740万円
株主	アースサイド
従業員数	約310名（臨時雇用含む）
沿革	2006年　会社設立
	2007年　亀岡プラントの第1期棟が竣工・稼働
	2008年　植物工場野菜ブランド「ベジタス」の販売を開始
	2009年　亀岡プラントの第2期棟が竣工・稼働
	2013年　亀岡プラントの単独黒字の達成
	2014年　次世代型植物工場『Techno Farm™』の開発を開始
	2018年　「テクノファームけいはんな」の竣工・稼働
	2019年　第一号パートナー工場「テクノファーム成田」の着工
	福岡県で世界最大級の植物工場の事業化に向けた協業検討

SPREAD

🌱 事業概要

　当社は青果流通などを手がけるアースサイドグループの一員であり、植物工場の直営プラントの運営事業とパートナーシップ事業を行っている。

　直営プラントは現在、京都の亀岡市と木津川市に計2ヵ所ある。2007年7月に竣工した亀岡プラントは建築面積が2,868㎡、日産（1日当たり生産能力）は2.1万株（80～100g/株）であり、また、2018年11月に出荷を開始した「テクノファームけいはんな」は建築面積が3,950㎡、日産は3.0万株となっている。

　パートナーシップ事業は、植物工場への参入や投資を行う企業との連携事業である。主に、企業が当社の『Techno Farm™』を導入・運営する際の支援を行う「国内フランチャイズモデル」の他、企業がプラントオーナーとして建設した『Techno Farm™』を当社に貸与する「国内オーナーシップモデル」がある。

　当社が生産する野菜は、フリルレタスやプリーツレタス、ロメインレタス、フリンジレタスの計4種類で、販路は食品スーパーなどの食品小売用が約7割、外食・中食産業等の業務用が約3割となっている。

🌱 ビジネスモデル図

```
┌──────────┐   植物工場の          ┌────────────────────┐                    ┌──────────────┐
│          │   建設・運営支援等 →   │    スプレッド       │   野菜の販売 →      │  販売先顧客    │
│ パートナー │                      │                    │                    │ (食品スーパ    │
│  企業     │                      │   直営プラント      │  ┌──────────┐     │ ー、外食・中   │
│          │   野菜の販売等 →       │                    │  │当社グループ│ ←  │ 食産業等)     │
└──────────┘                      └────────────────────┘  │の物流会社 │     └──────────────┘
                                          野菜の販売        └──────────┘
```

🌱 今後の事業計画

　当社の中期目標は「2025年度までに国内10工場の展開と日産50トン(≒50万株)」であり、特に海外も含めたパートナーシップ事業(FCモデルなど)に傾注する。同時に、当社の持ち株会社であるアースサイドに集約した研究開発も推進し、さらなる効率・自動化の他、果菜類などの新商品開発などを実施していく。

🔍 NAPAコメント ～特徴・イノベーション～

　当社は日本で2005年以降に拡がりを見せた植物工場の市場を切り開いてきた業界の先駆的企業である。2008年から出荷が始まった当社の植物工場野菜「ベジタス」を含む累計出荷量は6,000万食(≒株数)を超えており、現在、全国でおよそ2,500店舗の食品小売店で当社商品が販売されている。

　これまでの豊富な販売実績やビッグデータは、顧客のフィードバックを通して商品・技術力の向上にも寄与している。実際、当社の第一工場(亀岡プラント)の稼働から約10年後に竣工した次世代型植物工場「テクノファームけいはんな」は、亀岡プラントと比較した生産効率(単位面積あたりの生産量)が2倍強になった他、播種から収穫までの栽培日数は約1週間短縮している(約40日→約33日)。また、収穫や栽培パネルの移動は、ロボットが実施するなど、省力化に向けた自動化の取り組みを推し進めている。

　さらに、当社グループの本質的な強みとして"青果流通のプロ"である点が挙げられる。当社グループの発祥・中核会社は1日800トンもの青果を取り扱う専門商社であり、また、青果物の物流を担うグループ企業も有している。

　当社は海外でも知名度が高い。直近一年間で約70ヵ国から約350件の問い合わせがあったという。今後の当社の海外展開に大きく寄与するものと考える。

株式会社ファームシップ 東京

「農と食の未来創造」に取り組む国内最大規模の植物工場ネットワークを誇るスタートアップ

会社概要・沿革

FARMSHIP

本社所在地	東京都中央区日本橋浜町 3-9-5 TOKYO MIDORI LABO. 4階
代表者	代表取締役　北島 正裕、安田 瑞希
事業内容	植物工場事業、農産物流通事業、アグリ人材事業　等
資本金	434,468,500円（資本準備金を除く）
株主	経営陣　他
従業員数	約200名（臨時雇用含む）
沿革	2014年　会社設立 　　　　静岡県富士市に自社研究拠点「富士Lab.」を設立 2015年　静岡県富士市で「富士ファーム」が稼働 2016年　アグリ人材育成の子会社（㈱オーシャン）を設立 2017年　静岡県富士市で「富士山グリーンファーム」が稼働 　　　　三重県名張市で「名張シティファーム」が稼働 2019年　岐阜県土岐市で「コトノハフレッシュファーム」が稼働 　　　　福島県白河市で「MGCファーミックス」が稼働 2020年　静岡県藤枝市で大規模植物工場が稼働予定 　　　　埼玉県加須市で大規模植物工場が稼働予定

事業概要

　当社は2014年に植物工場の事業開発コンサル企業としてスタートし、「農と食の未来を創造する」をミッションに掲げ、現在、主に植物工場の事業開発（パートナー企業との連携による植物工場の展開）と流通事業（野菜の販売）を行っている。

　当社がノウハウを提供してパートナー企業と植物工場を展開している数は、現状5ヵ所（うち1ヵ所は海外）で、合計日産量（1日当たり生産量）はリーフレタス換算で5万株強である。パートナー企業との関係は主に、当社がパートナー企業に工場設計や栽培機材、流通・販売、人材などに関するノウハウを提供するものであり、パートナー企業の要望に応じて合弁企業を設立するケースもある。

　植物工場で生産された野菜は、パートナー企業の意向によるが、実績としては現状、全体の95％程度を当社が買い取っており、全国の食品小売店を中心に約2,500店舗で販売を行っている。栽培・販売している商品アイテムはフリルレタスやグリーンリーフなど12種類あり、希望小売価格は198円/パックである。

🌱 ビジネスモデル図

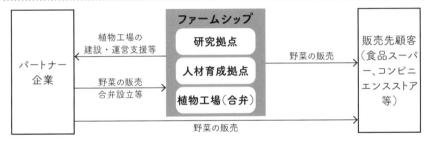

🌱 今後の事業計画

　短期的には現在の事業モデルを継続し、パートナー企業との連携の深掘りを推進していく。中長期的には、農と食のサプライチェーン全体を事業フィールドとし、新たな市場や事業の創造を図っていく。

🔍 NAPAコメント 〜特徴・イノベーション〜

　当社は植物工場の運営ノウハウを有する北島氏と公認会計士の安田氏の両代表が設立したスタートアップである。国内には当社同様に植物工場を大規模に展開している企業がいくつかあるが、その中で"純粋な"スタートアップは希少である。当社の今後稼働する植物工場を含めた2020年末の拠点数は9ヵ所になり、合計の日産量は15トン（≒15万株）を超える計画である。

　当社の特徴は、スタートアップならではの事業モデルとその定着にある。同業大手が植物工場を直営で進めていくことが多い中、当社は設立当初からパートナー企業との連携モデルによる多展開を推進している。過去、多くの植物工場のスタートアップがこのモデルに挑戦しながら頓挫したが、当社はその壁を乗り越え、現在、国内最大規模の植物工場ネットワークを有する企業となった。背景には、当社の組織づくりや研究開発の進め方の他、企業とのオープンなパートナーシップの在り方に特徴があるものと考える。

　また、あくまで当社は植物工場を日本農業の未来創造の1つの手段と位置付けており、常に日本農業のイノベーションにつながる新たな市場創造を模索している。

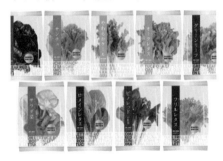

株式会社木田屋商店 千葉

徹底した技術改良と運営改善により、業界屈指の価格競争力を誇る異業種参入の植物工場オペレーター

🌱 会社概要・沿革

本社所在地	：千葉県浦安市北栄 3-31-3
代表者	：代表取締役社長　木田　喜太郎
事業内容	：食品スーパーの運営事業、中食事業、不動産事業、 植物工場の技術開発・野菜生産販売・栽培支援事業
資本金	：1,000万円
株主	：経営陣
従業員数	：約300名（臨時雇用含む）
沿革	：1969年　会社設立（創業は1781年）
	2013年　第1プラント「小浜植物工場グリーンランド」を福井県 小浜市に設立
	2016年　第1プラントの敷地内に育苗プラントを増設
	2018年　同じく福井県小浜市に第2プラント「VERTIFARM」を 設立 海外で植物工場事業を行う子会社「Kidaya-HongKong」 と「Kidaya-France」をそれぞれ設立
	2019年　他社の植物工場を取得し、第3プラントの稼働を開始

greenLand

🌱 事業概要

　当社は江戸時代に創業した老舗食品小売企業で、現在、千葉県浦安市で「スーパー木田屋」と「K-fresh」の計2店舗を運営している。植物工場事業を開始したのは2013年で、現在、福井県小浜市で直営プラントを2ヵ所運営する他、当社が立ち上げを支援した連携プラントが全国に7ヵ所ある。

　第1プラントは2013年4月に竣工したが、建築面積は約1,800㎡で日産（1日当たり生産量）は約800kgである。また、2018年9月に竣工した第2プラントの建築面積は約800㎡で日産は約600kgである。物流を含む総製造コストの内訳は、人件費と減価償却が各約25％、水道光熱費が約20％、物流費が約10％、梱包資材費が約10％、その他10％となっている。また、2019年12月には、事業譲渡により静岡県富士市にある既存植物工場を取得し、第3プラントとして稼働を開始した。

　当社直営の3つのプラントの合計日産量は約4トンであり、当社が立ち上げを支援した全国の連携プラントも含めた総量は日産10トン程度に及ぶ。

　当社の野菜は「greenLand」ブランドとして販売されており、販路はコンビニなどの業務加工用と食品スーパーなどの小売用である。

🌱 ビジネスモデル図

```
                植物工場の
                立ち上げ支援
支援先顧客  ←─────────────    木田屋商店        野菜の販売   販売先顧客
（植物工場      栽培支援      アグリ事業グループ  ─────────→  （食品小売、
 参入企業）                   アグリ事業部                    食品メーカー
              野菜の販売      アグリ営業部                     等）
            ─────────→      ┌──────────┐
                            │ 直営プラント │
                            └──────────┘
                         野菜の販売
            ────────────────────────────────────→
```

🌱 今後の事業計画

　短期的には海外展開（中国・米国・フランス・豪州・タイなど）を図る他、将来的にはワクチンなどのライフサイエンス分野への展開を計画している。

🔍 NAPAコメント ～特徴・イノベーション～

　当社は異業種から参入した植物工場オペレーターとしては、卓越した実績を収めている企業の１社である。

　当社の特徴は、まず、製造費用の削減に向けた徹底した技術改良や運営改善が重ねられている点にある。背景には、植物工場産野菜の販売価格が将来的に低下するという危機感がある。現在、当社の第２プラントの製造原価は業界内でも有数の価格競争力が保持されているものと推察する。第２プラントの単位面積当たりの生産量は、高密植栽培技術などにより、第１プラント比で約70％向上したという。生産性改善は設備の縮小化による建設費の低下、ひいては減価償却費の低減に寄与している。また、栽培物を１株80gから200gに大型化したことで、収穫や梱包にかかる人件費が削減されている。

　次に、当社が今後、特に業務加工用レタスの栽培支援を行う工場は、基本的に、当社の「グリーンランド　アライアンスネットワークシステム」で情報連携される予定である。これにより栽培技術や運営ノウハウなどの改善・改良点が共有されるだけでなく、栽培状況が可視化されるため、出荷時期とその際の出荷量の予測が可能となる。販売面での高いシナジーの創出が期待される。

　さらに、当社は情報公開に積極的である。直営プラントの製造費用などを各種セミナーなどで随時公開しているが、業界内ではかなり珍しい取り組みといえる。技術や運営への自信の他、透明性を重視した経営姿勢への意識が垣間見える。

株式会社福井和郷 福井

日本の農業界をリードする和郷グループが取り組む
園芸施設と青果加工場を併設した植物工場の
新たな事業モデル

🌱 会社概要・沿革

本社所在地	：福井県大飯郡高浜町安土6-1-6
代表者	：代表取締役会長　木内　博一
	代表取締役社長　山崎　裕一
事業内容	：植物工場・施設園芸・青果加工工場の運営
資本金	：210百万円（資本準備金含む）
株主	：和郷（80.8%）、凸版印刷（16.7%）他
従業員数	：約120名（臨時雇用含む）
沿革	：2014年　会社設立
	2015年　トマトの園芸施設の竣工
	2017年　青果加工工場の竣工
	2018年　植物工場の竣工

ファーム＆ファクトリー若狭
FARM & FACTORY WAKASA

🌱 事業概要

　当社は農業や6次産業化ビジネスを行う和郷の子会社で、「農業」と「工業」を融合した農業の新しい事業モデルを実践する目的で2014年に設立された。

　当社は福井県高浜町にある6haの敷地で、園芸施設と青果加工工場、植物工場の3つの機能を有する複合農業施設「ファーム＆ファクトリー若狭」を運営する。

　まず、園芸施設の延床面積は3.6haで年間の収穫量は約300トンである。潅水を絞って高糖度化する手法でフルーツトマトを栽培しており、高品質・高収量を実現する栽培ノウハウの習得と適切な品種の選定が行われている。販路はグループ会社の和郷が約7割で、残りは関西方面の食品スーパーなどへ直接販売されている。

　また、青果加工工場の延床面積は1,470㎡で、商品製造能力は原料加工量ベースで1-2トン／日である。ネギなどの野菜類やイチゴなどの果菜類のカット・冷凍・乾燥（フリーズドライ）による商品が製造されている。

　さらに、植物工場は2018年から稼働を開始した。延床面積は3,650㎡で、日産（1日当たり生産量）は約1.5トンである。主にフリルレタスを製造し、業務用と小売用の両方に供給している。当社の植物工場は日本発の食品安全規格である「ASIAGAP（アジアギャップ）」を取得しており、JAL（日本航空）の機内食などにも採用されている。

🌱 ビジネスモデル図

```
┌─────────────┐   野菜・加工品販売   ┌──────────┐          ┌──────────┐
│  福井和郷   │ ─────────────────→ │   和郷   │  野菜    │食品小売、│
├─────────────┤                    │(グループ │  販売    │食品メーカー、│
│  植物工場   │ ←──────────────── │  会社)   │ ───────→ │  外食等  │
├─────────────┤   各種情報共有      └──────────┘          └──────────┘
│  園芸施設   │                                               ↑
├─────────────┤                                               │
│  青果加工場 │ ────────────────────────────────────────────┘
└─────────────┘              野菜販売
```

🌱 今後の事業計画

　植物工場は生産効率や衛生管理レベルをさらに引き上げ、業務用市場へのシフトをより強める。また、園芸施設は生産量のさらなる向上を目指し、青果加工工場は食品製造企業などとのコラボを通じた新商品開発を加速していく。これらの達成に向けた最大のポイントは「人材育成」にあり、育成プログラムの充実を図っていく。

🔍 NAPAコメント ～特徴・イノベーション～

　当社は日本を代表する農業法人である和郷グループの一員であり、グループが有する販路や物流などの経営インフラは大きな特徴である。実際、当社の商品は、主にグループの中核会社である和郷を通じて販売されている。

　また、当社のビジネスモデル上の特徴は、1つの敷地内で植物工場の他、園芸施設と青果加工工場を同時に運営している点にある。当社は植物工場でレタスやハーブ類などの葉菜類を栽培すると同時に、同じ敷地内にある園芸施設でフルーツトマトを栽培している。さらに、青果加工工場では、当社生産品目と外部調達原料を利用し、フリーズドライをはじめとした1次加工と取引先で施される2次加工を組み合わせて、多様化する顧客ニーズに立脚した野菜や果実の付加価値を高めた新しい商品を開発している。このように葉菜類に適した植物工場と、果菜類に適した園芸施設、野菜・果実に付加価値を与える青果加工工場の組み合わせにより、市況や生産のリスクを分散するとともに、レタスとトマトのクロスセルや農産原料から加工まで一気通貫で行う事業シナジーの創出も可能となる。植物工場の競合他社を見ても、このような複合モデルを採用している企業は見当たらない。当社の「ファーム＆ファクトリー」モデルの実践は、和郷グループの利益成長に加え、植物工場の新たな事業モデルの創造に寄与する期待がある。

株式会社成電工業 （群馬）

植物工場の福祉施設への導入で
国内有数の実績を誇る「農福連携」の
新たな事業モデルに取り組む植物工場プレーヤー

会社概要・沿革

本社所在地 ：群馬県高崎市上豊岡町571-9
代表者 ：代表取締役社長　瀧澤 啓
事業内容 ：制御盤の設計・製造、半導体製品の加工、
　　　　　　植物工場の開発　等
資本金 ：1,500万円
株主 ：経営陣　等
従業員数 ：約85名（臨時雇用含む）
沿革 ：1971年　会社設立（創業は1949年）
　　　　　1975年　半導体部門を発足
　　　　　2010年　植物工場のR&D（研究・技術開発）を開始
　　　　　2011年　植物工場による野菜販売を開始
　　　　　2012年　植物工場のプラント販売を開始
　　　　　2015年　就労継続支援B型事業所「ソーシャルハウス」を設立
　　　　　　　　　同施設で植物工場の栽培と「タイプⅡ」のR&Dを開始
　　　　　2019年　植物工場の「タイプⅢ」の技術開発を開始

SEIDEN GROUP
株式会社 成電工業

事業概要

　当社は1949年に創業された半導体製造装置などの制御盤メーカーで、2011年より新規事業として植物工場事業を開始した。

　当社の植物工場は主に日産（1日当たり生産量）250〜500株の小型タイプで、グループで運営を行う他、他社へ植物工場の導入支援・設備販売も実施している。他社への導入実績はこれまで約25件あり、大半は全国の社会福祉法人である。その他、医療法人や特例子会社の設立を行う一般企業などがある。

　当社代表は2015年に就労支援B型事業者である「NPO法人ソーシャルハウス」を立ち上げ、一般企業への就職復帰を目指す知的・精神障がい者（利用者）が栽培などに従事する植物工場を運営している。当施設は栽培面積（包装室含む）が約400㎡で、栽培規模は日産（1日当たり生産量）300株程度、栽培従事者は26名（利用者20名、職員6名）である。当施設の売上としては、野菜販売の他に福祉関係の収入がある。

　栽培アイテム数はレタス類とベビーリーフ類で計17種類あり、地元の食品スーパーや外食レストランに約150円／袋（アイテムによって前後）で販売している。

🌱 ビジネスモデル図──植物工場ビジネス

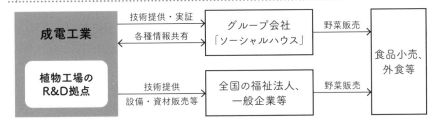

🌱 今後の事業計画

　現在、植物工場の「タイプⅢ」を開発中で、2020年春の試験栽培を計画している。タイプⅢでは、障がい者が従事可能な作業工程が現状の7割から9割に改善する他、運営費用は従来比で3割減、初期費用は半減する見通しである。その後、他社への展開を進める他、2ヵ所目となる直営プラントの建設も計画している。

🔍 NAPAコメント 〜特徴・イノベーション〜

　当社の特徴は「工業」と「農業」、そして「福祉」のノウハウがバランス良く融合している点にあるが、その中でも当社の礎は「工業（モノづくり）」にある。当社の植物工場の特徴は、障がい者が働きやすく作業の多工程に従事できることであるが、実現に向けて各分野のノウハウを磨き"カイゼン"を重ねてきた。

　また、カリウム値を通常の野菜より80％低減させた低カリウムレタスなどの機能性野菜を開発するなど、常に露地野菜と競争可能な商品開発を意識している。その際、商品パッケージには一切「福祉」を謳わない。競合他社は一般的に福祉を全面に押し出す"ビジネスモデル先行"の企業が多いが、当社は「品質本位」を掲げる"メーカー"として、地に足のついたビジネスを展開している。

　なお、一般的に障がい者の仕事はDMなどの封詰めや糊貼りといった内職仕事が多いが、当社の植物工場では、種播から最終製品までの多工程に従事できるため、仕事にやりがいと達成感を感じる障がい者が多いと考えられる。当社モデルの普及は、植物工場の事業モデルの多様化だけでなく、障がい者の労働市場にも価値を提供する可能性がある。

SANANBIO-Fujian Sanan Sino-Science Photobiotech Co., Ltd.

中国科学院植物研究所と世界有数の
LEDチップメーカーである三安光電グループが
合弁で立ち上げた中国最大の植物工場メーカー

🌱 会社概要・沿革

本社所在地	No.1733, Lvling Rd., Siming Dist., Xiamen City Fujian Province,China,
代表者	CEO　Zhan Zhuo
事業内容	植物工場システム及び農業用LED等の関連機器・設備の開発・販売
資本金	1億RMB
株主	中国科学院植物研究所、三安光電グループ
従業員数	約470名
沿革	2015年　会社設立
	2016年　福建省泉州市で植物工場の稼働を開始
	2017年　安徽省六安市で植物工場を建設し漢方薬の原料栽培を開始
	2018年　米国ネバダ州で植物工場を建設し医療用大麻のR&Dを開始
	2019年　シンガポールの企業と世界最大級の植物工場を建設開始

SANANBIO®

🌱 事業概要

　当社は中国科学院植物研究所とLEDチップメーカーの三安光電の合弁会社で、主に植物工場に関連する技術や商品・システム開発を行っている。研究開発や製造、販売などの拠点は中国国内に4ヵ所（厦門市・泉州市・六安市・北京市）の他、国外では米国とシンガポールに拠点を有する。また、当社が運営する植物工場は中国の泉州市と六安市の他、米国のラスベガスに計3ヵ所あり、その他、中国の三安光電本社内に展示室がある他、現在、シンガポールにて、現地企業と連携して世界最大規模の植物工場を建設中である。

　当社が販売する商品は、主に、①農業用LEDライト、②栽培棚などの設備、③野菜類（漢方薬含む）である。販路はいずれも、当社の直接販売の他、代理店経由で販売を行っている。なお、日本では代理店企業が1社あり、当該代理店を通じての営業や販売、アフターサービスなどが実施されている。

　当社が栽培・販売している主な野菜商品は、フリルレタスやボストンレタス、バターヘッドレタス、チンゲン菜、アイスプラントなどの7種類13アイテムで、福建省内のスーパーやレストラン、ホテルなど約300社に販売している。

🌱 ビジネスモデル図

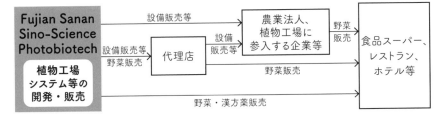

🌱 今後の事業計画

　植物工場の技術開発と海外展開を推進していく計画である。現在、世界最大級の植物工場を建設中のシンガポールの他、オランダやサウジアラビア、アラブ首長国連邦、カタール、インド、ロシアなどの現地企業などとの商談を進めている。

🔍 NAPAコメント ～特徴・イノベーション～

　当社は中国最高レベルの科学技術機関と中国の大手LED企業との合弁会社で、豊富な資金力の下、官民が有する植物科学や光生物学、電子工学、生物医学など、植物工場分野に深く関わる技術やノウハウを結集している点が最大の特徴である。

　当社は従業員の約3割にあたる160名が研究者または技術者であるが、世界の植物工場メーカーを見渡してみても、企業単独で100名を超える研究者や技術者を抱えている企業は見当たらない。これらの豊富な技術者により、設立からわずか数年で、野菜製造費用の大幅な低減や漢方薬原料の生産技術を確立した。現在、当社の野菜製造費用は、世界でも屈指のレベルにあるものと推察する。

　当社の技術開発分野は、現在、さらなる製造費用の削減や省力化に向けた全自動化やトマトなどの果菜類の商品開発、薬用分野の技術開発へ進んでいる。2019年10月より、第二世代の全自動型植物工場の試運転を開始し、播種から育苗、栽培管理、収穫棚の収穫室への移動までの全自動化を可能としている。また、植物工場でのトマト（大玉とミニトマト）やパプリカ、キュウリの栽培実証を進めており、大玉トマトの年間収穫量は150-200kg／㎡を見込むという。

Crop One Holdings, Inc. 米国

多種多様な野菜の最適な栽培環境を確保するために、ユニット型のコンテナを組み合わせた植物工場を開発するスタートアップ

🌱 会社概要・沿革

本社所在地 ： 2201 Broadway, Oakland, California

CropOne®

代表者　　 ： CEO　Sonia Lo
事業内容　 ： 植物工場システムの開発・運営
資本金　　 ： 約3,200万ドル（資金調達累計額）
株主　　　 ： 経営陣、機関投資家　他
従業員数　 ： 53名
沿革　　　 ： 2012年　会社設立（現子会社：FreshBox Farms）
　　　　　　 2013年　マサチューセッツ州ボストンで植物工場運営を開始
　　　　　　 2017年　持株会社「Crop One Holdings」を設立
　　　　　　 2018年　エミレーツ航空ケータリングとJV契約を締結
　　　　　　 　　　　 ドバイ新空港に世界最大級の植物工場の建設を開始
　　　　　　 2019年　「2019 Edison Awards™」で"ベスト新商品賞"を受賞
　　　　　　 　　　　 ドバイに拠点を新設
　　　　　　 　　　　 テキサス州への植物工場の建設を発表
　　　　　　 　　　　 中国SANANBIOグループと戦略的パートナーシップを締結

🌱 事業概要

　当社は、米国ボストンで2012年に設立されたスタートアップで、欧州投資銀行のCEOやグーグル社で役員を務めた現CEOが2015年から経営に参画した。現在、ボストンで日産（1日当たり生産量）1トン規模の植物工場を運営している。栽培品目は、ホウレン草や水菜、ロメインレタス、ルッコラ、ケール、パセリ、チンゲン菜、グリーンマスタードなど約30種類の野菜である。栽培野菜は工場内でカット野菜に製造・包装され、「FreshBox Farms™」の商品ブランド（1パック・3.99ドル）で、ボストン市内外の38の食品スーパーで販売されている。

　2018年6月、エミレーツ航空グループとの合弁で、UAEドバイにある世界最大級の新空港「アール・マクトゥーム国際空港」内に植物工場を建設することを発表した。植物工場は同空港の敷地内にあるエミレーツ航空のトレーニング・アカデミー施設とキッチン施設の間に建設され、敷地面積は約12,000㎡、総工費は約4,000万ドル、出荷量は日産3トンをそれぞれ見込む。同工場では約30種類の野菜が生産され、エミレーツ航空の100機を超える機内食や国内外25の航空ラウンジで提供される予定である。竣工は2020年秋頃を計画している。

🌱 ビジネスモデル図

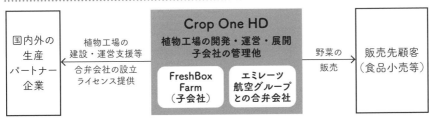

🌱 今後の事業計画

　2020年にテキサス州やペンシルベニア州で直営の植物工場の建設を予定する他、東南アジアや東欧のパートナー企業と合弁またはライセンス提供による植物工場の建設を計画している。日本市場でも連携パートナーの模索と進出を検討している。

🔍 NAPAコメント ～特徴・イノベーション～

　当社は米国の先進的な植物工場スタートアップの1社で、モジュール化されたコンテナを組み合わせた「ユニット型コンテナ」の工場システムに特徴を持つ。現在、米国や日本の植物工場では、規模のメリットを最大限に活かす目的で、大きな工場の中に栽培棚を設置する方法が主流となっている。一方、当社の植物工場は、大きな工場の中に個々のコンテナを設置した野菜品種ごとの栽培が行われている。多品種の野菜栽培を行う当社にとって、品種ごとに最適な温湿度や水耕液といった栽培環境を整備できる他、菌の管理を徹底する狙いがある。

　また、当社とドバイに植物工場を建設中のエミレーツ航空グループは、2017年に連携パートナーを選定する国際プロポーザルを実施している。日米の競合他社の中から当社が選定された主な理由として、当社では次のように分析している。それは、①栽培品目が多い点、②当社経営陣の過去の実績（マネジメント力やメニュー開発力など）、③資本支出が低く運営効率が高い点、などである。

　当社の特徴的な工場システムや植物工場のクロスボーダー案件を構築した点などが評価され、当社は2019年4月、各業界で変革を起こしている国際的企業の製品・サービスに与えられる「エジソン賞」の"ベスト新商品賞"を受賞している。

AeroFarms LLC. 米国

特許栽培技術「エアロポニクス」と
長年の経験に基づくオペレーションに特徴を持つ
米国の先駆的な植物工場プレーヤー

🌱 会社概要・沿革

AeroFarms®

本社所在地	：212 Rome Street Newark New Jersey
代表者	：Co-Founder & CEO David Rosenberg Co-Founder & CMO Marc Oshima Co-Founder & CSO Ed Harwood
事業内容	：植物工場システムの開発・運営
資本金	：約2.4億ドル（資金調達累計額）
株主	：経営陣、IKEA Group, Goldman Sachs, Prudential Financial 他
従業員数	：約150名
沿革	：2004年　会社設立 2013年　ニュージャージー州でR&Dプラントを竣工 2015年　ニュージャージー州で商業プラントを竣工 　　　　　投資ラウンド（シリーズB）で2,000万ドルを調達 2016年　本社敷地内に世界最大級のプラントを竣工 2017年　投資ラウンド（シリーズD）で4,000万ドルを調達 　　　　　大手ネットスーパー「FreshDirect」で野菜販売を開始 2018年　Cleantech Group「2018 GLOBAL CLEANTECH 　　　　　100」に選定 2019年　投資ラウンド（シリーズE）で1億ドルを調達 　　　　　TIME誌「Best Inventions of 2019」に選定

🌱 事業概要

　当社は米国ニュージャージー州の植物工場プレーヤーで、コーネル大学教授で当社の現CSO（Chief Science Officer）が持つ特許栽培技術「エアロポニクス」をもとに2004年に設立された。現在、ニューヨークの都心部から車で30分ほどの場所にあるニュージャージー州・ニューアークで植物工場を3ヵ所運営している。そのうち、2016年に新本社敷地内（約6,500㎡）に竣工した植物工場の生産能力は日産（1日当たり生産量）約3トンである。主にサラダ用のケールやハーブなどを栽培し、ニューヨークの都心部の食品スーパーやレストラン、オンラインスーパーなどを通じて、ほぼ露地野菜と変わらない価格で販売されている。

　今後、直営または現地パートナーとの合弁で、世界の主要都市に日産約3〜12トン規模の大型植物工場を展開する他、機能性商品などの新商品開発に向けて、化粧品メーカーなど国内外の他分野企業との連携を深めていく。

🌱 ビジネスモデル図

🌱 今後の事業計画

　今後、世界の主要都市で植物工場の展開を行う。既に北欧や中近東、中国での事業開発に向けた協議が進められている。日本の展開も計画にあり、食品スーパーや食品商社、不動産・倉庫会社などとの合弁での取り組みを検討する。

🔍 NAPAコメント ～特徴・イノベーション～

　当社は2004年から植物工場の開発に取り組んでいる業界の先駆的プレーヤーである。これまで9ヵ所の植物工場を建設し700品種以上の野菜栽培の研究開発に取り組むなど、米国の同業界で有数の経験とエビデンスを持つ企業である。FDA（米国食品医薬品局）内に設置されている植物工場のタスクフォースでは、当社はアドバイザリー・メンバーとして事業会社から唯一参加している。当社のこのような経験と実績を踏まえ、2015年以降に実施された複数回の投資ラウンドで、国内外の企業などから合計2.4億ドル（約260億円）を超える資金調達に成功している。

　当社の植物工場の特徴は、個別の栽培技術とそれらを最適化する（長年の研究と経験に基づく）オペレーション力にある。当社の栽培技術は「エアロポニクス（Aeroponics：水気耕栽培）」と呼ばれる特許技術で、これは植物工場で一般的な植物の根を水耕液に浸す「ハイドロポニクス（Hydroponics：水耕栽培）」と異なり、植物の根を空気に触れさせ、その下から水耕液を噴霧する栽培方法である。水耕栽培と比べて約40%の節水と生長促進が可能で、結果、投資効率が良くなるという。また、当社の植物工場では、栽培シート（棚）の自動シーリング技術が導入されている。これは、縦0.9m×横1.8mの栽培シートが、播種や栽培、収穫の際にそれぞれ自動で動く技術で、工場運営の省力化に大きく寄与している。

Bowery Farming Inc. 米国

国内外の著名な投資ファンドや経営者・シェフが
参画し、AI技術を用いて完全自動運営の
植物工場の開発を進めるスタートアップ

🌱 会社概要・沿革

本社所在地	：170 West 23rd Street Suite 4V New York
代表者	：Co-Founder & CEO Irving Fain
	Co-founder, Strategic Finance David Golden
	Co-founder Brian Falther
事業内容	：植物工場システムの開発・運営
資本金	：約1.7億ドル（資金調達累計額）
株主	：経営陣、GGV Capital、GV (Google Ventures)、Temasek Holding　他
従業員数	：約130名
沿革	：2015年　会社設立
	2017年　投資ラウンド（シリーズA）で2,000万ドルを調達
	当社初となる直営プラントをニュージャージー州で竣工
	2018年　投資ラウンド（シリーズB）で9,000万ドルを調達
	ニュージャージー州で2ヵ所目の直営プラントを竣工
	2019年　投資ラウンド（シリーズB）で5,000万ドルを調達
	メリーランド州で3ヵ所目の大型直営プラントを竣工

🌱 **BOWERY**

🌱 事業概要

　当社はニューヨークの都心に本社を構える植物工場スタートアップである。スタートアップの立ち上げとエグジット（他企業へ売却）の実績を持つ2名の経営者が中心となって2015年に設立された。当社は設立当初からAIとIoTセンサ、ロボティックスの各技術を用いて、播種から収穫までの栽培工程に人手をかけない完全自動型（フル・オートメーション）の植物工場の開発に取り組んでいる。

　現在、当社は直営の植物工場をニュージャージー州・カーニーに2ヵ所、メリーランド州・ボルチモアに1ヵ所所有している。2019年11月に竣工したボルチモアの植物工場では、これまで約2年間の栽培データの収集にもとづくアルゴリズムの精度向上により、半自動型（セミ・オートメーション）の運営が行われている。

　当社の植物工場は、レタスやケール、ホウレン草、ベビーリーフ、バジルなどの野菜を栽培し、工場内でカットされた約12種類の商品が製造されている。販路は高級スーパーのホールフーズ・マーケットやネットスーパーのアマゾン・フレッシュ、ニューヨーク都心の高級レストランなどへの卸売で、小売価格はオーガニック野菜と同等の1パック・3.99ドル（約440円）となっている。

🌱 ビジネスモデル図

```
┌─────────────────┐        野菜の販売         ┌─────────────────────┐
│ Bowery Farming  │ ──────────────────────→  │      販売先顧客      │
│ 植物工場の開発・運営│                          │ (ホールフーズマーケット、│
│ ┌─────────────┐ │    ┌──────────┐          │   アマゾンフレッシュ、   │
│ │直営工場3ヵ所 │ │←→│国外の生産等│          │   都心レストラン等)   │
│ │(カーニー、ボルチモア)│  植物工場の│パートナー│          └─────────────────────┘
│ └─────────────┘ │ 建設・運営支援│(今後の計画)│
└─────────────────┘    └──────────┘
```

🌱 今後の事業計画

　ボルチモアの3号プラントで完全自動型の植物工場を軌道に乗せた後、世界各地への展開を行う。日本市場への関心は高く、連携パートナーを模索していく。

🔍 NAPAコメント ~特徴・イノベーション~

　当社は植物工場の"頭脳"と位置付ける自社開発のAIシステム「FarmOS」を中心に、IoTやロボティクスの技術による完全自動型の植物工場の開発を行っている。工場内のセンサ（データポイント）で収集した栽培環境や生育の情報をもとに「FarmOS」が水耕液や栽培棚などを最適化し、定植と収穫以外の工程の自動化が進められている。今後、播種からカット野菜の製造・包装までの工程を自動化し、従事者はタブレット端末を片手に「管理」に専念する完全自動化を計画している。

　当社の3名の共同創業者のうち2名は、過去にスタートアップを設立・成長させた後、大手企業へエグジットした実績を持つ。まずCEOのフェイン氏は、2009年にブランド・ロイヤルティのマーケティングソフトウェアを開発するクラウド・ツイスト社を創業し、その後オラクル社へ売却している。また、CFOのゴールデン氏は2013年にオンライン上で資金調達プラットフォームの運営を行うリープ・ペイ社を創業し、同業大手のファンディング・サークル社へ売却している。両氏のAI技術を用いたビジネスの立ち上げノウハウとその実績は、植物工場の競合他社と比較しても群を抜いている。

　当社の株主にはグーグル社のCVCやアジア有数のシンガポールの国有ファンド・テマセクHD社の他、配車アプリ大手・ウーバー社のCEOであるコスロシャヒ氏、アマゾン・ドット・コム社で海外部門のCEOを務めるウィルキン氏、米国の著名シェフ兼レストラン経営者のコリッチオ氏などが名を連ねる。

Freight Farms Inc. 米国

リアルタイムの遠隔管理システムと高性能／低価格な
設備で、業界随一の導入実績を持つ
「コンテナ型」植物工場のパイオニア

🌱 会社概要・沿革

本社所在地 ： 46 Plympton Street Boston, Massachusetts
代表者 ： CEO & Co-Founder　Brad McNamara
　　　　　　COO / CTO & Co-Founder　Jon Friedman
事業内容 ： 植物工場システムの開発・販売
資本金 ： 約1,200万ドル（資金調達累計額）
株主 ： 経営陣、Right Side Capital Management, Spark Capital　他
従業員数 ： 約30名
沿革 ： 2010年　会社設立
　　　　　2013年　コンテナファーム「The Leafy Green Machine™」を発表
　　　　　2014年　同コンテナの第一号販売先としてGoogle本社へ供給
　　　　　2016年　NASAの「Small Business Technology Transfer」に採択
　　　　　2018年　運営の請負サービス「Grown by Freight Farms」を開始
　　　　　2019年　次世代型コンテナファーム「The Greenery™」を発表

🌱 事業概要

　当社はボストンに本社を置くコンテナ型の植物工場を開発するスタートアップ
で、2010年に設立された。コンテナ型植物工場「The Greenery™」は、使われな
くなった40フィートの海上コンテナを改造し、野菜栽培に必要なLEDパネルやIoT
センサなどの各設備を備えている。コンテナの内部面積は約30㎡で、育苗や包装
などを行うマルチスペースと野菜を生育するスペースの2つで構成されている。

　当社の収益モデルはコンテナの外販とその後の管理サービスである。2014年に
グーグル社の本社に供給したのを皮切りに、これまで米国42の州と海外22ヵ国で
約300のコンテナを、企業や学校、病院、個人事業主、農業者などへ販売してい
る。生産可能な品目は、レタス類やハーブ類、ルッコラ、ケール、ラディッシュ、
人参、ビーツ、花卉など多岐に渡る。コンテナ1台の導入費用（海外輸送費を除く）
は10.4万ドル、リーフレタス換算で約800株／週の生産能力を持つ。これとは別
に、遠隔管理システム「Farmhand®」の利用料が年間1,200ドル発生する。

　また、2018年より、コンテナ運営の請負サービス「Grown by Freight Farms」
を行っている。これはコンテナを導入した顧客へ、当社からコンテナの運営者を派
遣し、毎日収穫された野菜を顧客の指定場所に届けるサービスである。公共施設の
他、病院や大学、企業などの各施設に人気のサービスとなっている。

🌱 ビジネスモデル図

```
┌──────────────────────┐                              ┌──────────────────┐
│ Freight Farms        │  植物工場コンテナの販売        │      顧客        │
│ 植物工場システムの開発 │  ──────────────────────►     │ (企業・農業者・    │
│                      │  オンライン／実地トレーニング、  │ 個人事業者・学校・  │
│ コンテナ型植物工場     │  リモート管理サービス等の提供   │ 病院・公共施設他)   │
│ 「The Greenery™」    │                              │                  │
└──────────────────────┘                              └──────────────────┘
```

🌱 今後の事業計画

　2019年2月に上市した次世代型コンテナファーム「The Greenery™」を国内外で展開する他、ファームの付加機能や新たな関連サービスを開発していく。

🔍 NAPAコメント ～特徴・イノベーション～

　当社は「コンテナ型」の植物工場システムで業界随一の導入実績を持つ。これまで40フィート・コンテナの植物工場を開発する企業は、日本を含む各国で散見されてきたが、その大多数が事業を継続できずに当分野から撤退している。

　当社コンテナの特徴は、自社開発の管理システム「Farmhand®」を使って運営をリアルタイムに遠隔監視・管理できる点にある。「Farmhand®」はコンテナ内に設置したカメラや環境センサと IoT 結合し、野菜の生育状況はもちろん、温湿度やCO_2・水耕液の量・濃度・pHといった栽培環境が、モバイル機器などから確認できる。また、一定の環境変化があるとアラームが鳴り、モバイル機器などからコンテナ内の栽培環境を調整できる。栽培環境は当社からも確認ができ、顧客とのダブルチェック体制を敷いている。さらに、栽培環境や出荷量は全てデータとして記録され、栽培技術の向上と野菜販売先へのトレーサビリティに利用されている。

　コンテナ自体の性能も高く、一般のリーファー・コンテナの約2倍の断熱パネルや大手LEDメーカーと独自開発した高効率LEDパネルがそれぞれ使われている。しかも、当社コンテナの導入費用は、競合他社の半分から3分の1と相対的に安い。背景には、「コンテナ販売」とその後の「管理サービス」で"薄く長く稼ぐ"当社のビジネスモデルにあり、この点も競合他社とは一線を画す。

InFarm – Indoor Urban Farming GmbH ドイツ

「インストア型」の植物工場システムで
圧倒的な世界シェアを誇る
欧州最大の植物工場スタートアップ

🌱 会社概要・沿革

本社所在地	Glogauer Str.6, Berlin
代表者	CEO & Co-Founder, Erez Galonska CMO & Co-Founder, Osnat Michaeli CTO & Co-Founder, Guy Galonska
事業内容	植物工場システムの開発・運営・展開
資本金	約1億3,000万ドル（資金調達累計額）
株主	経営陣、Balderton Capital, TriplePoint Capital, Cherry Ventures他
従業員数	約250名
沿革	2013年　会社設立 2014年　モジュール型植物工場システムの研究開発を開始 2016年　ドイツの最大手スーパー「EDEKA」での導入を開始 2018年　投資ラウンド（シリーズA）で約2,500万ドルを調達 2019年　投資ラウンド（シリーズB）で約1億ドルを調達 　　　　英国の老舗スーパー「Marks & Spencer」での導入を発表 　　　　米国の最大手スーパー「Kroger」での導入を発表

🌱 事業概要

　当社は食品スーパーやレストランなどに設置可能なインストア型の植物工場システムを開発しているベルリン発のスタートアップである。創業当初は家庭園芸向けの水耕栽培システムの開発からはじまり、2014年に倉庫での栽培システムへと規模を広げ、2016年に現在のモジュール型の植物工場システムを完成させた。

　主要事業は、スーパーの中に導入した植物工場を当社が運営し、収穫した野菜類をスーパー内で販売する「インストアファーム事業」である。現在、ドイツの大手スーパーのエデカやレーヴェ、メトロを中心に、欧州の食品小売チェーン20社以上と提携し、計300店舗以上で当社の植物工場が導入されている。

　植物工場は1ユニットが2㎡超で、複数ユニットを導入する店舗も多い。各店舗に供給される苗は、欧州5ヵ所の「ディストリビューション・センター」から供給され、100名を超える専用スタッフが週2回店舗に出向き、定植や収穫、包装・陳列、メンテナンスを行っている。各店舗の植物工場はIoT連携した同センターで遠隔管理されている。栽培商品はルッコラやミントなどのハーブ系を中心に20種類以上あり、スペアミントは店頭で1.29ユーロ／束で販売されている。

🌱 ビジネスモデル図

InFarm 植物工場の開発・運営・展開	植物工場の導入・運営、 栽培野菜の収穫・包装・陳列等 →	食品小売店 （ドイツを中心とする欧米の 食品小売チェーン等）
ディストリビューション・センター （苗や特殊野菜の生産等を実施）	植物工場の運営請負 サービスの提供等 →	レストラン等

🌱 今後の事業計画

　欧州でインストア型の植物工場を1,000ヵ所以上展開する他、米国やアジアへの展開を図る。また、人手を要しない全自動タイプの植物工場の開発も推進する。

🔍 NAPAコメント ～特徴・イノベーション～

　当社は欧州で最も注目を集めている植物工場スタートアップであり、スーパーやレストランなどに導入する「インストア型」の植物工場では業界最大手である。

　当社の特徴は独自のビジネスモデルにある。日本や米国の植物工場プレーヤーの多くは、郊外や都市近郊で大型の植物工場を建設・運営し、栽培した野菜類を都市のスーパーなどへ卸売するモデルである。当社は野菜類が消費者に販売される都市部のスーパーの中に植物工場を設置するインストア型のモデルであり、かつ自ら運営する点に大きな特徴がある。これまで、日本でもインストア型の植物工場モデルが流行した時期があったが、スーパーやレストランの事業者が店頭で片手間に植物工場を運営するのは容易ではなく、長続きしなかった。当社も初期はインストア型の設備を"売り切る"ことを検討したが"直営"に切り替えている。しかも、全ての植物工場を本社とIoT連携し、遠隔管理が可能な独自性の高いモデルを開発した。

　現状、このモデルを展開している競合大手はいない。当社は既にドイツ最大手スーパーのエデカを筆頭に、同国大手スーパーのレーヴェ、業務用スーパーで欧州最大のメトロなどへ展開している。また、2018年にはフランスやスイス、デンマークなどの大手スーパーへ展開した他、2019年9月にはイギリスの老舗大手スーパーのマークス＆スペンサーと、同年11月には米国最大手スーパーのクローガーとの提携をそれぞれ発表した。他社が同じモデルで追いつくのは容易ではなく、当社がこの分野で大きな先行者メリットを享受するものと考える。

Growing Underground 英国

ロンドン都心の「地下空間」で植物工場を運営し、
オーダーメード型の野菜商品の開発を行う
ロンドン発のスタートアップ

🌱 会社概要・沿革

本社所在地	: 1a Carpenter's Place, Clapham, London
代表者	: Co-Founder & CEO Steven Dring
	Co-Founder Richard Ballard
事業内容	: 植物工場システムの開発・運営
資本金	: 約220万ポンド（資本調達累計額）
株主	: 経営陣　他
従業員数	: 約20名
沿革	: 2012年　会社設立
	2014年　地下で植物工場の実証運営を開始
	2016年　植物工場で栽培された商品の販売を開始
	2017年　M&S, Whole Foods Market での商品販売を開始
	「BBC Future Food Award」で最優秀賞に選出
	2018年　Waitorose での商品販売を開始
	2019年　Tesco での商品販売を開始
	商品を継続出荷する店舗数が1,000店舗を超える
	「Progress 1000 Technology Award」で "London's top leaders in the Technology category" の1社に選出

GROWING UNDERGROUND SW4

🌱 事業概要

　当社はロンドン市内の地上から約33mにある「地下空間」で植物工場を運営している。スタートアップである。2012年からケンブリッジ大学と連携して植物工場の栽培モデルの研究開発を行い、2014年にロンドン中心部から車で南西に15分程の場所にある地下で植物工場の運営を開始した。この場所は第二次世界大戦時に約8,000名が避難した防空壕の跡地で、全長は約1kmに及ぶ。所有者であるロンドン市が2040年までに食料自給率を2倍にする目標を掲げて進める "地産地消" の政策とも合致し、これまで70年間利用されていなかった地下空間を当社が借り受け、地下農園「Growing Underground」を開園した。

　現在、全体面積の約半分の敷地を使って電気や水道、換気扇の他、発芽や栽培、包装などの各ゾーンを整備し、毎日10名程の従業員によって約30種類のマイクロハーブが栽培されている。販路はレストランやケータリング、ホテルなどの業務用が約75%、食品スーパーなどの小売用が約25%であり、主力のミックス商品（80g／パック）の小売価格は2.5〜3.0ポンド（約350〜420円）となっている。

🌱 ビジネスモデル図

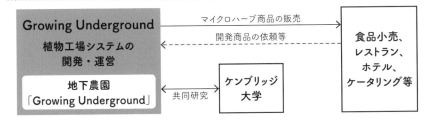

🌱 今後の事業計画

英国内での複数の植物工場展開に向けて、2020・2021年に計2,000万ポンドの投資ラウンドを実施予定。また、東アジアの地下鉄運営企業から引き合いもあり、欧州以外の地域への展開方法も同時に検討していく。

🔍 NAPAコメント 〜特徴・イノベーション〜

当社は商業ベースとしては世界で初めて、地下空間を活用した植物工場システムの開発と運営を行っているロンドン発のスタートアップである。

地下空間は夏でも涼しく電気代を削減できる他、虫の発生が少ないため管理も容易になる。また、地下空間は大消費地のロンドン都市部に位置し、同市も推進している"フードマイレージ"を極力減らした地産地消を実現している。当社のコンセプトやストーリーに共鳴する大手食品小売企業も増加している。実際、当社商品は大手高級食品小売のホールフーズ・マーケットをはじめ、英国の老舗高級食品小売のマークス＆スペンサーやウェイトローズ、英国最大手小売のテスコの他、英国で高いシェアを持つ自然食オンラインスーパーのオカドやファームドロップなどでも販売されている。販売店舗数は2019年に英国内で1,000店舗を超えた。

「地下空間」という特異的な立地は当社のわかりやすい特徴の1つではあるが、コアコンピテンシーは商品開発力にある。現在、ベビークレソンやコリアンダー、グリーンバジル、リーフニンニク、ガーリックネギなど約30種類の商品リストがあり、これまでの開発品種は計100種類を超える。当社はロンドンで著名な二つ星シェフのミシェル・ルー・ジュニア氏をはじめとする"こだわりシェフ"の細かな需要に応じた「オーダーメード商品」の開発で他社と差別化を図っている。

Seedo Corp イスラエル

コンピュータービジョンやAIの技術を核に、
家庭用の「全自動型」植物工場を
世界に先駆けて開発・展開するスタートアップ

🌱 会社概要・沿革

本社所在地 ： HaCarmel 2, building brosh floor #4, Yokneam
代表者 ： CEO & Founder Zohar Levy
事業内容 ： 植物工場システムの開発・販売
資本金 ： 約3,500万ドル（資金調達累計額）
株主 ： 経営陣、Cannabics Pharmaceuticals　他
従業員数 ： 約20名
沿革 ： 2014年　家庭用の全自動植物工場のプロトタイプ（初期）を開発
　　　　2015年　会社設立
　　　　2017年　家庭用の全自動植物工場のプロトタイプ（最終）を開発
　　　　2018年　家庭用の全自動植物工場の製品を上市
　　　　　　　　米国OTC市場へ株式公開
　　　　　　　　産業用の全自動植物工場の研究開発を本格開始
　　　　2019年　投資ラウンド（ポストIPO）で400万ドルを調達
　　　　　　　　医療用大麻の大手Namaste Technologiesと業務提携
　　　　　　　　産業用の全自動植物工場のプロトタイプを開発
　　　　　　　　イスラエルに医療用大麻の農場を開設
　　　　　　　　投資ラウンド（ポストIPO）で約3,000万ドルを調達

🌱 事業概要

　当社は家庭用の全自動型植物工場システムを開発するイスラエル発のスタート
アップである。複数の環境系企業を経営する現CEOが、家庭や産業、医療、研究
の各用途に合った全自動型植物工場システムを開発する目的で2015年に設立し
た。

　当社の家庭用の全自動型植物工場「Seedo Homelab」は、自宅で野菜やハーブ
類、花卉などを全自動で栽培できる装置で、利用者はスマートフォンなどで栽培状
況を随時確認できる。各栽培データはクラウドシステムを通じて、欧米とカナダに
ある当社のテクニカルサポートセンターとIoT連携しており、モニタリングとアフ
ターサービスが実施されている。当製品は高さ101㎝×横幅62㎝×奥行62㎝、重
量は62.5kg、容量は208ℓ、価格は2,400ドル（＋輸送費用が約350ドル）であ
り、製品はサポートセンターがある欧米とカナダで当社が直接または連携パート
ナーを通じて販売されている。2020年中には家庭用のリーシングモデルを開始す
る他、産業用の全自動植物工場システムの上市も計画している。

🌱 ビジネスモデル図

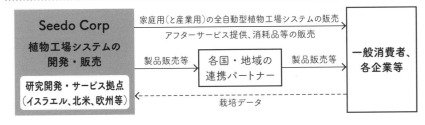

🌱 今後の事業計画

2020年中に家庭用製品のリーシングモデルを実施する他、産業用製品の上市を計画する。日本は非常に関心のある市場であり、連携パートナーを探している。

🔍 NAPAコメント ～特徴・イノベーション～

当社は家庭向け全自動植物工場の先駆けであり、コンピュータービジョンやAIアルゴリズムを用いた製品開発に特徴を持つ。温湿度やCO_2の自動調整に加えて、栽培過程に応じた養液のEC／pHやLEDライトの向きなども自動で最適化される。2018年から欧米とカナダで3,000台以上を販売し、日々、膨大な栽培データが当社クラウドに蓄積されている。これらは機械学習を通じて製品やシステム、サービスの改良に加え、産業用の植物工場システム開発にも活かされている。

産業用の全自動植物工場システムは2020年中の上市を計画している。これは40フィートコンテナを改造したもので、栽培はコンテナ内の中央線上を動き回るロボットが行う。コンテナ1台の年間収量として、バジルは約6トン、イチゴは約3.3トン、ミニトマト／ピーマンは約1.8トン、ケール／レタス／ブロッコリーは約10万株をそれぞれ想定している。コンテナは5段まで積み重ねられ、例えば1,000㎡の敷地に最大80台の設置が可能という。コンテナの価格は22万ドル／台を予定し、欧米の他、アフリカやアジア、豪州での展開を検討している。2019年にはイスラエルの大手企業ソーダストリーム社の元CEOが当社役員に就任するなど、本格的な海外展開に向けた準備が進められている。コンテナ型植物工場を展開している企業は多いが全自動タイプはまだない。当社の開発に注目が集まる。

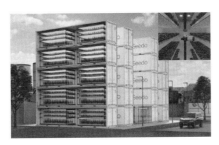

株式会社FRDジャパン 埼玉

独自技術の閉鎖循環式陸上養殖システムで、
日本で初となるトラウトサーモン養殖の
商業化に取り組むスタートアップ

🌱 会社概要・沿革

本社所在地	：埼玉県さいたま市岩槻区古ヶ場1-7-13
代表者	：代表取締役社長　辻　洋一
事業内容	：陸上養殖プラントの運営管理・水産物販売事業
資本金	：約14億円（資本準備金含む）
株主	：三井物産、大洋水研、環境技術センター
従業員数	：10名（役員含む）
沿革	：2013年　　当社設立
	2016年　　埼玉本社の陸上養殖実験プラントで実証を開始
	2017年　　三井物産が第三者割当増資を引き受け筆頭株主へ
	実験プラントで養殖されたトラウトサーモンを初出荷
	埼玉本社で孵化場の操業を開始
	2018年　　千葉県木更津市でパイロットプラントの操業を開始
	2019年　　同プラントで養殖されたトラウトサーモンを初出荷

FRD Japan

🌱 事業概要

　当社は「おいしくて安心安全な魚が、いつまでも手軽に食べられるように」というビジョンのもと、閉鎖循環式陸上養殖システムの開発と当システムによるトラウトサーモンの生産・販売の事業化に取り組んでいるスタートアップである。

　当社は水処理エンジニアリングの大洋水研と水質検査などを行う環境技術センターの2社の技術を持ち寄り、2013年12月に設立され、当初は水処理のろ過装置の設計や施工などの他、閉鎖循環式陸上養殖でアワビの生産実証を実施した。

　2016年から三井物産がR&Dに参画した後、トラウトサーモンの生産実証が埼玉本社の実験プラントで開始された。実験プラントでの実証が成功した後、2018年8月、フェーズ1として千葉県木更津市にパイロットプラント（年間生産量30トン）を竣工・操業した。フェーズ1の主目的は、①一定規模の閉鎖循環式陸上養殖施設でトウラトサーモンを生産すること、②生産物の販売を行うこと、である。稚魚の池入れから約1年後の2019年6月に初出荷を行うなど、現状、実証は順調に推移している。2020年4月頃に当プラントのフル操業を行う計画で、その際に、現状のような良好な水質状態と商品出荷が行われていることを目指す。

　その後、2021年以降にフェーズ2として、商業プラント（年間生産量1,500トン）の建設を計画している。

🌱 ビジネスモデル図 ── (計画)

```
FRDジャパン ──────── トラウトサーモンの販売 ──────→  食品小売、
                                                      外食等
┌──────────┐   ┌──────────┐    ┌──────────┐
│ 閉鎖循環式  │   │2018〜2021年│    │ 2021年〜  │
│ 陸上養殖施設 │←─│パイロットプラント│ ⇒ │ 商業プラント │
│ の直営プラント│   │(生産量年30トン)│    │(生産量年1,500トン)│
└──────────┘   └──────────┘    └──────────┘
```

🌱 今後の事業計画

　現在のパイロットプラント（年間生産量30トン）での実証は2021年頃までに終え、その後、商業プラント（同1,500トン）の建設に入ることを計画している。

🔍 NAPAコメント 〜特徴・イノベーション〜

　当社は、完全閉鎖循環式陸上養殖システムの開発に取り組むスタートアップであり、当システムによる日本で初となるトラウトサーモン陸上養殖の事業化を目指している。日本はもちろん、世界でもサーモン類の陸上養殖にチャレンジするプロジェクトは複数あるが、ビジネスとして収益化された事例はほぼ知られていない。

　当社の陸上養殖システムの大きな特徴は「海水や地下水を使わないこと」である。当社の特許技術である高度な生物ろ過システムを駆使し、人工海水を完全閉鎖循環（1日当たり換水率：0.2％前後）させながらサーモンなどの魚を養殖することが可能となった。天然海水や地下水を使わないことで次のようなメリットがある。それは、①場所を選ばない（消費地近郊に立地にすることで、輸送コストを最小限にできる）、②海水からの魚病侵入リスクが無い（抗生物質やワクチンを使わずに安定生産が可能になる）、③海水冷却コストが不要になる（陸上養殖のネックであった電気代を大幅に削減できる）、である。一般的に、陸上養殖の主要コストは「エサ代」と「償却」の他に、「電気代」だといわれており、これらのポイントは、陸上養殖の収益化のために必要だと考えられる。

　陸上養殖の技術は日進月歩で進んでおり、今後10年程度で普及期に入るともいわれている。10年後の世界の競合他社との「陣取り合戦」に向けて、現在、実証と開発が急ピッチで進められている。

ソウルオブジャパン株式会社 東京

三重県にアジア最大規模の閉鎖循環式
陸上養殖施設を建設し、アトランティックサーモンの
「国産化」に取り組むスタートアップ

🌱 会社概要・沿革

本社所在地	：東京都港区南青山5-4-35-1301
代表者	：代表取締役社長　Erol Emed
事業内容	：閉鎖循環式陸上養殖による 　アトランティックサーモンの生産・加工
資本金	：非公開
株主	：8F Aquaculture Fund I（8F Asset Management）
従業員数	：1名（代表者）※施設・工場操業後に約110名を予定
沿革	：2018年　当社設立 　三重県・津市との間で新工場進出の立地協定を締結 　2019年　伊藤忠商事と全量販売パートナーシップの締結を発表 　2020年（予定）　新工場の着工を計画 　2021年（予定）　新工場の竣工・操業を計画 　2023年（予定）　新工場からの初出荷を計画

soul of
JAPAN

🌱 事業概要

　当社は2021年からアトランティックサーモンの陸上養殖事業を行う予定のスタートアップであり、シンガポールの投資会社・8Fアセットマネジメント社が運営するファンドにより2018年10月に設立された。

　8Fアセットマネジメント社は、閉鎖循環式陸上養殖で養殖されたアトランティックサーモンの「Pure Salmon」ブランドでの世界展開を計画している。当施設は既にポーランドにあり、2018年11月からアトランティックサーモンの商品出荷を行っている。商業プラントの第1号拠点として、2018年10月、三重県津市への進出を発表した。津市を選定した理由は、魚の生育環境の他、施設の建設費用にも影響する綺麗な自然を有していることと、県側の積極的なサポートがあった点が大きい。

　新工場は三重県津市の「ニューファクトリーひさい工業団地」内に建設され、閉鎖循環式の陸上養殖施設と加工施設を有し、アトランティックサーモンの生産能力は年1万トン（ラウンドベース）を予定している。2020年前半に着工し、2021年秋の竣工・操業を計画している。その後、稚魚はおよそ2年をかけて出荷サイズの5kg／匹に成育し、2023年秋頃の初出荷を見込んでいる。販路は2019年7月に伊藤忠商事と全量販売を行う販売パートナーシップ契約を締結済みで、同社を通じて関東や関西の食品小売や外食、食品メーカーなどへ流通される予定である。

🌱 ビジネスモデル図 ── (計画)

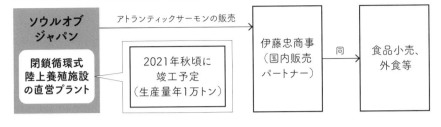

🌱 今後の事業計画

当社グループは2025年までに、アトランティックサーモンの年間供給量を26万トン（世界シェアの約10%）とする目標を掲げ、今後、フランスや米国、中国、バーレーン、イスラエルなどへ閉鎖循環式陸上養殖施設の展開を計画する。

🔍 NAPAコメント ～特徴・イノベーション～

当社が三重県津市で建設するアジア最大規模のアトランティックサーモンの閉鎖循環式陸上養殖施設（新工場）は、1万トンの年間出荷量を予定している。これはアトランティックサーモンの日本の年間輸入量の10%強に匹敵する量であり、実現すれば、国内はもちろん、アジア有数のアトランティックサーモンの養殖・供給事業者となる。なお、当社の新工場の総工費は約220億円に及ぶ。日本の陸上養殖のプロジェクトはこれまで多々立ち上がってきたが、当社事業は、これまでに類を見ない超大型プロジェクトになる。

当社を設立した8Fアセットマネジメント社は、「『社会』や『環境』にインパクトのある新事業領域・市場の創造」をビジョンに掲げている。現在、陸上養殖（水産養殖市場）のイノベーションに焦点を当て、アトランティックサーモンを生産する閉鎖循環式陸上養殖施設の世界展開を開始したところである。

当社グループの技術パートナーは、イスラエルの水産技術開発企業のアクア・モーフ社であり、同社は約30年に渡り、世界50ヵ所以上での水産ソリューションの提供実績を有する。当社グループと同社は、2017年に共同でポーランドにR&Dセンターを立ち上げ、水を99%再循環させる技術や水槽を24時間IoT管理する技術など、新しい陸上養殖システムの開発を進めてきた。

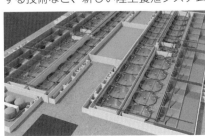

SalMar ASA. ノルウェー

150万匹のサーモンを3名で管理する 「ハイテク養殖施設」の開発に取り組む 世界最大級のサケ・マス類の養殖加工会社

🌱 会社概要・沿革

本社所在地	Industriveien 51 Kverva Norway
代表者	President/CEO/Founder Gustav Witzoe
事業内容	サケ・マス類の養殖・加工・輸出
資本金	約477億NOK（オスロ市場・時価総額；2020年2月末時点）
株主	経営陣 他
従業員数	約1,500名
沿革	1991年　フレイヤ島に会社設立
	1995年　スモルト（稚魚）の生産会社を買収
	2007年　オスロ証券取引所に上場
	2011年　サケ・マス類の年間生産量が10万トンを突破
	2018年　大型外洋養殖施設「Ocean Farm 1」の運営実証に成功

SALMAR
Passion for Salmon

🌱 事業概要

　当社はサケ・マス類の孵化から成育、加工、輸出（販売）を行う水産企業であり、2007年にオスロ証券取引所に上場した。営業利益率は約30％と高収益であり、ノルウェーでも石油産業と並んでトップクラスの人材を集めている。

　当社は卵の孵化からサーモン類の生産、収穫した成魚の加工までを一貫して行っている。各工程で効率的な運営が実施されており、特に加工の大規模拠点である「InnovaMar」は自動化が徹底されている。また、当社は養殖分野のIoT化に取り組んでいる。特に給餌やモニタリングは自動化され、150万匹の養殖魚を3名程度で管理している。養殖魚にもセンサーを埋め込み、トレーサビリティの確保も行うなど、厳格な品質管理を行っている。また、内臓など加工残渣はペットフード原料にするなど、環境や資源に配慮した経営が実践されている。

　サケ・マス類は日本では「サーモン」と呼ばれ、刺身や寿司ネタとして消費量が拡大している。日本食以外でも様々な料理に利用され、世界需要も拡大している養殖魚である。主な養殖地としてノルウェー、スコットランド、チリがあるが、養殖加工業者の上位10社の中でノルウェー企業は6社を占める。特にモウイ社や当社をはじめとするノルウェー企業の上位4社で、世界のサケ・マス類生産量の約34％を占める。なお、生食用の場合は寄生虫であるアニサキス防止も重要であるが、ノルウェー産はワクチン接種で対応しており、かつて問題となった抗生物質などの薬物使用量は減少している。

🌱 ビジネスモデル図

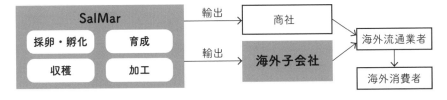

```
      SalMar          輸出    ┌──────────┐
┌────────┬────────┐   ───→   │   商社   │──────┐
│採卵・孵化│  育成  │          └──────────┘      │
├────────┼────────┤   輸出                      ↓
│  収穫  │  加工  │   ───→  ┌──────────┐   ┌──────────────┐
└────────┴────────┘         │ 海外子会社 │──→│ 海外流通業者 │
                            └──────────┘   └──────────────┘
                                                  ↓
                                            ┌──────────────┐
                                            │  海外消費者  │
                                            └──────────────┘
```

🌱 今後の事業計画

　世界のサケ・マス類消費量は年率10％以上で成長している一方、ノルウェー政府が管理するライセンスは、内湾の適地減少により新規発行が難しい。そのため、当社は「Ocean Farm 1」のような外洋養殖を強化していく方針である。

🔍 NAPAコメント ～特徴・イノベーション～

　当社の強みは、増肉係数が低くなるように品種改良を行ったアトランティックサーモン品種の開発や高度にIoT化された生産体制、孵化から加工・販売までの一貫体制にある。まず、サケ・マス類は一般的にブリなどに比べて餌の消費量が少ないが、当社は品種改良によって給餌効率が1.1と、ブリの3分の1弱の優良品種を作り出した。養殖では飼料が最大のコストであるため、当社品種の給餌効率の高さは大きな強みとなっている。

　また、当社は加工だけでなく養殖の自動化でも先行している。従来型の生簀も様々なセンサーが設置され、サケ・マス類に最適な環境が整備されている他、養殖魚の状態もカメラでモニタリングしている。複数の生簀にいる150万匹の養殖魚を陸上のオペレーションルームから管理可能である。

　当社は2018年に、最新型の大型外洋養殖施設「Ocean Farm 1」の運営実証に成功した。この施設は直径110m、石油掘削プラントの設計技術を応用した巨大養殖施設で、氷山の衝突にも耐えるよう設計されている。1拠点で150万匹の養殖魚を飼育でき、給餌も含めたオペレーションは3名で行われる。生簀内には高感度カメラが設置され、映像で魚の状態を確認できる他、すべての魚に埋め込んだセンサーでリアルタイムに状態を把握でき、給餌も最適化されている。

株式会社ナイルワークス 東京

業界有数の技術力とサービス力で、
「空からの精密農業」のソリューションを提供する
"日本発"のドローン・スタートアップ

🌱 会社概要・沿革

本社所在地	：東京都渋谷区西原 3-1-7 T'S Place 3F
代表者	：代表取締役社長　柳下　洋
事業内容	：農業用ドローン（マルチコプター）の企画・製造・販売
資本金	：1億円（資金調達累計額：約24億円）
株主	：経営陣、INCJ、住友化学、住友商事、クミアイ化学工業、スパークス・グループ、全国農業協同組合連合会、Drone Fund2号、農林中央金庫　他
従業員数	：45名（正社員）※うち約7割がエンジニア
沿革	：2015年　会社設立
	2016年　宇都宮大学とドローンの農業への応用の共同研究を開始
	2017年　マクセル㈱と農業用ドローン専用の「インテリジェントバッテリー」の開発を発表
	2018年　「第8回 ロボット大賞」にて農林水産大臣賞を受賞
	2019年　総額約16億円の第三者割当増資を実施
	量産第1号機「Nile-T19」の販売を開始

Nileworks

🌱 事業概要

　当社は「空からの精密農業」をビジョンとするスタートアップで、生育診断と薬剤散布を同時に自動実行する農業用ドローンの企画・開発を行っている。

　2019年6月に上市された当社の量産第1号機「Nile-T19」の特徴は主に、①完全自動飛行（飛行経路の自動生成と離陸から着陸までを完全自動実行）、②高精度飛行（±2cmの水平位置情報と±5cmの高精度の自動飛行）、③薬剤自動散布（薬剤散布のON/OFFや吐出量を自動調節）、④均質散布（薬剤の特質に合わせた自動均質散布）、⑤ドリフト率1%以下を目標、⑥安全性の高い機体設計、である。

　「Nile-T19」の製品価格は、ドローン本体の他、バッテリーや充電器、基地局、操縦用タブレットなどがセットになり約500万円である。また、生育診断サービスやメンテナンス、保険などをセットにした保守サービスを年30万円で提供している。上市から半年で50機が出荷され、約1,200haの全国の農地で当機が利用されている。

　当社は代理店を通じて末端顧客である農業者に製品販売や保守・メンテナンスなどの各種サービスを提供している。現在、販売店は当社株主である全農や住友商事、住友化学の各3社グループが担っている。

🌱 ビジネスモデル図

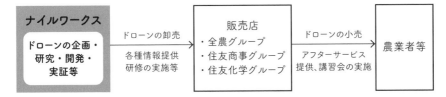

ナイルワークス		販売店		農業者等
ドローンの企画・研究・開発・実証等	ドローンの卸売 各種情報提供 研修の実施等 →	・全農グループ ・住友商事グループ ・住友化学グループ	ドローンの小売 アフターサービス 提供、講習会の実施 →	

🌱 今後の事業計画

　国内は3年以内にシェア5割を目標とし、機能性とサービスの充実による展開を図る。同時に引き合いの強いアジアを中心とした海外展開を実施する。

🔍 NAPAコメント ～特徴・イノベーション～

　当社の特徴は、農業用ドローンの高い「技術力」と「サービス力」にある。

　まず、技術力は当社の最大の特徴と言える。その象徴は生育診断と薬剤散布を同時に実行する機能にあり、この機能を上市しているのは業界でも当社のみである。また、当社ドローンの自動飛行は「完全」自動飛行であり、センチメートルの精度の経路生成から、発着陸、飛行経路や適量散布までの自動化を実現している。現在、ドローンで収集した生育状態を個別診断し、生育状態に合わせた栽培支援の実用化に向けた開発を推進中であり、業界他社の自動飛行ドローンとは一線を画す。

　次に、サービスも充実している。例えば、代理店などを通じたドローンのシェアリングサービスがある。これは地域の農業者がドローンを共同で利用するサービスであり、農業者にとって購入費用がかからず、必要な時に必要なだけ、常にメンテナンスされた最新機種を利用できる利点は大きい。また、当社の保守サービスには作物への保険も付加されている。当社の生育診断サービスに基づいて防除などを行ったにも関わらず、いもち病が発症したり、一等米比率が低い場合などに保険が適用される。このような一連の付随サービスは業界でも極めて珍しい取り組みといえる。

　さらに、当社は安全性への配慮が極めて強い。国のガイドラインの設置を待つことなく、当社は独自で高い基準を定め、プロペラガードの設置が象徴するように、それに沿った製品開発を行っている。

　当社製品の上市は後発ながらも、上記特徴から今後のシェア獲得が期待される。

SZ DJI Technology Co., Ltd. 中国

圧倒的なシェアを誇る
民生用ドローンの世界最大手メーカー

🌱 会社概要・沿革

本社所在地：14th Skyworth Semiconductor Design Bldg.,
West Wing, Gaoxin South 4th Ave,
Nanshan Dist., Shenzhen, China,

代表者 ：Founder and CEO Frank Wang

事業内容 ：民生用ドローン（マルチコプター）及び関連機器の開発・販売

資本金 ：非公開

株主 ：経営陣　他

従業員数 ：約14,000名（うち日本法人は約200名）

沿革 ：2006年　会社設立
2009年　初製品「XP3.1フライトコントローラーシステム」を発表
2013年　日本法人（DJI JAPAN株式会社）の設立
2015年　農業部門の立ち上げ
2016年　農業用ドローン「AGRAS MG-1」を発売（日本2017年）
2018年　新型農業用ドローン「AGRAS T16」を発表（〃2019年）
2019年　圃場センシング用ドローン「P4 Multispectral」を発表

🌱 事業概要

　当社は「世界に先駆ける空撮システムを開発する」というビジョンのもとに設立された民生用ドローンメーカーである。当社が対象とする製品の事業領域（用途）は空撮や測量、インフラ点検、配送（物流）、教育の各用途、そして農業用途など多岐に渡る。2012年から研究開発が始まった農業用ドローンは、2016年に中国で初めて販売され、翌2017年に日本での販売が始まった。

　当社の農薬散布用ドローンの新型モデル「AGRAS T16」は、日本で2019年10月に発表された。従来の「AGRAS MG-1」と比べてタンクが60%増量し、16ℓの農薬が入るようになった。タンクの取り外しも可能となり、散布している間に予備タンクに農薬を補充して次の散布に備えられるなど、大規模農地に散布する効率が改善した。

　また、「AGRAS T16」と同時に、圃場センシング用ドローン「P4 Multispectral」も発表した。これまで植物の育成は、衛星からの撮影では数十mの分析能力しかなかったが、当ドローンではcm単位での分析が可能となった。

　DJI JAPANと農業分野で提携する代理店（整備事業所）は全国に約85ヵ所あり、これらの代理店を通じて、地元の農家をはじめとする利用者へのサービスが提供されている。

🌱 ビジネスモデル図 ──（農業分野）

🌱 今後の事業計画

　短期的には稲作以外の作物への普及に向けて主要な農薬会社などの連携パートナー（シンジェンタ社など）との協働を図る他、中長期的には日本の農業の省力化や生産性向上に貢献する新製品開発に取り組み、市場に投入する計画である。

🔍 NAPAコメント 〜特徴・イノベーション〜

　当社は民生用ドローン市場で世界シェアの7割超を有していると推定されるドローンメーカーのパイオニアであり、2010年代に拡大した民生用ドローン市場は、当社が創造したといっても過言ではない。

　当社の特徴は、まず、高い製品開発力にある。全従業員の約2.5割に当たる約3,500人がエンジニアとして製品の研究開発に携わっている。人数もさることながら、当社製品の用途が多岐に渡るため、他用途で培った技術やノウハウが農業用ドローンの新機能の開発などにも寄与しているものと考えられる。

　また、当社製品はコストパフォーマンスも高い。高い機能性に反して価格帯は業界内で中位にある。機能を落とさずに価格を抑えられる背景には、当社が多分野製品の取り扱いに伴う製造工場の高い稼働率にあるものと推察される。

　さらに、利用者へのサービス網も充実している。中国内で約70社・85ヵ所の代理店（整備事業所）を通じて、アフターサービスなどが提供されている。

　このような特徴を背景に、当社の農業用ドローンの累計出荷台数は、2016年の製品上市から4年足らずで世界で約5万台（うち85%が中国）に達し、また、農業者などの利用者は既に10万名を超えた。日本の農業用ドローンの登録機体数はようやく0.3万台に達したかどうかといわれているが、そのうちの実に7割程度が当社製ドローンだと推定されている。

XAG Co., Ltd. 中国

農薬散布面積で世界屈指のシェアを誇る
農業専門のドローンメーカー

🌱 会社概要・沿革

本社所在地 : XSpace, 115 Gaopu Rd, Guangzhou, China,

XAG
MAKE AGRICULTURE SMARTER

代表者 : Founder CEO Peng Bin,
Co-Founder Vice President Justin Gong

事業内容 : 農業用ドローン（マルチコプター）及び関連機器の開発・販売

資本金 : 非公開

株主 : 経営陣　他

従業員数 : 約1,400名（うち日本法人は約10名）

沿革 : 2007年　会社設立
2012年　フライトコントローラー（飛行制御装置）の上市を発表
2014年　XPLANETを設立し、農薬散布の作業請負サービスを開始
2015年　農薬散布用の完全自動飛行ドローン「P20」を発表
2016年　地理情報の製品・システム開発を行うXGEOMATICSと農業者向けのドローン講習を行うXAG ACADEMYを設立、日本法人（XAIRCRAFT JAPAN）の設立
2018年　当社とバイエル、アリババグループの3社間で、食料の生産から販売までの持続可能な事業モデルを確立する「未来農場プロジェクト」の開始を発表
当社とXAIRCRAFT JAPAN、バイエルクロップサイエンスの3社間で日本市場における共同事業開発の独占契約を締結、デジタル農業の専門人材を育成するXAG Educationを設立
2019年　日本で完全自動飛行の農薬散布用ドローン「P30」を発表
2020年　日本法人の社名をXAG JAPANに変更

🌱 事業概要

当社は「農業をもっとスマートにする」というビジョンのもとに設立された農業分野専業のドローンメーカーである。農業用ドローンの開発・製造・販売事業の他、農薬散布の作業請負サービス事業、ドローン技術やデジタル農業に関する教育事業などを展開している。

当社の製品は42ヵ国で展開されており、中国を中心に累計出荷台数は5万台を、また同操縦者数は6万名をそれぞれ超えている。

製品やサービスは、各国の現地提携会社経由で提供されている。日本では現地法人であるXAG JAPAN（旧XAIRCRAFT JAPAN）が全国約30社の代理店（ビジネスパートナー含む）経由で末端農業者への各種サービスを提供している。

🌱 ビジネスモデル図

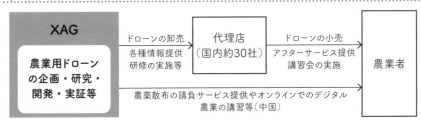

🌱 今後の事業計画

　連携パートナー（バイエルなど）や既に6万名を超える「XAGアカデミー」の卒業生との連携を図る他、ビッグデータや現場実証にもとづく製品のさらなる技術開発を行い、「世界の農業のスマート化」に貢献する。

🔍 NAPAコメント ～特徴・イノベーション～

　当社の特徴は事業領域を農業分野に絞り込んでいることであり、日々蓄積される農業のビッグデータをもとに、農業用ドローンなどの技術改良を行っている。

　今後の農業用ドローンの技術開発の1つの軸はAIであるが、開発に向けてはこの分野の大量のビッグデータが求められる。当社は直営の農薬散布請負チームや中国の顧客が有するドローンから、これらのビッグデータの集積が可能である。また、当社は農薬・種子で世界最大手のドイツ・バイエル社と包括提携しており、同社の豊富な農薬情報のビッグデータにもとづく製品改良・開発も可能になっている。現在、当社の製品は中国を中心に世界42ヵ国とエリアで展開されており、農薬散布面積は計2,500万haにも及ぶ。

　当社のエンジニアは全従業員の約6割にあたる800名程度いるが、いずれも農業分野の技術開発を担う人材である。彼らは入社後、農薬散布の請負チームに属し、末端顧客の農場の散布請負を行いながら、実際の利用者の立場になって、既存商品の課題などを見つけ出し、製品改良や新製品の検証などに努めている。

inaho株式会社　神奈川

「AI」と「ロボティクス」の技術を用いて、国内無双の『自動野菜収穫ロボット』を開発したスタートアップ

🌱 会社概要・沿革

本社所在地	神奈川県鎌倉市材木座4-10-14
代表者	Co-Founder & CEO　菱木 豊
	Co-Founder & COO　大山 宗哉
事業内容	RaaSモデルによる自動野菜収穫ロボットを
	中心とした生産者向けサービスの提供
資本金	1億円（資本準備金含む）
株主	経営陣、伊藤忠テクノロジーベンチャーズ、創発計画、dof 他
従業員数	23名
沿革	2015年　自動野菜収穫ロボットのR&Dを開始
	2017年　会社設立
	2018年　「X-Tech Innovation 2018」で最優秀賞を受賞
	2019年　佐賀県鹿島市と進出協定を締結
	「MURC アクセラレータ LEAP OVER」で最優秀賞を受賞
	「ICCサミット『スタートアップ・カタパルト』」で優勝
	「Plug and Play Japan」IoT部門ピッチコンテストで優勝
	自動野菜収穫ロボットをRaaSモデルでサービス開始
	佐賀県佐賀市と進出協定を締結

🌱 事業概要

　当社は自動野菜収穫ロボットの開発・展開を行っており、「AI」と「ロボティクス」の技術を使って、農業における人手不足や経営課題の解決を目指しているスタートアップである。

　当社のロボットは、AIの画像認識で収穫適期の野菜を自動で判別し、ロボットアームが野菜を自動で収穫することができる。現在の対象品目はアスパラガスで、今後、キュウリやトマトへの展開を計画している。

　2019年1月に、キュウリ・アスパラガスの一大産地である佐賀県鹿島市と進出協定を締結し、同市に支店を開設した。同支店で収穫ロボットの開発の加速やテストマーケティングなどを重ね、2019年9月に佐賀県太良町のアスパラガス農家にロボットを導入してサービスを開始した。当社のビジネスモデルは、いわゆる「RaaS（Robot as a Service）」である。つまり、ロボットの"売り切り"ではなく農業者への"貸し出し"であり、農業者の収穫高（市場価格×重量）に応じて利用料を徴収している。サービスは、当社拠点から直接提供することを主体としている。

🌱 ビジネスモデル図 ——（計画）

```
┌──────────────┐                                      ┌──────────┐
│ inaho        │  ─── 自動収穫ロボットの無償貸出（RaaS）───▶ │          │
│ 野菜の        │                                      │ 野菜      │
│ 自動収穫      │                                      │ 生産者    │
│ ロボットの開発 │  ◀── 収穫高（市場価格×重量）に応じた利用料の支払い ─ │          │
└──────────────┘                                      └──────────┘
```

🌱 今後の事業計画

　佐賀県鹿島市にある支店エリア内でのサービスの展開を進める他、2022年までに全国40拠点（そのうち九州地区25拠点）への進出を図る。また、同時にアスパラガス以外の品目（キュウリ、トマト、ナス、イチゴなど）への対応を進める。

🔍 NAPAコメント ～特徴・イノベーション～

　当社は選択収穫野菜の自動収穫ロボットを開発する企業の中において、国内有数の技術力と製品力を有するスタートアップである。当社の自動野菜収穫ロボットは主に次の3つの技術で構成されている。それは、①AIによる画像認識技術（収穫物を見極める技術）、②ロボットアーム技術（繊細な動きが可能なロボットアームが収穫物を摑む技術）、③自律走行技術（圃場内やハウス間を自律走行する技術）、である。驚くべきことは、当社経営陣にこれらの技術のバックグラウンドはなく、各分野の研究者や多くの農業者との意見交換（R&D）を重ねながら製品開発を実現した点である。当社経営陣のビジョンを実現する行動力は大きな特徴といえる。

　また、当社の製品自体を無償で貸し出し、収穫量に応じた利用料を徴収する事業モデルも特徴的である。農業者から見れば、①初期コストがかからない、②メンテナンスコストが必要ない、③常に最新機種の収穫ロボットを利用できる、といったメリットがあり導入し易い。また、当社から見ると、製品の無償導入による普及が進むことで農業者の様々な情報の収集が可能となる。その情報を分析して製品効率を高める他、より良い農法の指導といったアドバイスも可能となる。

　需要が非常に高い選択収穫野菜の収穫ロボットは未だ国内では開発期にあるが、当社ロボットは上記特徴を背景に、今後、市場に浸透していくものと考える。

Abundant Robotics, Inc. 米国

世界で初めてリンゴの収穫ロボットを複数国で
プレ上市した世界最大級の研究機関・SRI
インターナショナル発のスタートアップ

会社概要・沿革

本社所在地 ： 3521 Investment Blvd., Unit 5,
　　　　　　 Hayward California
代表者　　 ： Co-Founder and CEO Dan Steere
　　　　　　 Co-Founder and CTO Curt Salisbury
　　　　　　 Co-Founder and Senior Software Architect Michael Eriksen
事業内容　 ： 果樹の収穫ロボットの開発、サービス展開
資本金　　 ： 約1,200万ドル（資金調達累計額）
株主　　　 ： 経営陣、SRI Ventures, GV（Google Ventures）, BayWa　他
従業員数　 ： 約10名
沿革　　　 ： 2015年　リンゴの収穫ロボットのプロトタイプを開発
　　　　　　 2016年　会社設立
　　　　　　 　　　　投資ラウンド（シード）で200万ドルを調達
　　　　　　 　　　　米国ワシントン州とニュージーランドの農場で実証開始
　　　　　　 2017年　投資ラウンド（シリーズA）で約1,000万ドルを調達
　　　　　　 2019年　当社初の製品をニュージーランドと米国でプレ上市

事業概要

　当社はSRIインターナショナル（SRI）のロボティクス部門からスピンアウトした
スタートアップである。SRIは1946年にスタンフォード大学が設立し1970年に
同大学から独立した非営利法人である。研究員数は2,000名を超え、各国の政府
機関や民間企業から研究開発を請け負う世界最大規模の研究機関である。当社は
SRIのロボティクス部門でマネージャーを務めていたカートCTOとシリコンバレー
でスタートアップのアクセラレーターを務めていたダンCEOによって設立された。

　当社はリンゴの収穫ロボットの需要は大きく、中国に次ぐ世界第二位のリンゴ生
産国である米国だけでも5億ドル以上の市場があると見ている。

　当社はプロトタイプが完成した2015年以降、2016年から米国最大のリンゴ産
地であるワシントン州の農場で、また2017年にはニュージーランドの農場でそれ
ぞれ実証を開始した。およそ数年の実証で社会実装にほぼ目途を付け、2019年に
米国とニュージーランドの両国で初めての上市（プレサービス開始）を行った。

　当社のビジネスモデルは、ロボットの"売り切り"ではなく、当社が顧客の農場
に出向いて顧客の代わりに果実を収穫する「収穫代行サービス」である。

🌱 ビジネスモデル図 —— (計画)

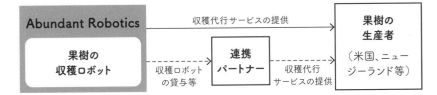

🌱 今後の事業計画

　米国とニュージーランドで本格的なサービスを開始する他、他国での展開方法も検討していく。日本も関心のある市場の1つで、大規模なリンゴ生産者や農業団体、行政などとの意見交換を始める予定である。

🔍 NAPAコメント ～特徴・イノベーション～

　当社のリンゴの収穫ロボットは、自動走行技術やレーザー（光波）による画像検出と距離測定を行う技術がベースとなっている。ロボットは畑の中を自動的に動き回り、収穫期にあるリンゴとそうでないものを見極めて大型の掃除機のような真空ノズルで吸い取る仕組みである。収穫期にあるリンゴの検知率は95％を超え、収穫時の損傷や経済性は人間が行う場合と変わらないレベルになっているという。

　当社が開発するリンゴの収穫ロボットの需要は大きい。米国では人手が通常の10倍以上必要となるリンゴの収穫期には、これまでメキシコからの臨時雇用に大きく依存していた。しかし、昨今は高齢化も進み人手を確保することが困難で、果実の4分の1程度を収穫できないリンゴ生産農家も多い。このような状況は米国以外の国々でも同様で、今後この傾向はますます拡がるものと考えられる。

　当社の主要な連携パートナーは株主でもあるドイツのベイヴァ社である。同社は果実や食品の生産・輸出の他、建設やエネルギーの各事業を世界15ヵ国で展開するコングロマリット企業である。当社がニュージーランドで収穫ロボットの実証を行っているT&Gグローバル社（同国最大の食品輸出企業でリンゴの生産面積も同国首位の約1万ha）も同社の子会社である。当社技術を社会実装する上で、同社のグローバルな生産者ネットワークなどの経営資源を活かせるメリットは大きい。

Octinion bvba ベルギー

IoTや3D画像センサ技術を用いて、性能や機能面で世界有数の「イチゴ収穫ロボット」を開発するベルギー発のスタートアップ

🌿 会社概要・沿革

本社所在地	：Interleuvenlaan 46, 3001 Heverlee-Leuven
代表者	：CEO & Founder Tom Coen
事業内容	：農業用ロボットの開発
資本金	：非公開
株主	：経営陣
従業員数	：約50名
沿革	：2009年　会社設立（前社名：INDUCT）
	2014年　イチゴ収穫ロボットの開発を開始
	2015年　現社名に変更
	2016年　イチゴ収穫ロボットのプロトタイプを公開
	2017年　米国・カリフォルニア州に支社を開設
	2018年　「UK Digital Pitching Event」でBest Innovation 受賞
	2019年　「Deloitte's 2019 Technology Fast 50」に採択
	オランダ・フェンローに支社を開設
	イチゴ収穫ロボット「RUBION」を公式に発表

OCTINION
Engineering the future

🌿 事業概要

　当社は農業用ロボットの開発を行うスタートアップである。現在、開発している製品は6つで、主力のイチゴ収穫ロボット「RUBION」の他、温室内の自律走行ロボット「DRIBBLE」、イチゴのモニタリングロボット「CURION」（収穫期を予測）、補光ロボット「LUMION」、多用途なインドア用走行ロボット「XENION」、同アウトドア用の「TITANION」、収穫物搬送ロボット「FLUXION」である。

　イチゴ収穫ロボット「RUBION」は、2014年から開発が進められ、2017年にプロトタイプの開発、そして2019年に商業用製品がほぼ完成した。現在、支社のある英国とオランダの他、米国のイチゴ生産量で約8割を占めるカリフォルニア州の各農場で実証を重ねており、2020年中の製品の上市を計画している。

　当社のビジネスモデルは、支社がある3ヵ国では販売からアフターサービスまでを一貫して行い、その他の国は現地パートナーとの連携モデルを計画している。製品は"売り切り"が基本であり、その他リースなどのサービスも検討している。

　当社はロボット製品を他社にOEM提供することに加えて、3DやIoT技術などを用いて他産業のソリューションサービスの提供も行う計画である。

🌱 ビジネスモデル図 ──（計画）

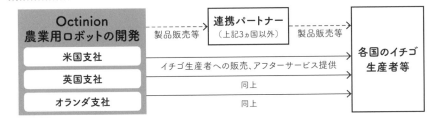

🌱 今後の事業計画

　実証を進めてきた米国や英国、オランダでの2020年中の上市を図る他、それ以外の国々での事業展開を検討していく。日本進出は連携パートナー次第である。

🔍 NAPAコメント ～特徴・イノベーション～

　イチゴの収穫ロボットを開発するスタートアップは欧米を中心に増加しているが、現状、上市して普及期に入っている製品はない。当分野で享受できる先行メリットは大きく、当社はその最有力企業の1社と考える。

　当社のイチゴ収穫ロボット「RUBION」は、温室内を完全自律走行し、熟したイチゴを見つけると、ロボットアームの先端に取り付けられた3Dプリント製のソフトタッチグリッパーが、果実を包みながら茎から摘み取る仕組みである。これらの根幹技術は、自律走行に必要なIoT／ビーコン技術や熟したイチゴを検知する3D画像センサ技術、3Dプリント／ロボットアーム技術である。

　RUBIONの特徴は、第1に高い性能である。RUBIONがイチゴ1粒を認識して収穫に要する時間はわずか5秒であり、約3秒といわれる人手と大差がない。また、デリケートな果実を損傷なく収穫できる「成功率」は既に100％に近づいているという。

　特徴の第2は高い機能性である。RUBIONの本体部分には出荷用のパッケージが入り、グリッパーが収穫したイチゴはそのまま同パッケージに詰められる。

　第3の特徴はRUBIONのサイズにある。同業他社が開発する製品は大型サイズが多く、かつ温室自体の改造を伴う製品が大半である。RUBIONのサイズは小型で既存の温室をそのまま使えるため、世界中で需要は大きいものと考えられる。

　このような特徴を併せ持つ当社の今後の事業展開に注目と期待が集まる。

Lely Holding S.a r.l オランダ

酪農大国オランダで、
「搾乳ロボット」では国内最大のシェアを占める
オランダ発のグローバル企業

会社概要・沿革

本社所在地	Cornelis van der Lelylaan 1, 3147 PB Maassluis
代表者	CEO Alexander van der Lely
事業内容	畜産機器の開発・製造・販売
資本金	非公開
株主	経営陣　他
従業員数	約1,500名
沿革	1948年　酪農家であるLely一族により創業
	1992年　搾乳ロボット「Astronaut」を上市
	1997年　日本で搾乳ロボットの販売を開始
	2012年　給餌ロボット「Vector」を上市

事業概要

　当社はオランダの酪農家コルネリス氏とレリー氏の兄弟が1948年に創業した酪農機器専業メーカーである。当社はオランダに製造拠点を2ヵ所、研究開発拠点を3ヵ所、営業拠点はオランダに2ヵ所と米国に1ヵ所をそれぞれ構えており、代理店を含めると世界40ヵ国以上の国でビジネスを展開している。

　当社は酪農分野の自動化ソリューションに関わる製品やサービスを提供している。主力製品である自動搾乳ロボットをはじめ、乳牛の個別管理ソリューション、自動給餌ロボットなどの酪農用牛舎内作業の自動化機器や、スマートフォンによる遠隔管理が可能なシステムなども提供している。特に自動搾乳ロボットはオランダでは普及率が50％といわれているが、その中で当社のシェアは50％以上のトップメーカーである。世界的に見ても、当社はスウェーデンのデラバル社、ドイツのGEAグループ社と並ぶ搾乳ロボットの世界有数の企業であり、この中で酪農分野に特化した企業は当社のみである。欧州の酪農は補助金も手厚くなく、乳価も日本よりも低いため、コスト意識が高く自動化や省力化が進んでいる。当社もこうした酪農家の需要に応えて成長してきた企業である。

　自動搾乳ロボットは省力化だけでなく、乳牛が自分の好きなタイミングで搾乳できるため、ストレス軽減にもつながり、搾乳量自体も増加する傾向がある。このような背景から欧州の酪農家に広く普及しており、日本でも北海道の酪農家を中心に近年導入が進んでいる。なお、日本では北海道のコーンズ・エージーが当社の代理店となっている。

🌱 ビジネスモデル図

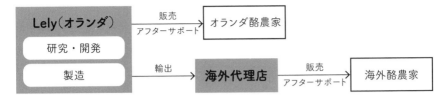

🌱 今後の事業計画

　酪農は環境負荷が高く労働時間も長い産業である。当社は酪農作業のさらなる自動化を図るソリューション手段として、引き続きロボットやIoTシステムなどの開発を実施していく計画である。

🔍 NAPAコメント ～特徴・イノベーション～

　当社の自動搾乳ロボットや自動給餌機、自動清掃機、乳牛の個別管理センサーなどは、当社のクラウドシステム（T4C）で管理できる。当システムを使うと、スマートフォンから必要なデータを閲覧でき、牛舎スタッフに指示を出すことができる。このため、副業で酪農を営む酪農家もオランダでは登場している。

　当社の大きな特徴は、酪農家が創業した酪農機器専業メーカーであり、常に酪農家の目線に立った様々な製品開発やサービスが行われている点にある。中でも、特にアフターサービスを重視しており、24時間365日、いつでも対応可能なサポートを提供している。また、問題が報告された場合には、現地に2時間以内に駆け付ける体制を整備している。これは競合他社のデラバル社やGEAグループ社にはない当社の強みといえる。海外展開についてもアフターサービスを重視する姿勢は変わらない。当社では、万全のサポート体制を構築することができる代理店が存在しない国には製品を輸出しない方針を貫いている。

　さらに、当社は、新たに酪農を始める就農者への支援を行う他、酪農作業の全般管理や新しく機械を導入する際の各種支援策も提供している。例えば、就農支援として、初期投資設備のリースや設備資金の融資などを行っている。

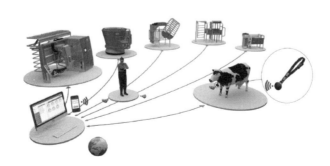

Tevel Aerobotics Technologies Ltd. イスラエル

アルゴリズムとソフトウェアの独自技術を用いて、「ドローン」を利用したリンゴの自動収穫ロボットを開発するスタートアップ

🌿 会社概要・沿革

本社所在地 ： Agridera Farm, Tel Nof
代表者　　 ： Founder, CEO & CTO Yaniv Maor
事業内容　 ： 果樹の収穫ロボットの開発
資本金　　 ： 約2,000万ドル（資金調達累計額）
株主　　　 ： 経営陣　他
従業員数　 ： 約25名
沿革　　　 ： 2016年　会社設立
　　　　　　　2017年　製品の基礎技術等に関する4つの特許を出願
　　　　　　　　　　　　投資ラウンド（シード）で130万ドルを調達
　　　　　　　2018年　リンゴ収穫ロボットのプロトタイプが完成
　　　　　　　　　　　　イスラエルと米国ワシントン州、中国の大手リンゴ生産
　　　　　　　　　　　　法人計6社と連携し実証を開始
　　　　　　　　　　　　イスラエル政府機関より助成金80万ドルを調達
　　　　　　　2019年　投資ラウンド（シリーズA）で1,400万ドルを調達
　　　　　　　　　　　　イスラエル政府機関より助成金70万ドルを調達
　　　　　　　　　　　　製品の基礎技術等に関する6つの特許を出願

🌿 事業概要

　当社は「ドローン」を利用した飛行タイプのリンゴ収穫ロボットを開発するスタートアップである。製品は汎用性の高いドローンに、果樹の「色」と「サイズ」で収穫適期を見極める画像センサ技術を持ったアームを組み合わせている。現在、イスラエルや中国の他、米国ワシントン州で同国最大規模を誇るリンゴ生産法人と連携して実証を重ねており、2020年中のサービス開始を計画している。

　当社製品は小型の収穫ドローン2台と収納／収穫用のコンテナが1セットになっている。このコンテナをトラクターで果樹園の収穫対象地まで運んでスタートボタンを押すと、その後は自動でコンテナから収穫ドローンが飛び出し、収穫期にあるリンゴを自動で判別し収穫を行う。そして収穫が終わると、自動でコンテナに戻る仕組みである。1つのコンテナに約400kgのリンゴを格納でき、収穫ドローン2台でその収穫に要する時間は約2時間である。

　今後、大規模なリンゴ生産法人を含む現地企業と各国ごとに合弁会社を設立して、収穫代行のサービス（収穫量で費用を請求）を提供する計画である。

🌿 ビジネスモデル図

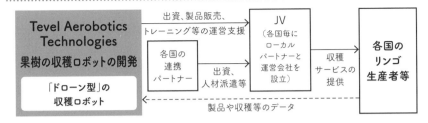

🌿 今後の事業計画

イスラエルや米国、中国で2020年中のサービス開始を計画している。日本では現在パートナーを探している最中であり、2021年中の商業化を目指している。

🔍 NAPAコメント ～特徴・イノベーション～

果樹の収穫ロボットを開発中のスタートアップは増加し始めているが、そのほぼ全てがグラウンド型（走行タイプ）の製品である。当社のようなドローン型（飛行タイプ）の製品を開発しているスタートアップは他に見られない。

当社製品の特徴は、まず、価格が安価で一定の経済性が見込める点にある。他社製品の多くは代理店などが購入しようとした場合に1台で数十万ドルを超えるが、当社製品はドローン2台と収穫・収容コンテナがセットで約4,000ドルと安価である。現在、リンゴ生産者は1トンの収穫に約150ドルの費用が必要だといわれるが、当社はそれよりも低コストでのサービス提供が可能だと考えられる。

次に、当社製品の用途の拡張性が高い。当社製品は、基本的に果樹を掴むグリップを交換することで、オレンジなど他果樹への応用が可能となる。また、製品本体のサイズは40cm×40cmとかなり小さく小回りが利く。将来的に、密度が高い温室（園芸施設）や植物工場内での剪定や収穫作業などでの利用も考えられる。

当社の技術はアルゴリズムとソフトウェアが根幹であり、従業員25名のうち15名が両技術の専門家である。これらの技術はイスラエル国の軍事技術から発展したものであり、実際、当社の本社は同国の空軍施設に隣接した場所にある。

既に世界各国の果樹の大手生産法人や投資会社などから連携や投資に関する協業案件が持ち込まれており、当社の今後の製品上市と国際展開に注目が集まる。

meshek{76}; Ltd.　イスラエル

AIとコンピュータビジョンの技術を活用し、
マッシュルームの収穫ロボットや
全自動生産システムの開発を進めるスタートアップ

🌱 会社概要・沿革

本社所在地	: D.N Western Galilee, Goren Industrial Park
代表者	: Founder & CEO Tal Hatan
事業内容	: マッシュルームの収穫ロボットや全自動生産システムの開発
資本金	: 非公開
株主	: 経営陣
従業員数	: 約10名
沿革	: 2017年　会社設立
	2018年　収穫ロボットのプロトタイプを開発
	「NVIDIA Inception Program」のパートナー企業に認定
	2019年　収穫ロボットのフィージビリティスタディを開始

meshek{76};
autonomous agriculture

🌱 事業概要

　当社は農業分野の自律ロボットや栽培制御システムの開発を行うイスラエル発のスタートアップである。AIとコンピュータビジョン、ロボティクスの各技術を用いて食料生産を自動化し、持続可能な農業システムの開発をビジョンとしている。

　現在、マッシュルームに絞った収穫ロボットと全自動栽培システムの開発を進めている。マッシュルームは温室や工場内に複数層の棚を設置して栽培されるが、当社の収穫ロボットは各棚の天井に取り付けられ、その下にあるマッシュルームを自動収穫するものである。その仕組みは、収穫ロボットのアームの先端に取り付けられた複数の深度センサ付き3Dカメラが、コンピュータビジョンで収穫適期にあるマッシュルームを判別し、ラバー状の大きな"3本の指"でキノコの軸（石づき）部分をつかみ取るものである。当製品は2020年下期のプレ上市を計画している。

　また、マッシュルームの全自動生産システムは、種菌の植え付けから育成、収穫、包装、出荷（トラックへの詰め込み）までの生産サイクルの全自動化である。これは事前にプログラミングされた統合環境制御システムが、培地内外の温湿度やマッシュルームの栄養状態・生育などを測定するセンサの他、エアコンや給排水・養液装置、包装機械、収穫・搬送ロボットなどの機器・機械装置を自動制御する仕組みである。経営者はパソコンやタブレット、スマートフォンなどのデバイス画面でリアルタイムのモニタリングが可能で、異常が発生した場合にはアラートも通知される。この全自動生産システムは2025年までの上市を計画している。

🌱 ビジネスモデル図 ── (計画)

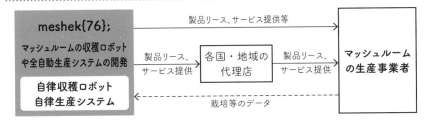

🌱 今後の事業計画

収穫ロボットは2020年中のプレ上市を、全自動生産システムは2025年までの上市をそれぞれ計画している。2020年中には初めてとなる投資ラウンドも計画しており、現在、日本企業も含めた出資・事業パートナーを探している。

🔍 NAPAコメント 〜特徴・イノベーション〜

当社が自動化に取り組むマッシュルームは、欧州が原産国の白と薄茶色の丸い傘を持つヘルシー食材であり、この10年で市場が倍増している。背景には、2010年以降、欧米でのビーガン（菜食主義者）やベジタリアン（野菜中心の食生活を心掛けている消費者）の急増に伴う代替肉としての需要増加がある。一方、生産プロセスの大部分は人手に依存し、全経費に占める人件費は4割を超えるなど労働負担は重い。欧米農業の人手不足は深刻化しており、収穫ロボットへの期待は高い。

当社製品は、主にAIとロボット、コンピュータビジョンの3つの技術で構成されている。これらは農家の「脳」と「手」、「目」をそれぞれ代替する技術である。技術開発は「オープンソース」と「共同開発」を基本としており、3つの技術のうちロボットとコンピュータビジョンは市販のものを利用している。AIはコンピュータビジョンで収集した情報をもとに収穫などの判断を行う制御システムの要であると同時に、当社のコア技術でもある。当社は2018年、AI／ディープラーニング開発で世界を牽引する米国・エヌビディア社のAIスタートアップ支援プログラム「NVIDIA Inception Program」のパートナー企業に認定され、同社の最新GPUハードウェアの利用や技術支援を受けながら開発が進められている。

株式会社クボタ 大阪

「農機自動化による超省力化」と「データ活用による精密化」に取り組むスマート農業のソリューションカンパニー

🌱 会社概要・沿革

本社所在地	：大阪市浪速区敷津東1-2-47
代表者	：代表取締役社長　木股　昌俊
事業内容	：農業ソリューション事業、 　水・環境ソリューション事業　他
資本金	：841億円
株主	：機関投資家、従業員持株会　他
従業員数	：約4万名（連結）
沿革	：1930年　会社設立（創業は1890年） 　2014年　「KSAS（クボタスマートアグリシステム）」を上市 　2016年　「直進キープ機能付き田植機」を上市 　　　　　「自動操舵機能付き畑作大型トラクタ」を上市 　2017年　「自動運転トラクタ」をモニター販売 　2018年　「自動運転アシスト機能付きコンバイン」を上市

For Earth, For Life
Kubota

🌱 事業概要

　当社は1890年に創業された国内首位の農機メーカーで、農業や水・環境ソリューション事業の他、エンジン事業、建設機械事業などを展開している。

　現在、農業分野では、データを活用する精密農業ソリューションと自動・無人運転農機を柱とするスマート農業の研究開発と普及活動に力を入れている。

　データを活用する精密農業ソリューションについては、2014年に営農支援システム「KSAS（クボタスマートアグリシステム）」を上市した。KSASは、圃場（田畑）・作物・農作業・農業資材などの各種営農データがモバイルなどで確認できる他、農業機械（KSAS農機）とデータ連携し、KSASで立てた施肥計画などを実行できる。システムと農機の連動で「儲かる農業の実現」を図るところに特徴がある。

　「自動・無人運転農機」については、2016年に「直進キープ機能付き田植機」と「自動操舵機能付き畑作大型トラクタ」、2018年には「自動運転アシスト機能付きコンバイン」を上市した。国が自動・無人化の「レベル2」と位置付ける有人監視での自動・無人化トラクタ「アグリロボトラクタ」は、2017年からモニター販売している。当トラクタは、単独での無人走行の他、1人の作業者が無人機と有人機を使用する2台の協調運転が可能である。国が「レベル3」とする完全自動・無人化については、官学機関とも連携しながら技術開発を推進中である。

ビジネスモデル図 ── 営農支援システムと自動・無人運転農機ビジネス

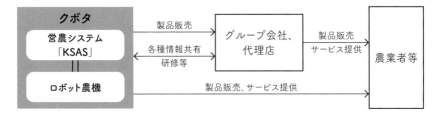

今後の事業計画（スマート農業の今後の取り組み）

KSASは、気象情報の活用や可変施肥の実現などによる食味・収量のさらなる向上や最適営農計画の実現、畑作・野菜作対応などの機能向上を図っていく。

自動・無人化農機は、リーズナブル機の拡充、KSASとの連動強化、畑作・野菜作対応、完全自動・無人化農機の実現に向けた高度技術の研究開発を進めていく。

NAPAコメント 〜特徴・イノベーション〜

当社のスマート農業分野の特徴は、営農支援システム「KSAS」と「自動・無人化農機」の研究開発・普及活動を両輪で進めているところにある。

約1万軒の農業者に利用されているKSASは、国内で高いシェアを有しているが、その強みは農機との連携にある。収量・食味（タンパク値）・水分を計測するセンサーを搭載したコンバインは、収穫と同時にデータを計測し、クラウド上に蓄積される。そのデータをもとに、収穫した米の品質を乾燥機ごとに均一にする判断や翌年の最適施肥計画を立てることなどができる。それらをKSAS乾燥機や当農機が実行することで、高収量・高品質・良食味を実現し、農家収入の向上に貢献している。

自動・無人化農機については、2018年にトラクタ・田植機・コンバインの主要3機種での製品化を実現した。安価なGPSと独自の制御を組み合わせることでリーズナブルに直進運転の自動化を実現した「直進キープ機能付き田植機」は、特に多くの農業者に好評である。また、多くの作業を自動化している「自動運転アシスト機能付きコンバイン」や「自動運転トラクタ（モニター販売）」は、人材確保の面などで経営に不安を抱える農業者などの大きな助けとなっている。

©株式会社クボタ

©株式会社クボタ

ヤンマーアグリ株式会社 大阪

ICT・先端技術の活用による効率化・省力化はもとより、農業のバリューチェーン全体を繋ぐ総合農業機械メーカー

🌱 会社概要・沿革

（持株会社	：ヤンマーホールディングス株式会社）
本社所在地	：大阪市北区茶屋町1-32
代表者	：代表取締役社長　山岡 健人
事業内容	：農業機械・建設機械・ディーゼルエンジン等の産業機械の開発・製造・販売
資本金	：9,000万円
株主	：非公開
従業員数	：約2万名（連結）
沿革	：1912年　会社創業、ガス発動機の修理・販売を開始
	1933年　世界初の小型ディーゼルエンジンの開発に成功
	1961年　大阪市北区茶屋町にヤンマー農機㈱を設立
	1967年　農機業界初の動力式田植機・苗まき機TP21、Y30Pを発売
	1985年　世界初のディーゼル船外機D27（27PS）を発売
	2013年　ICT技術を活用した「スマートアシスト」サービスを開始
	2014年　販売会社等を統合しヤンマーアグリジャパン㈱を設立
	2018年　アグリ事業を分社化し、ヤンマーアグリ㈱を設立
	2018年　自動運転技術を搭載した「ロボットトラクター」を発売

🌱 事業概要

　当社は1912年に創業された農機や建設機械、ディーゼルエンジン、エネルギーシステムなどの農機を中心とした産業機械メーカーであり、特に船舶・産業用ディーゼルエンジンでは世界でも高いシェアを有する。

　当社のスマート農業の取り組みは、主に2013年にサービスを開始した農機管理・営農支援システム「スマートアシスト」、2017年にコニカミノルタと立ち上げた「リモートセンシング」、2018年に上市した自動運転農機「ロボットトラクター」などがある。「スマートアシスト」は、農機1台ごとの所在地や稼働状況・状態などのデータをリアルタイムに収集し、機械の状態を"見える"化する農機管理機能と、農作業や圃場の情報を"見える"化する営農支援機能の2つがある。「スマートアシスト」対応のトラクターは、現在、累計登録台数は約1万台に上る。「ロボットトラクター」は有人監視による自動・無人運転トラクター（国の自動・無人化指標で「レベル2」）であり、近距離監視下においてタブレット1つで制御ができる他、有人機との組み合わせで、2つの作業を1人で同時に行うことも可能となる。

🌱 ビジネスモデル図 —— (営農支援システムと自動・無人運転農機ビジネス)

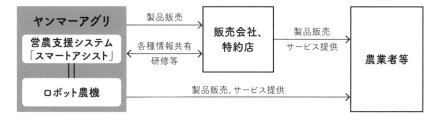

🌱 今後の事業計画

　ロボット農機の完全自動・無人化（レベル3）の実現に向けた研究開発を推し進めるとともに、産地と食卓を繋ぐ食のサプライチェーン全体への取り組みを強める。

🔍 NAPAコメント ～特徴・イノベーション～

　ICT技術を活用した当社のロボットトラクターの最大の特長は、高い「機能性」にあり、既に販売されているトラクターへの後付けが可能である。例えば、2018年に発売された有人監視による自動運転トラクターには、対象の標準機からオプションでアップグレードも可能となっている。この後付け可能な機能性は業界でも珍しく、顧客のニーズに合わせた効率化・省力化を実現する機能といえる。

　当社は昨今、農機の開発だけではなく、グループ全体で食分野の産地（川上）から食卓（川下）までのソリューション開発を進めている。川下の情報が農機の新しい機能開発につながるだけでなく、当社がこれまで培った技術やノウハウが、食のサプライチェーンの各分野に活かされるものと考えられる。

株式会社オプティム 東京

AI・IoT・ビッグデータを活用して"楽しく、かっこよく、稼げる農業"の実現に取り組むITベンチャー

🌿 会社概要・沿革

本社所在地	東京都港区海岸1-2-20汐留ビルディング21階
代表者	代表取締役社長　菅谷　俊二
事業内容	ライセンス販売・保守サポートサービス（オプティマル）事業（IoTプラットフォームサービス、リモートマネジメントサービス、サポートサービス、その他サービス）
資本金	443百万円
主要株主	菅谷　俊二、東日本電信電話、富士ゼロックス
従業員数	229名（2019年4月1日現在）
沿革	2000年　　会社設立
	2014年　　東証マザーズ上場（翌年、東証一部へ市場変更）
	2015年　　佐賀県・佐賀大学とIT農業における三者連携協定を締結
	2017年　　「スマート農業アライアンス」を設立
	2018年　　当社技術で農薬量を抑えた「スマート米」の販売を開始
	2019年　　みちのく銀行とスマート農業の地域商社を設立

OPTiM®

🌿 事業概要

　当社は「ネットを空気に変える」というコンセプトのもと、農業や医療、製造業などの各産業でのAI・IoTの実用化に取り組むITベンチャーである。

　農業分野については「AI・IoT・ビッグデータを活用して"楽しく、かっこよく、稼げる農業"を実現する」というビジョンを掲げて、スマート農業を実現する様々なサービスを提供している。主に、①圃場管理サービス「Agri Field Manager」（ドローンやスマートフォンで撮影した圃場や農作物の画像をAI分析し、病害虫による被害箇所の検知や生育状態の表示など）、②ハウス管理サービス「Agri House Manager」（ハウス内に設置したセンサから環境データを収集・多角的に分析し、作物の収量・収穫期予測、病害虫リスク診断の提供など）、③スマート農業プロフェッショナルサービス（ワンストップで様々な農機やデバイス、ソフトウェアを顧客に提供し、スマート農業の実証と実装を行うコンサルティングサービス）、がある。中でもピンポイント農薬散布テクノロジー機能を提供する「Agri Field Manager」を活用した防除サービスへの需要が高い。

　当社は国内のスマート農業の推進に向けた「スマート農業アライアンス」を2017年に立ち上げたが、現在の参加数は1,700団体を超えている。

🌱 ビジネスモデル図 ──（農業分野）

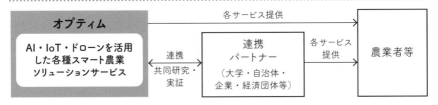

🌱 今後の事業計画（農業分野）

スマート農業向けの各サービスや機能を充実させる他、各自治体や研究機関、企業との連携をいっそう推進し、日本でのスマート農業の浸透を図る。

🔍 NAPAコメント ～特徴・イノベーション～

当社は多数の特許に基づく知的財産経営を行っており、過去、国内企業による「特許資産規模ランキング」において、新興企業ながら第9位にランキングするなど、新しい技術を生み出す研究開発力が最大の強みである。

スマート農業分野でも高い技術力にもとづく実績を有する。例えば、2016年の殺虫機能搭載のドローンによる夜間の無農薬害虫駆除を目指した実証実験や2017年のAI・IoT・ドローンを活用したピンポイント農薬散布テクノロジーによる大豆の栽培に世界で初めて成功している。ピンポイント農薬散布テクノロジーは2018年に基本特許として実用化したことを発表し、主力サービスの1つとなっている。

また、当社が提供するサービスの事業形態にも特徴がある。当社は多様なサービスを提供しているが、各サービスは単発の他、それらを組み合わせた提供を行っている。例えば、当社が設立した「スマート農業アライアンス」の中にある「スマートアグリフードプロジェクト」に参加している農業者には、無償で当社サービスが提供されている。当社はその作物を買い取り、流通での事業化に取り組んでいる。現在の買取品目は米と大豆が中心だが、流通にまで踏み込んだ複合サービスを提供している企業は希有である。このような当社の取り組みは、日本でスマート農業を実践する農業者のすそ野の拡大に寄与するものと考えられる。

株式会社スカイマティクス 東京

画像解析とAI技術によって
ドローン画像を「価値ある情報資産」に変える
独創性の高いサービスを提供するスタートアップ

会社概要・沿革

本社所在地	：東京都中央区日本橋本石町4-2-16 Daiwa日本橋本石町ビル6階	Skymatix Remote Sensing as a Service
代表者	：代表取締役社長　渡邉 善太郎	
事業内容	：産業用リモートセンシングサービスの企画・開発・販売	
資本金	：1億円	
株主	：経営陣・ファンド　等	
従業員数	：約20名（正社員）	
沿革	：2016年　三菱商事の社内ベンチャーとして会社設立	
	2017年　葉色解析サービス「いろは」、農薬散布サービス「はかせ」、ドローン計測サービス「くみき」をリリース	
	2018年　カンボジアで「いろは」の実証実験開始 農業向けリモートセンシングセミナーを開講	
	2019年　「いろは」のサービスを大幅にリニューアル G20新潟農業大臣会合にて「いろは」を紹介 農業の作付確認システム「いろはMapper」の実運用開始 経営陣によるMBO及び第三者割当増資を実施	

事業概要

　当社はドローンを活用したリモートセンシングのソリューションサービスを提供している。現在の主なサービス（事業）は、葉色解析サービス「いろは」（農業向け）の他、ドローン計測サービス「くみき」（主に測量・点検業務向け）がある。

　主力の「いろは」はドローン画像より作物の状態を"見える"化する農業者へのサービスであり、顧客などがドローンで撮影した農地の画像をクラウド上にアップロードした後、当社が各種解析を実行し、その解析結果をクラウド上で確認できるものである。解析機能は多々あり、主にカラー診断（作物の葉の色を数値化）や高低差マップ作製（農地の高低差を見える化）、生育・収量診断（画像から生育状態や収穫量を計算）、雑草解析（農地内の雑草発生場所を抽出）などがある。

　また、自治体向けのサービスとしてドローンを活用した作付確認システム「いろはMapper」が提供されている。これは地域全体の農地の作柄や作付面積などが把握できるサービスであり、水田の転作物の作付調査などに利用されている。

　当社のサービスは、農業者などのエンドユーザーに当社が直接提供する他、農薬販売会社などの全国10数社の代理店から提供されている。

🌱 ビジネスモデル図

```
スカイマティクス          画像解析等の各種サービス提供        農業者、
┌────────────┐                                          自治体他
│葉色解析サービス│ ──同サービス提供──→ ┌────────┐ ──同サービス提供──→
│  「いろは」   │                    │ 代理店  │
│作付確認システム│                    │(全国10数社)│
│「いろはMapper」他│ ←─各種情報共有── └────────┘
└────────────┘    研修等
```

🌱 今後の事業計画

　短期的には「いろは」の認知度向上と機能拡充、対応作物を増大させる他、国や自治体の案件の組成を計画する。また、中長期的には大規模農家への普及・浸透の他、新たな周辺サービスの展開を図る。

🔍 NAPAコメント 〜特徴・イノベーション〜

　当社は現代表が三菱商事在籍中に事業構想を起案し、2016年に同社の社内ベンチャーとして設立された。その後2019年10月に同社からのMBOを実行したが、同社とは今でも出資関係は続いている。当社代表が有する技術力はもちろん、描いたビジョンを実行する行動力と交渉力は、当社の特徴の1つである。

　また、当社の主力サービスである葉色解析サービス「いろは」は、独自性の高いサービスと考える。リモートセンシングによる農地の画像を提供するサービス自体は珍しいものではないが、農業者自身がそのセンシング画像を読み解き（解析し）営農活動に活用することは容易ではない。そのため、画像情報を解析し、農業者にとって"有益な情報"に変える当社サービスの付加価値は高い。

　このサービスは、当社の「画像解析技術」と「AI画像技術」、「空間演算処理技術」、「WEB GIS（地理情報システム）技術」の4つの要素技術の組み合わせからなる。当社内には各分野の高い専門スキルを有するエンジニアを抱えており、その技術力が当社サービスの源泉となっている。当サービスは、機能が大幅にリニューアルされた2019年6月からわずか半年で、既にライセンス契約が100件を超えたという。普及加速に伴う社内の体制整備は求められるものの、現場の高い需要と日本農業の大規模化の進展に伴い、当サービスのよりいっそうの普及が予見される。

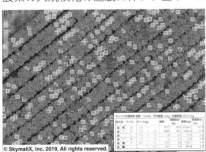

ベジタリア株式会社 東京

経験と実績に基づくマネジメント力をベースに、
最新の植物科学とテクノロジーを駆使して
「次世代の緑の革命」に取り組む

🌱 会社概要・沿革

本社所在地	：東京都渋谷区桜丘町26-1　セルリアンタワー15F
代表者	：代表取締役社長　小池 聡
事業内容	：IoTセンサ事業、クラウドデータ基盤事業、アプリケーション開発事業、植物病院事業、農業生産・流通販売事業
資本金	：1,799百万円（資本準備金含む）
株主	：経営陣、東京大学エッジキャピタル、三菱商事、電通国際情報サービス、大和リース、NTTドコモ、東急、オムロンベンチャーズ他
従業員数	：54名（正社員）
沿革	：2009年　当社代表が東京大学EMP修了後に就農
	2010年　東京大学EMP発ベンチャー企業として当社設立
	2013年　農業センサ開発のイーラボ・エクスペリエンスを子会社化
	2014年　農業支援システム開発のウォーターセルを子会社化
	2016年　農業の国家戦略特区に指定されている新潟市と「スマート農業実証連携協定」を締結
	東京大学と連携し「ベジタリア植物病院®」を開院
	2017年　世界初、遺伝子検査による根こぶ病診断サービスを開始
	2019年　農水省「スマート農業実証プロジェクト」で7件採択

vegetalia
Vegetation Science & Technology

🌱 事業概要

　当社は最新の植物科学とテクノロジーを駆使して、農業が直面する課題へのソリューションを提供する農業ICT企業である。当社グループのサービスは主に「IoT/AIを活用したスマート農業ソリューション」と「ベジタリア植物病院®」に分けられる。また、自社グループによる農業生産・加工・販売も行っている。

　「スマート農業ソリューション」は、作物の生育状況や環境情報をスマートフォンやタブレット上で常時モニタリングが可能なシステム「FieldSever®」や水田向けに特化したシステム「PaddyWatch®」の他、農作業情報と圃場情報を一括管理するクラウド型の営農支援システム「agri-note®」などのサービスがある。

　「ベジタリア植物病院®」は、独自のIoT・AI技術による予察や防除の実現を目指した病害虫防除コンサルティングや土壌診断サービスなどを提供している。

　各サービスは、基本、当社グループが農業者へ直接提供している他、IoTセンサはNTTドコモなどが当社グループの代理店として提供している。

🌱 ビジネスモデル図

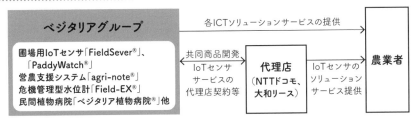

🌱 今後の事業計画

　2022年までを「農業データの蓄積期（AIの精度向上期）」、2022～2025年までを「農業データの活用期（事業の本格展開期）」、2025年以降を「農業プラットフォームの展開期（食・農関連ビジネス情報の集約期）」と位置付けている。

🔍 NAPAコメント ～特徴・イノベーション～

　当社代表はシリコンバレーでのベンチャーキャピタリストなどの経験を経て、国内で創業したIT企業を東証マザーズへ上場させた経歴を持つ。当社を設立後、自らが就農や流通を経験し、各大学や政府系研究機関、各企業が有する技術やノウハウを連携・導入しながら、新サービスの構築と展開を推進してきた。

　当社グループの技術の多くは、長年の基礎研究に裏付けられた実績を有しており、技術の再現性が高いものと考えられる。例えば「農業IoTテクノロジー」は当社子会社のイーラボ・エクスペリエンスが2003年から農研機構と、また「植物科学」は国内有数の実績を誇る東京大学植物病理学研究室や理化学研究所、農研機構などとの共同研究をそれぞれ進めてきた。

　主力サービスの農業IoTセンサ「FieldServer®」や「PaddyWatch®」は全国で導入台数が5,000台を超え、クラウド型農業支援システム「agri-note®」は2018年に有機農業で国内最大手のワタミファームや生鮮流通大手の農業総合研究所に導入されるなど、登録圃場数は国内で20万を超えた。また、2016年に開始した「ベジタリア植物病院®」は、世界初のLAMP法による根こぶ病遺伝子診断サービスとして注目されている。当社は現在、NTTドコモ、三菱商事、電通国際情報サービス、大和リース、オムロン、東急などの大手企業との資本業務提携を行っている。

富士通株式会社 東京

ICT大手企業の社内ベンチャーが、水産養殖の新しいスタンダード「Fishtech®養殖管理」を開発

🌱 会社概要・沿革

本社所在地	：東京都港区東新橋1-5-2 汐留シティセンター
代表者	：代表取締役社長　時田 隆仁
事業内容	：ICT分野のトータルソリューション事業　他
資本金	：3,246億円
株主	：各機関投資家、富士電機、従業員持株会　他
従業員数	：約13.2万名
沿革	：1935年　会社設立
	2012年　食・農クラウドサービス「Akisai」の提供を開始
	2018年　北海道神恵内村で「Fishtech®養殖管理」の運用実証開始
	2020年　「Fishtech®養殖管理」を提供開始

FUJITSU

🌱 事業概要

　当社は2018年より水産業分野の新たな概念「Fishtech®」を掲げ、企業活動を加速している。タンパク源供給の要となる養殖領域を重視し、水産養殖の新基準「Fishtech®養殖管理」を開発した。

　「いつでもどこでも誰にでも」養殖管理を可能にすることをコンセプトとした初期リリースでは、カメラやIoTセンサーを活用したモニタリング、給餌や分養統合などの作業管理といった基本機能を網羅する。カメラはパンチルトズームに対応し、水温・水質が閾値を逸脱した際は画面表示やメールでのアラートを通知する。また、数種類の魚介類を同じ生け簀内で飼育する複合養殖に対応し、トレーサビリティ機能は作業データだけでなく、水質データや種苗・餌のロット情報も各生体群に紐づけしている。さらに、育成ログを作成し、不測の事態から生産者を守ることに寄与する。なお、スマートフォンにも対応し在庫や環境情報がスムーズに表示されるシステム画面は、それ自体を広報・営業ツールとしても活用できる。今後は、養殖管理の高度化を追求し、自動給餌や原価管理、ユーザ権限階層化などの機能追加を予定する他、将来的にはECサイトとの連携なども視野に入れる。

　「Fishtech®養殖管理」のプロトタイプは現在、北海道神恵内村と連携して同村特産品であるウニとナマコの陸上養殖で実証中である。同村では漁業従事者の高齢化も相まって、天然資源の漁獲であったウニとナマコの生産性の低下が課題となっており、陸上養殖を村の新産業として確立したい考えである。当システムは使いやすさとデザインが評価され、2019年度グッドデザイン賞を受賞した。

🌱 ビジネスモデル図 ── 「Fishtech®養殖管理」ビジネス

富士通	技術・システム提供、管理等 →	水産養殖事業者

```
┌─────────────────────────┐      技術・システム提供、管理等      ┌─────────────────────────┐
│        富士通           │  ─────────────────────────→  │   水産養殖事業者          │
│                         │                               │   陸上養殖事業者          │
│   海洋・水産チーム      │                               │  （異業種参入企業等）     │
│  「Fishtech®養殖管理」 │  ←─────────────────────────  │   水産加工事業者 等       │
│                         │      オーダー、各種フィードバック等  │                         │
└─────────────────────────┘                               └─────────────────────────┘
```

🌱 今後の事業計画

　養殖事業者や異業種から陸上養殖などに参入する民間企業・自治体などへサービス提供を行うと共に、段階的に機能拡充を図り「全自動養殖プラント」を目指す。

🔍 NAPAコメント ～特徴・イノベーション～

　当社の養殖管理システム事業は、2017年の社内ビジネスコンテストで最優秀賞に選出されたことから本格的に始動した。志を共にしたごく少数のメンバーがボトムアップで立ち上げた、社内ベンチャー色が濃いプロジェクトである。

　その運営組織の開発リーダーで、本プロジェクトの提案者が、当社子会社の富士通デザインに所属する國村氏である。國村氏はインターフェースデザイナーで、電子カルテやネットワーク管理、クラウド基盤、Eコマース、社内SNSといった数多くのBtoBのソフトウェアデザインを手掛けてきた経歴を有する。

　國村氏のこれまでの経験とノウハウが詰め込まれたインターフェースこそが、「Fishtech®養殖管理」の最大の特徴であろう。同システムの画面は、見やすく情報が伝わりやすい。また、入力も難しくない。農業分野でもそうだが、第一次産業の従事者にとってこの点は重要で、どんなに高性能なシステムであっても、複雑なインターフェースは敬遠される傾向にある。

　また、水産養殖の各工程や業務を個々に管理するシステムは昔から多々あるが、当社のシステムは、IoTやAIの技術を活用し個々の情報を有機的に結合しながら現況分析や将来予測に役立てようとするものである。インターフェースと機能面から、当社システムの業界内での独自性は高いものと考える。

Fishtech® 養殖管理　　　GOOD DESIGN AWARD 2019

安全・安心を支える、新しい養殖管理システム

株式会社ファームノート 北海道

「世界の農業の頭脳を創る」をビジョンに、
センシング技術やAIの活用で日本の
酪農・畜産業界のIT化を牽引するスタートアップ

🌱 会社概要・沿革

本社所在地	：北海道帯広市公園東町 1-3-14
代表者	：代表取締役　小林晋也
事業内容	：農業IoTソリューションの開発・提供
資本金	：1億1,640万円
株主	：（持株会社）小林晋也、全国農業協同組合連合会、農林中央金庫、住友商事、INCJ、兼松、グリー、DGインキュベーション　他
従業員数	：約60名（臨時雇用含む）
沿革	：2013年　会社設立
	2014年　牛群管理システム「Farmnote Cloud」を上市
	2016年　AI・IoTのR＆Dを行う「Farmnote Lab」を設立
	牛用の首輪型IoTセンサ「Farmnote Color」を上市
	純粋持株会社 ㈱ファームノートホールディングスを設立
	2019年　「第5回日本ベンチャー大賞」で農林水産大臣賞を受賞
	2020年　「第8回ものづくり日本大賞」で内閣総理大臣賞を受賞

Farmnote

🌱 事業概要

　当社はセンシング技術の開発やAIの活用に取り組む農業IoTソリューション企業である。現在、酪農・畜産向けのクラウド型牛群管理システム「Farmnote Cloud」と牛用の首輪型IoTセンサ「Farmnote Color」を開発・展開している。

　基幹商品の「Farmnote Cloud」は"牧場を、手のひらに"をキャッチコピーに、スマートフォンやパソコン・タブレットで、いつでもどこでも牛群情報（個体リストや活動履歴、血統・投薬記録など）を管理・記録・分析・共有することができる。利用料は登録頭数100頭までは無料で、100頭を超える場合、利用者が制限された「Personalコース」は1頭40円／月で、制限のない「Standardコース」は同80円〜100円／月で利用できる。現在、全国約4,000軒の生産者に利用されている。

　「Farmnote Color」は、牛の首に装着して活動データをリアルタイムに収集できる首輪型のIoTセンサである。収集データは「Farmnote Air Gateway」を通じてFarmnote Cloudに送信され、AIの解析により発情や疾病兆候などを"見える"化することで、最適な飼養管理を実現できる。

　当社の商品やサービスは、北海道と東京、鹿児島にある当社の拠点から直接提供される他、全農やNTTドコモなどの販売パートナーを通じて提供されている。

🌿 ビジネスモデル図

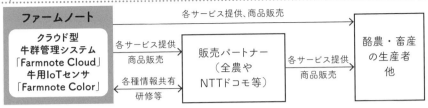

ファームノート			

ファームノート

クラウド型
牛群管理システム
「Farmnote Cloud」
牛用IoTセンサ
「Farmnote Color」

各サービス提供、商品販売 →

各サービス提供
商品販売 →

各種情報共有
研修等 ←

販売パートナー
（全農や
NTTドコモ等）

各サービス提供
商品販売 →

酪農・畜産
の生産者
他

🌿 今後の事業計画

　「Farmnote Cloud」と「Farmnote Color」のさらなる機能拡張を図ると同時に、今後、コンサル事業や顧客基盤を活かしたデータ活用事業などを検討していく。

🔍 NAPAコメント ～特徴・イノベーション～

　当社は乳用／肉用牛の牛群管理システムを開発・展開するスタートアップであり、当システムの国内シェアは約10％（頭数ベース）を誇る。

　当社システムの特徴は、まず、使いやすいデザイン性（高いユーザビリティ）にある。システムはスマホのタッチ操作を基本とし操作が容易で、かつ視認性が高いシンプルな画面となっている。例えば、授精が遅れている牛や分娩が近い牛などの“注意牛”は、予め設定された条件がヒットした場合に自動的にリストアップされ、牧場全体の繁殖状況の“見える”化を実現している。これらが評価され、当社システムは2016年度に「グッドデザイン賞」を受賞している。

　次に、高い機能性が挙げられる。当社システムは、「Farmnote Color」との組み合わせにより牛の活動データが自動収集されるだけでなく、収集したデータをAIで解析し、環境や飼養形態などで異なる牛の授精適期や体調変化を精度よく検知することができる。例えば牛の発情発見率は実績値で9割に上るという。高い牛の発情発見率は高い牛の妊娠率に直結するため、生産者の所得向上に寄与する。

　さらに、当社の「Farmnote Cloud」は、試験的に導入可能な無料サービスが提供されている。これも当社のシェアを急速に高めた一因だと考えられよう。

　上記のような特徴と先行メリットの享受により、今後も当社シェアの拡大が見込まれる。また、サービスの普及による当業界のIT化の推進も期待される。

FBN-Farmer's Business Network, Inc. 米国

サービス開始からわずか5年で、農業分野における
北米最大規模のプラットフォーマーに成長した
米国のユニコーン企業

🌱 会社概要・沿革

本社所在地	388 El Camino Real, San Carlos, California
代表者	Co-Founder & CEO Amol Deshpande Co-Founder & VP of Product Charles Baron
事業内容	オンラインプラットフォームを通じた営農支援サービスの提供 他
資本金	約3億7,000万ドル（資金調達累計額）
株主	経営陣、Kleiner Perkin, GV（Google Ventures）, Temasek Holdings 他
従業員数	約350名
沿革	2014年　会社設立 2015年　営農データプラットフォーム「FBN」の本格運営を開始 2016年　農業資材のプラットフォーム「FBN Direct」の運営開始 2017年　投資ラウンド（シリーズCとD）で約1.5億ドルを調達 2018年　ジェネリック種子の販売サイト「F2F Genetics Network」の運営を開始 2019年　投資ラウンド（シリーズE）で約1.8億ドルを調達

FARMERS
BUSINESS NETWORK
farmersbusinessnetwork.com

🌱 事業概要

　当社は農業者向けのオンラインプラットフォームを運営しているシリコンバレー発のスタートアップであり、提供しているプラットフォームは大きく2つある。

　まず、主力の営農データプラットフォームは「FBN」である。これは農業者のビッグデータを当社が収集・解析して「FBN」内に格納し、それらを会員である農業者が自由に閲覧できるサービスである。営農計画の立案や防除・収穫のタイミングなど、農業者が意思決定を伴う際に活用されている。農業者の年間利用料は700ドルであり、閲覧する際には自身の営農データの登録と更新が必要となる。

　もう1つは、種子や農業資材の購買プラットフォームである。40社程のメーカーから直接、種子や農薬・肥料などの農業資材を購入できる「FBN Direct」と、当社が大学と連携して開発した大豆やトウモロコシのジェネリック種子を販売する「F2F Genetics Network」がある。その他、当社サイトで購入分の支払いを最長1年間繰り延べる融資の他、保険・先物取引などの金融サービスも実施している。

　利用者は2,000エーカー（約800ha）超の大規模な穀物農家が多く、総面積は米国とカナダで9,000万エーカー（約3,600万ha）を超える。また、北米で20の大型倉庫も有し、種子や農薬・肥料、会員から預かる穀物などを保管している。

🌱 ビジネスモデル図

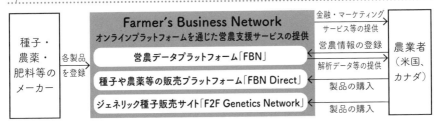

🌱 今後の事業計画

商品やサービスの拡充を図る他、各メーカーのフォーマットで作成されたソフトウェア情報の統合（異なるメーカー間でのデータ連携）を進めている。また、当社の取り組みに関心を持つ日本やアジアの各メーカーとの連携も模索していく。

🔍 NAPAコメント 〜特徴・イノベーション〜

農業者向けの有料プラットフォームは世界で数多く存在するが、運営開始から5年で利用者の総面積が1億エーカーに迫っているプラットフォームは他にはない。

当社の基幹プラットフォーム「FBN」の特徴は、他の農業者の営農情報を共有でき、それを自身の農業経営の意思決定ツールとして利用できる点にある。多くのプラットフォームでありがちな、単なる「情報提供サイト」とは一線を画す。

「FBN」が支持を集めている理由は、主に、①提供データは種子や農薬を開発・販売するメーカー発のものではなく、種子や農薬を実際に利用する農業者の生のデータであること、②営農情報に加えて気象や衛星、土壌、市況などの情報が加味されたマルチデータであること、③地域や土壌などによって最適な種子や農薬などの組み合わせを提示してくれる意思決定ツールであること、④視覚的に理解しやすいプラットフォームであること、などが挙げられる。

「FBN」と農業資材の購買プラットフォーム「FBN Direct」は会員数の増加に大きく寄与する一方、コープなどの農業団体では取り扱いが少ないジェネリック種子の販売や金融などの付加サービスの提供は、会員1人当たりの年間販売高の上昇に貢献している。会員数の増加によって提供データの量と質は向上し、付加機能やサービスも多彩になり始めた。北米で他社が当社を追随するのは容易ではない。

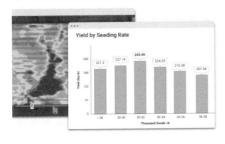

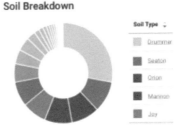

The Climate Corporation 米国

米国のトウモロコシと大豆の総面積の約半数で
利用されている世界有数の営農プラットフォーム
「Climate FieldView™」を展開

🌱 会社概要・沿革

本社所在地	： 201 3rd Street, San Francisco California
代表者	： CEO Michael K. Stern
事業内容	： デジタル営農プラットフォームの開発・展開
資本金	： 非公開
株主	： Bayer
従業員数	： 約600名
沿革	： 2006年 会社設立（前社名WeatherBill）
	2010年 トウモロコシ・大豆農家向けに穀物保険を上市
	2011年 会社名を現社名に変更し農業分野に事業をシフト
	2012年 投資ラウンド（シリーズC）で5,000万ドルを調達
	2013年 モンサントが約11億ドルで当社を買収し子会社化
	営農プラットフォーム「Climate Basic / Pro」を上市
	2015年 営農プラットフォーム「Climate FieldView™」を上市
	2016年 世界最大の農機メーカーJohn Deereとのデータ互換合意
	欧州の農地管理ソフトウェア企業VitalFieldsを買収
	2017年 米国大手農機メーカーAGCOとのデータ互換合意
	2018年 バイエルがモンサントを買収

THE CLIMATE CORPORATION

🌱 事業概要

　当社はデジタル営農プラットフォーム「Climate FieldView™」を展開する企業で、2006年、グーグル社出身の2名の創業者によって設立された。当初はリゾート施設や農業者向けに気象予測や天候保険のサービスを展開していたが、2011年に農業分野に事業をシフトした。2013年にモンサント社の傘下に入り、当社の気象予測などのデータ解析のノウハウと同社の農業ビッグデータを基に「デジタル営農プラットフォーム」の研究開発が進められた。2018年に医薬・農薬大手のバイエル社がモンサント社を買収し、現在はバイエル社のグループ会社となっている。

　「Climate FieldView™」は、衛星やセンサ、過去の栽培履歴などから得られたビッグデータを解析して、農地や作物のリアルタイム情報を提供する他、農場運営の日々の意思決定を支援する営農管理プラットフォームである。利用料は、機能が限定された「同Prime」は無料であり、フル機能が搭載された「同Plus」のサービス利用料は年間999ドルである。

🌱 ビジネスモデル図

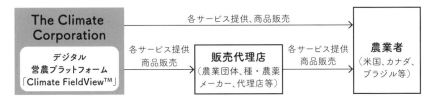

```
┌─────────────────┐                    各サービス提供、商品販売
│ The Climate     │─────────────────────────────────────────────────┐
│ Corporation     │                                                  ↓
│                 │   各サービス提供     ┌──────────────┐  各サービス提供   ┌──────────────┐
│ デジタル          │   商品販売          │  販売代理店     │  商品販売        │   農業者        │
│ 営農プラットフォーム │────────────────→│（農業団体、種・農薬│────────────→│（米国、カナダ、   │
│「Climate FieldView™」│                │ メーカー、代理店等）│              │ ブラジル等）     │
└─────────────────┘                   └──────────────┘              └──────────────┘
```

🌱 今後の事業計画

　データ収集と解析を繰り返して収量の予測精度を高める一方、サービス展開する国や地域を拡大する。日本は将来的な市場として常に連携先を探している。

🔍 NAPAコメント ～特徴・イノベーション～

　当社の「Climate FieldView™」は、米国やカナダ、ブラジルなど7ヵ国で10万名以上のトウモロコシや大豆の生産者に利用されている。利用面積は1億2,000万エーカー（約4,800万ha）を超え、うち米国では同国のトウモロコシと大豆の総作付面積の約45％に当たる7,500万エーカー（約3,000万ha）に達する。

　当社システムの特徴は、まず、高い互換性である。世界有数の米国農機メーカーのJohn Deere社やAGCO社など60を超えるメーカーやソフトウェア企業の製品・システムとデータ接続の互換性を持っている。

　次に、高い接続性と操作性が挙げられる。定植や防除、収穫などの営農情報は、トラクターやコンバインに差し込む小型のBluetooth装置「Climate FieldView™ Drive」を接続するだけで、自動的にリアルタイム情報をタブレットなどで閲覧することができる。また、デバイスを通して得られる情報のビジュアル性は高く、農業者はその情報を視覚的に（直感的に）理解することができる。

　さらに、価格面で導入し易い。利用料の多くを占める1,000エーカー（約400ha）以上の大規模農業者から見ると、フル機能利用料（999ドル）は安価といえる。

　最後は高い機能性である。特に「気象予測」や「収量分析・予測」の機能は、データ解析として機械学習やAIといった当社が創業時から有するコア技術が活用されている。また、現在、収量予測の新サービス（未達分を当社が保証）を開発中であり、サービス開始時のインパクトは大きいものと考える。

GRUPO HISPATEC IE, S.A. スペイン

世界基準の農業認証「GLOBAL G.A.P」や
世界最大の施設園芸集積都市アルメリアに
ERP（統合基幹業務）システムを供給するIT企業

🌱 会社概要・沿革

本社所在地	：Avenida de la Innovación, Almería
代表者	：Director General Jose Luis Estrella Herrada
事業内容	：農業向けERPシステムの開発・販売
資本金	：非公表
株主	：経営陣、Cajamar Caja Rural
従業員数	：約120名
沿革	：1985年　会社設立

hispatec
agrointeligencia

🌱 事業概要

　当社は農業向けERPシステム「ERPagro」を開発するスペインの農業IT企業である。当社が提供するシステムは農業の生産管理だけでなく、在庫や出荷、流通、会計、労務などの経営上の様々な業務管理を統合した基幹システムである。

　システムは会計・労務管理などの汎用性が高い基本モジュールと農業・食品産業に特有な1万種類以上の"アグリフード"モジュールで構築されており、作物や品種、栽培経験など顧客の事情に応じたオーダーメードのシステムを構築可能である。また、農業者は当社開発のアプリ経由で作物などの写真を共有することで、アグロノミスト（農学者／農業技術指導員）から栽培指導を仰ぐこともできる。

　当社システムは欧州の大手農協や青果流通業者、カット野菜メーカーなど約450社に普及しており、その累計流通高は90億ユーロ（約1.1兆円）に及ぶ。農協や青果流通業者、食品加工メーカーは、自社のERP管理に加えて、サプライヤーである農業者と商品のトレーサビリティーなどの管理を行うメリットもある。

　また、当社システムはGLOBAL G.A.P.（以下G-GAP）の認証取得に対応している。G-GAPは食品安全や労働環境、環境保全に配慮した「持続的な生産活動」を実践する農業者に付与される世界共通の認証ブランドである。欧米の大多数の大手流通業者では農産物調達の条件としてG-GAP認証を義務付けており、欧州を中心に全世界で20万を超える農業経営体が同認証を取得している。当社システムはG-GAPの基幹システムに採用され、認証取得に必要な記録・整理が効率的に作成できる。今後、G-GAPの普及とともに欧州や中南米以外の国や地域への展開を計画している。

🌿 ビジネスモデル図

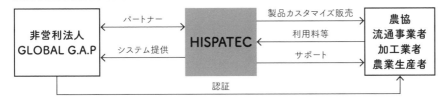

🌿 今後の事業計画

　拠点のあるメキシコなど中南米のスペイン語を母国語とする農業大国を中心に海外展開を進める他、ビッグデータを活用した新機能やサービスの開発を計画する。日本や中国への展開には関心があり、アジアでの連携パートナーを探している。

🔍 NAPAコメント 〜特徴・イノベーション〜

　当社の本社があるアルメリアは、1年中温暖な気候が続く地中海のアルメリア湾に面する港湾・観光都市で、約50年前にスペイン政府が開発した世界最大の施設園芸集積地でもある。アルメリアの施設園芸面積は、当社が設立された1985年は約1.2万haであったが、2018年には3.2万haまで増加した。

　当社のシステムはスペインの8割近くの農協に利用されている。例えば、同国最大の農協でリーフ野菜の生産とサラダ製造を行うフロレットやトマト生産で同国最大のCASI、同じくマンゴーで最大のトロプス、オレンジで最大のトーノなどがある。このうち、フロレットは3,000名以上の農業者が大規模（数ha／戸）にリーフ野菜を栽培しているが、当社システムの導入は1998年以降と比較的新しい。当時はパソコンを使えない農業者から導入に対する悲観論が多かったそうだが、当時の当農協のトップがその必要性（効率化や可視化などの効果など）を説き、導入に至ったという。現在、当社は同農協向けに、調達からサラダ製造、流通までのシステムを提供するだけでなく、プロセス全体をAI管理して5-6週間先のバイヤーの需要予測や野菜の生産・調達予測を行うシステムを開発・提供している。アルメリアの施設園芸の発展は当社が支えているといっても過言ではない。

Priva B.V. オランダ

グリーンハウスの「環境制御システム」で
世界シェア約7割を持つ"施設園芸大国・オランダ"を
代表するグローバル企業

会社概要・沿革

本社所在地 ： Zijlweg 3, LC De Lier
代表者 ： CEO　Meiny Prins
　　　　　　CFO　Ton Wallast
事業内容 ： グリーンハウスの環境制御システム開発　他
資本金 ： 非公開
株主 ： 経営陣
従業員数 ： 約500名
沿革 ： 1959年　会社創業、グリーンハウス用の暖房製品の輸入販売を開始
　　　　　1977年　グリーンハウス用の環境制御システムを開発
　　　　　1983年　ビル管理用の環境制御システムを開発
　　　　　1994年　日本企業と代理店（ディーラー）契約を締結
　　　　　2006年　中国・北京にアジア初となる現地法人を設立
　　　　　2009年　CEOがVeuve Clicquot「Businesswoman of the Year」に
　　　　　　　　　　選出、当社がWWFの「CleanTech Star」を受賞
　　　　　2016年　中国・上海にアジア2ヵ所目となるオフィスを設立
　　　　　　　　　　トマト用の「葉かきロボット」のプロトタイプを公開
　　　　　2019年　英国ネットスーパー最大手企業等と植物工場のJVを設立

CREATING
A CLIMATE
FOR GROWTH

PRIVA

事業概要

　当社はグリーンハウスやオフィスビルなどの環境制御システムを開発する企業で
あり、グリーンハウス用の暖房製品を輸入販売する目的で1959年に設立された。

　当社の事業構成は用途別に、①グリーンハウス事業（売上高構成比：約60％）、
②ビルディングオートメーション事業（同35〜40％）、③その他、で区分けされ
ている。グリーンハウス事業は、施設園芸用の環境制御機器やシステムの開発・販
売であり、主力製品は統合環境制御システム「Priva Connext」である。これは、
温室内外のセンサ「Priva Sensor」で風向や風速、温湿度、CO_2濃度、葉面温度、
光合成速度などを測定して、温室内の給液や換気の各装置、ヒートポンプなどの各
機器を自動制御することで栽培環境を最適化するコンピューター・システムである。

　当社は海外13ヵ国で15のオフィスを持ち、国内外400社以上の代理店（うち8
割程度が欧州）を通じて世界約100ヵ国に製品を供給している。日本の代理店は3
社あり、アジアの現地法人がある中国からサポートが実施されている。

🌱 ビジネスモデル図

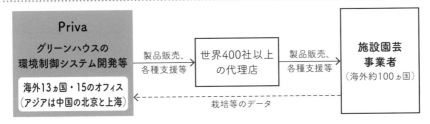

Priva グリーンハウスの環境制御システム開発等 海外13ヵ国・15のオフィス（アジアは中国の北京と上海）	→ 製品販売、各種支援等	世界400社以上の代理店	→ 製品販売、各種支援等	施設園芸事業者（海外約100ヵ国）

栽培等のデータ

🌱 今後の事業計画

　栽培データを活用したソリューションベースの製品開発を推進する。日本を含むアジアは施設園芸のスケール化が進むものと考えられ、最も注力する市場である。

🔍 NAPAコメント 〜特徴・イノベーション〜

　オランダは先端技術を活用した施設園芸で世界をリードしているが、当社はその代表企業の１社である。当社は施設園芸のコンピューター制御システムで圧倒的な世界シェアを持つ研究開発企業で、毎期、利益の２割程度が新分野の製品開発などに充てられている。現在、主に植物工場と農業ロボットの開発が進められている。

　植物工場は2015年からコンテナ型とモジュール型（大型工場）の開発を行っている。コンテナ型は英国のネットスーパー最大手オカドグループ社と米国の植物工場スタートアップ・80エーカー・ファームスとの３社間で、2019年６月に合弁会社インフィニット・エーカーズの設立を発表した。モジュール型はアジアの拠点がある中国で開発が進められており、2020年中の上市を計画している。

　また、農業ロボットはトマト用のリーフカット・ロボット「Priva Kompano」の開発を進めている。これは、葉かき（風通しや採光の改善、病害虫の防止などの目的で一定の葉を切ること）の作業を行うロボットであり、残す葉と切る葉の認識と施設内走行を自動で行う。2020年中の上市が予定されている。

　植物工場は当社が最も得意とする環境制御の分野であり、また農業ロボットは当社の国内外の顧客が切望している製品でもある。当社の世界中の栽培データをもとに、施設園芸や植物工場の自動化に向けた製品開発に注目が集まる。

Connecterra B.V. オランダ

AIや機械学習の技術を駆使した
「酪農プラットフォーム」を開発し、世界の酪農業界から
注目を集めるオランダ発のスタートアップ

🌱 会社概要・沿革

本社所在地	: Kraanspoor 50, SE Amsterdam	**Connecterra**
代表者	: Founder & CEO Yasir Khokhar	
事業内容	: AIを用いた酪農プラットフォーム「IDA（アイダ）」の開発	
資本金	: 約1,000万ドル（資金調達累計額）	
株主	: 経営陣、Breed Reply, Sistema_VC, AgFunder, Acequia Capital 他	
従業員数	: 約30名	

沿革　：2014年　牛群管理プラットフォームのプロトタイプを開発
　　　　2015年　会社設立
　　　　　　　　「Startup of the year at Web Summit 2015」で優勝
　　　　2016年　投資ラウンド（シード）で約200万ドルを調達
　　　　2017年　「The #GoogleDemoDay Game Changer Award」で優勝
　　　　　　　　牛群管理プラットフォーム「IDA for Farmer」を上市
　　　　2018年　投資ラウンド（シリーズA）で約400万ドルを調達
　　　　　　　　酪農関係企業用「IDA for Enterprise」を上市
　　　　2019年　マイクロソフトの「Virtual ScaleUp Program」に選出
　　　　　　　　「BEST AGTECH STARTUPS IN EUROPE 2019」で
　　　　　　　　"Best startup Agtech company in the Netherlands"
　　　　　　　　に選出

🌱 事業概要

　当社は酪農・牧畜向けの牛群管理プラットフォーム「IDA」を開発・展開しているオランダのスタートアップである。マイクロソフト社でAIや機械学習のシステム開発を行っていた現社長が、2015年に当社を設立した。

　IDAは酪農経営者向けの「IDA for Farmer」と酪農関係企業向けの「IDA for Enterprise」がある。主力の「IDA for Farmer」は個々の牛に設置したセンサが牛の健康状態や活動状況に関する情報をリアルタイムに収集し、それをAIが機械学習にもとづいて解析することで、酪農経営者に有用な情報を提供するプラットフォームである。使用料は一頭あたり月4.0ユーロ（別途、導入費用として65ユーロ／頭が必要）と同7.5ユーロ（導入費用なし）の2つのプランがある。

　「IDA for Enterprise」は乳業メーカーなどの酪農関係企業向けプラットフォームで、契約酪農家のリアルタイム情報や想定出荷量・スケジュールなどの解析データが提供されている。IDAは既に欧州や北米など14ヵ国で運用されている。

🌱 ビジネスモデル図

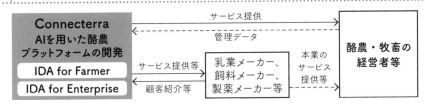

🌱 今後の事業計画

IDAの機能開発を推進する他、サービスを提供する国や地域を広げていく。日本や中国などのアジア地域の展開に向けた連携パートナーも探している。なお、2020年中に3,000〜3,500万ドルの投資ラウンドを計画している。

🔍 NAPAコメント 〜特徴・イノベーション〜

当社は酪農プラットフォームの分野で急成長しているスタートアップであり、当分野のグローバルシェアは、既に業界4〜5番目の規模になっている。

当社プラットフォームの特徴は、コア技術である「AI」と「機械学習」にもとづく高い機能性の他、視覚的に理解しやすいシンプルなインターフェース、そして手頃な価格設定でかつ導入し易いサブスクリプションモデルにある。機能性は分娩日が近づくとSMSアラートで知らせる機能や、乳房炎や跛行などの病気の予兆を発見する機能、病気の対処法などを提示する診断ツール、エサや牛舎の管理方法などを変えた際の経済価値などを分析するASKツールなどがある。病気の予兆は目視で判別できる1〜2日前には発見できるといい、リアルタイム情報を獣医師と連携することで早期の対応が可能となる。これらの機能をシンプルなインターフェースで仕立てており、デジタルに疎い経営者であっても視覚的に理解しやすい。

農経営者向けに牛群管理プラットフォームを提供する企業は世界中で多いが、当社の「IDA for Enterprise」は特に独自性の高いサービスである。現在、乳業メーカーや飼料メーカーの他、(動物) 医薬品メーカーやゲノム関係企業などが当システムを利用している。農業者向けのサービスで得た収集・解析データをメーカーなどの他企業へサービス展開する構想を持つプラットフォーマーは世界中で多いが、当社はいち早くそのモデルを具現化している先進企業といえる。

第II部

3 生産プラットフォーム

125

Nofence AS ノルウェー

世界の放牧マネジメントを一変させる可能性を持つ「放牧用バーチャルフェンス（デジタル柵）」を開発したスタートアップ

🌱 会社概要・沿革

本社所在地	：Evjevegen 8 Batnfjordsøra
代表者	：CEO　Marianne Sundsbø Inventor, Co-Founder & CTO　Oscar Hovde Berntsen Co-Founder　Erik Harstad
事業内容	：放牧用バーチャルフェンス「The Nofence Collar」の開発
資本金	：約4,000万NOK（資金調達累計額）
株主	：経営陣、Geogroup AS　他
従業員数	：約20名
沿革	：2009年　製品のプロトタイプが完成
	2011年　会社設立
	2014年　ノルウェー政府よりテスト実証等の許可を取得
	2015年　ノルウェー政府より約300万NOKの助成金を調達
	2016年　製品の実証販売を開始
	2018年　製品の商業販売を開始
	2019年　投資ラウンド（シード）で約2,000万NOKを調達

Nofence
Grazing technology

🌱 事業概要

　当社はヤギや牛、羊などの放牧用バーチャルフェンス（デジタル柵）「The Nofence Collar」を開発するスタートアップである。開発者のオスカーCTOは、実家が酪農業で柵づくりに苦労していた父の姿を見て当製品コンセプトを起案した。2009年に製品のプロトタイプを開発し、実家の牧場で実証を重ねた後、2011年に当社を設立した。その後、プロトタイプの開発と実証を繰り返し2016年に1,000台限定の実証販売を行った後、2018年から一般向けの商業販売を開始した。

　当製品はGPSと太陽電池が内蔵されたデジタルカラー（首輪）とスマートフォン・タブレット上のアプリで構成される。アプリのデジタルマップで自身のバーチャルフェンスを描き、デジタルカラーを家畜にかけると準備が整う。家畜がバーチャルフェンスに近づくとデジタルカラーから音が流れ始め、近づくにつれて音のピッチが上がり、同フェンスを越えてしまうと軽い電流が流れる仕組みである。

　デジタルカラー製品の価格は109ユーロ／個（大型製品は219ユーロ）で、システム費用は年間50ユーロ程度／個である。現在はノルウェー国内のみの販売で、当社から直接、放牧経営者へ製品の販売とサービスが提供されている。

🌱 ビジネスモデル図

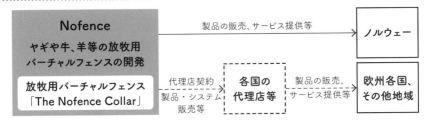

🌱 今後の事業計画

　ビッグデータ解析とAIによるモニタリング機能の強化や新しい付加機能の開発に注力する。当面、引き合いの強い英国やフランスをはじめとする欧州での展開を主力とし、米国や豪州、日本を含むアジア地域での展開も模索していく。

🔍 NAPAコメント ～特徴・イノベーション～

　当社が開発した放牧用バーチャルフェンスは画期的で、物理的な柵の設置に膨大な費用と労力を費やしてきた放牧経営者の費用削減と省力化に寄与するものと考える。製品の特徴は、まず、場所を選ばずに柔軟性が高いことである。急勾配地や森の中など物理的に柵の設置が難しい場所でも支障がなく、家畜の数の増減や牧草地の状態などで範囲を再指定する際も画面上の操作だけで済む。

　また、家畜をリアルタイムでモニタリングすることができる。個々の家畜のデジタルカラーの情報を通じて、現在地の把握だけでなく、収集した活動状況を蓄積・解析することで、健康状態や病気の予兆の把握・発見などに資する。

　さらに、動物福祉にも配慮された製品である。ノルウェーは欧州で動物福祉に最も厳しい国であり、当社は動物行動学の分野でも大学と連携してデータを取得し、約5年をかけて政府の許認可を得た。家畜が不快に感じる音域を設定するなど、家畜が当製品の仕組みを理解できるように努めている一方、境界を超えた際の電流は通常の電気柵の1～2％の強さに設定するなどの配慮がなされている。

　競合他社は世界でわずか数社しかなく、当社は「家畜がフェンスに近づくにつれて音が高くなる技術」などで特許を得ている。当製品は新市場を創造するとともに、上記特徴を踏まえて、欧州域内での比較的早い普及が予想される。

Afimilk Ltd. イスラエル

世界50ヵ国でセンサやアナライザー、ソフトウェア等の「酪農管理ソリューション」を提供する協同組合発のテックカンパニー

🌱 会社概要・沿革

本社所在地 ： Kibbutz Afikim
代表者 ： CEO　Yuval Rachmilevitz
事業内容 ： 酪農分野のセンサやアナライザー、システム等の開発
資本金 ： 非公開
株主 ： Kibbutz Afikim, Fortissimo Capital
従業員数 ： 約200名
沿革 ： 1977年　会社設立（旧社名：SAE Afikim）
1979年　世界初となるミルクメータを開発
1984年　世界初となる酪農牛の発情発見用の万歩計を開発
1995年　酪農マネジメントシステム「AfiFarm」を開発
2008年　世界初となる牛乳成分の分析器を開発
2010年　イスラエル投資ファンドFortissimo Capitalが出資
2016年　英国のスタートアップSilent Herdsmanを買収
2018年　酪農マネジメントシステム「AfiFarm 5.3」をリリース

afimilk®
Vital know-how in every drop

🌱 事業概要

　当社は酪農経営の効率化や省力化に寄与する製品やシステムを開発しているイスラエルの企業で、同国の協同組合・キブツ・アフィキムによって1977年に設立された。キブツ・アフィキムは約1,200名の組合員を擁する1932年に設立されたイスラエル最大規模の協同組合で、酪農や養殖、アボガド、バナナ、デーツのプランテーションを運営する他、これらに関する先端技術製品の開発などを行っている。

　当社の主力製品は主に、①カウセンサ、②ミルクセンサ／アナライザー、③マネジメントシステムである。まず、カウセンサは牛の足と首に装着し、個々の牛の活動量や行動データなどを測定するモニタリングセンサである。また、ミルクセンサ／アナライザーは個々の乳量や乳成分（脂肪、タンパク質、ラクトース、アミノ酸など）を計測・分析する製品である。これらのセンサなどから収集したデータはリアルタイムでマネジメントシステム「AfiFarm」に転送・解析され、個々の牛の発情や病気の発見・予兆などに役立てられている。

　当社製品は現在、各国の約200社の代理店を通じて、世界50ヵ国で1万軒以上の酪農経営体に利用されている。日本での事業開始は1984年と古く、現在1社の代理店を通じて製品とサービスが提供されている。

🌱 ビジネスモデル図

Afimilk Ltd. 酪農分野のセンサ・アナライザー、システム等の開発 カウセンサ、ミルクセンサ・アナライザー、マネジメントシステム	→代理店契約 製品・システム 販売等	世界約200社 の代理店	製品・システム の販売→ ←各種の サービス提供等	世界50ヵ国の 酪農法人等

🌱 今後の事業計画

　引き続き酪農分野のテクノロジー企業として、2020年中に上市予定の全自動ロボティックパーラーをはじめとする革新的な製品開発に注力する。

🔍 NAPAコメント ～特徴・イノベーション～

　当社は全従業員のうち約4割を研究開発系人材で占める酪農業界のテクノロジー企業である。1979年に世界初となるミルクメータを開発したのを皮切りに、1984年に発情発見用の万歩計を、2008年に乳成分の分析器をそれぞれ世界で初めて開発した。主力の酪農センサやシステムの分野で世界有数のシェアを持つ他、1頭当たりの乳量が世界トップクラスの同国内でも7～8割の圧倒的なシェアを持つ。2010年以降に酪農牛の頭数が急増した中国でも業界トップシェアを誇る。

　当社の創業は1977年だが、2012年からの約7年間の成長は特に著しい。この間、センサ製品とソフトウェアライセンスの売上は約3倍になるなど、当社の全体売上高は倍増した。背景には2010年以降に加入した新たな株主と経営陣の存在が大きい。

　株主は創業からキブツ・アフィキムだけであったが、2010年に初めて外部からフォルティッシモ・キャピタル（同国と米国で最大のプライベートエクイティファンド）を招き入れた。また、2011年には同国と米国で複数のソフトウェア企業での経営実績を持つ現CEOが就任した。経営陣は6名いるが、うちプロパーは1名で残りは外部人材で構成されている。外部から来た経営陣は皆、経営実績があるだけでなく、ソフトウェアやロボット開発、電気工学などの各分野で専門知識を持つ人材ばかりである。2010年代の当社の成長は、このような新しい株主や経営陣によってもたらされており、当時の"大英断"は功を奏する結果となった。

A.A.A Taranis Visual Ltd. イスラエル

世界有数のリモートセンシング技術や
AI画像解析の技術を駆使して、作物の病害虫の
発見や解決策を提示するスタートアップ

🌱 会社概要・沿革

所在地	: HaBarzel St.3, Tel Aviv-Yafo
代表者	: Co-Founder & CEO Ofir Schlam
	Co-Founder & COO Ayal Karmi
	Co-Founder & CTO Eli Bukchin
	Co-founder & VP Architecture Asaf Horvitz
事業内容	: 精密農場プラットフォーム「Taranis AI^2」の開発・展開
資本金	: 約3,000万ドル（資金調達累計額）
株主	: 経営陣、Viola Ventures, Nutrien, Vertix Ventures 他
従業員数	: 約50名
沿革	: 2014年　会社設立
	2015年　精密農業プラットフォームのサービスを開始
	2018年　航空画像や映像解析等の技術を持つ米国Mavrx社を買収
	投資ラウンド（シリーズB）で約2,000万ドルを調達
	2019年　Forbes「Top 50 AgTech Companies in the world」
	に選出
	本社を米国カリフォルニア州（シリコンバレー）に移転

TARANIS

🌱 事業概要

　当社は主に作物の病害虫の早期発見や解決策を提示する精密農業プラットフォーム「Taranis AI^2」を開発するスタートアップである。当プラットフォームは、自社開発のカメラが搭載された衛星や小型飛行機、ドローンで農場や作物の航空画像を撮影し、その画像情報をAIがディープラーニングに基づいて解析するシステムである。これにより作物の発芽状況や病害虫の発生状況とその兆候を把握できる他、作物や土壌の栄養状態、除草剤の散布状況、灌漑や地下排水の状態などを視覚的に確認できる。また、気象や土壌などのデータを加味した収量予測の機能もある。

　現在、当社のサービスは米国やブラジルを中心に、カナダやロシア、ウクライナ、アルゼンチン、パラグアイなどの穀物（トウモロコシ、小麦、大豆、ジャガイモなど）の大手農業法人へ提供されている。このうち、2,500エーカー（約1,000ha）以上の農場運営を行う有数の大手農業法人には当社が直接サービスを提供しており、その他の農業法人には各国のディーラーや農薬・肥料・種子などの大手メーカー経由でサービスが提供されている。当社のシステムを利用する総面積は急速に拡がっており、現在2,500万エーカー（約1,000万ha）を超えている。

🌱 ビジネスモデル図

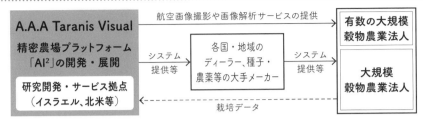

A.A.A Taranis Visual

精密農場プラットフォーム「AI²」の開発・展開

研究開発・サービス拠点（イスラエル、北米等）

航空画像撮影や画像解析サービスの提供

システム提供等

各国・地域のディーラー、種子・農薬等の大手メーカー

システム提供等

栽培データ

有数の大規模穀物農業法人

大規模穀物農業法人

🌱 今後の事業計画

　展開する国を拡大する他、新しい機能（穀物保険など）の開発も行う。アジアでは中国化工集団などと連携しているが、随時、新たなパートナーも探している。2020年半ばを目途に4,000〜6,000万ドルの投資ラウンドを計画している。

🔍 NAPAコメント 〜特徴・イノベーション〜

　当社は世界有数のリモートセンシング技術に基づく独自性の高い精密農業プラットフォームを提供し、急成長しているスタートアップである。プラットフォーム名にある「AI²」は、当社の基幹技術である「Aerial Imagery（航空画像）」と「Artificial Intelligence（人工知能）」を意味する。特に航空画像は農業用リモートセンシングとしては世界最高峰の最大0.3mm／ピクセルと超高解像度で、これは目視で見逃しがちな葉の粒状の"虫食い"さえも発見できるレベルである。

　この技術は4名の創業者によって開発された。CEOはコンピューター科学や暗号学の研究とイスラエルの軍事技術の開発に携わっていた。また、COOはイスラエル中央銀行でアルゴリズムの研究とシステム開発に、CTOは気象システムの開発に、現VPは宇宙工学や航空画像システムの開発にそれぞれ携わっていた。

　当社は近い将来、農業分野の世界的プラットフォーマーの1社に名乗り出てくるものと予想される。背景には提供サービスの高い独自性がある。リモートセンシングのサービスを行う企業は多いが、「作物の病害虫の発見」を目的に「超高解像度の画像解析サービス」を提供する企業は少ない。また、連携パートナー（代理店）も急増している。バイエル社やシンジェンタ社、BASF社、アダマ社など農薬や種子の分野で世界を代表する企業が名を連ねており、その数は200社を超えている。

株式会社ポケットマルシェ 岩手

消費者が農家・漁師とオンライン上で会話をしながら
生鮮品を購入できるC2Cプラットフォーム
「ポケットマルシェ」を運営

会社概要・沿革

本社所在地	：岩手県花巻市藤沢町446-2
代表者	：代表取締役CEO 高橋 博之
事業内容	：食のCtoCプラットフォーム 「ポケットマルシェ」の運営
資本金	：3億307万5千円（資本準備金含む）
株主	：経営陣、インスパイア、小橋工業、ユーグレナ、メルカリ、電通等
従業員数	：21名（臨時雇用含む）
沿革	：2013年　NPO法人東北開墾を設立し「東北食べる通信」を創刊
	2014年　一般社団法人日本食べる通信リーグを設立し、「食べる 通信」モデルの全国展開をスタート
	2015年　会社設立
	2016年　「ポケットマルシェ」サービスを開始
	2017年　ユーグレナ・メルカリ等への第三者割当増資を実施
	2019年　電通・小橋工業等への第三者割当増資を実施

POCKETMARCHÉ

事業概要

　当社は「一次産業を情報産業に変える」というビジョンのもと、消費者が全国の
生産者（農家・漁師）と直接やりとりをしながら旬の食べ物を買うことができる
C2Cプラットフォーム「ポケットマルシェ」を運営している。当社事業は、2013
年に当社代表が創刊した「東北食べる通信」にルーツがあるが、これは食のつくり
手を特集した情報誌と彼らが収穫した食べものがセットで定期的に届く"食べもの
付き情報誌"であり、現在は全国各地の他、海外でも同モデルで発刊されている。

　「ポケットマルシェ」は、まず、生産者が出品商品を登録するところから始まり、
その商品に関心を持つ消費者がオンライン上で注文（購入）を行う。その際、オン
ライン上で生産者へ質問もできる。注文後、生産者の元に配送先が印字された物流
伝票（ヤマト運輸が手配）が届き、生産者はそれを貼るだけで出荷できる。生産者
が当社へ支払う販売手数料は売上額の15％であり、消費者の手数料負担はない。

　「ポケットマルシェ」には、現在2,000名を超える生産者が登録しており、常に
3,500品目を超える生鮮品などの食品が出品されている。出品者は小規模かつ農漁
業就業者の平均年齢よりも若い生産者が多い。また利用者の属性は女性が約6割
で、東京・神奈川・大阪等の大都市圏に住む30〜40代の利用者が多い。

🌱 ビジネスモデル図

ポケットマルシェ

農業者
漁業者
→ 商品の出品 →
オンラインマルシェ
「ポケットマルシェ」
← 商品の注文 ←
← 物流伝票の送付
売上金の振り込み
商品の販売 →
一般消費者
等

商品の配送

オンライン上でのコミュニケーション（商品の質問、フィードバック等）

🌱 今後の事業計画

「ポケットマルシェ」の利用者数や機能の拡充を図る他、例えばリアル店舗との物流面での協働など、最適な物流の仕組みの構築を検討する。また、誰でもオンライン・オフライン融合型の直売所を運営できるようなシステムを提供していく。

🔍 NAPAコメント ～特徴・イノベーション～

「ポケットマルシェ」の特徴は、食のC2Cプラットフォームを運営するビジネスモデル自体にある。食のD2C（Direct to Consumer）モデルにはオイシックス・ラ・大地などが展開する食品宅配サービスがあるが、生産者と消費者の間に当社が介在せず、オンライン上で双方が直接コミュニケーションを取れる点で、当モデルとは抜本的に異なる。モデルとしてはフリマアプリの「メルカリ」に近いが、供給者の確保が難しく、かつ単価が低く鮮度の問題もある生鮮分野で事業として成り立つC2Cプラットフォームを構築することは容易ではない。一朝一夕には模倣できない当社のビジネスモデル自体に大きな特徴があるものといえる。

また、「ポケットマルシェ」は、物量などの問題で販路が限定される小規模生産者に、オンラインを通じた消費者への簡易な販路機会を提供している。さらに、消費者との双方向のコミュニケーションを通じて、自身の商品や経営の改善を促すことにもつながる。「ポケットマルシェ」が、小規模生産者の新たな販路と経営者化を促す機会を提供している点も大きな特徴である。

需要者と供給者間のコミュニケーションがサービスのベースとなっている当社システムは、今後、様々な機能を付加しながら発展していくことが見込まれる。

一次産業を
情報産業にする。

株式会社マイファーム 京都

農業者とバイヤーをつなぐ
オンライン卸売市場アプリ「ラクーザ」を開発

🌱 会社概要・沿革

本社所在地	京都府京都市下京区朱雀正会町1-1 KYOCA会館3階
代表者	代表取締役CEO　西辻 一真
事業内容	体験農園や農業スクールの運営、農産物の生産・流通　等
資本金	3億2,200万円（資本調達累計額：6億1,150万円）
株主	経営陣、ツムラ、DCMホールディングス、マイナビ、SBテクノロジー、カーコンビニ倶楽部、前田工繊　他
従業員数	約160名（臨時雇用含む）
沿革	2007年　会社設立
	2008年　体験農園マイファーム事業を開始
	2010年　マイファームアカデミーを開校
	2013年　アグリイノベーション大学校を設立
	2015年　体験農園の農園数が100ヵ所を超える
	2017年　アグリイノベーション大学校の累積入学者数が千人を突破
	2019年　オンライン卸売市場アプリ「ラクーザ」の開発・運用開始

🌱 事業概要

　当社は「自産自消の輪を広げる」というビジョンのもと、主に、体験農園事業（首都圏で110ヵ所以上の体験農園を展開する業界最大手）や教育事業（社会人向け週末農業ビジネススクールの運営など）、農産物流通事業、カタログ通販事業、農業生産事業、農業コンサルティング事業などを実施している。

　農産物流通事業として、2019年3月にオンライン卸売市場アプリ「ラクーザ」を開発した（本格運用開始は同年8月より）。ラクーザは、農業者と食品小売・飲食などのバイヤー向けに提供する取引と決済のプラットフォームであり、現在の登録者数は約2,000件（農業者1,500件、バイヤー500件）である。

　現在、ラクーザで出品可能な品目は、野菜と果物、肉、卵、加工品である。出品された商品は、農業者が指定した期間内のセリ（競り）で購入者が決められる。なお、送料は購入者負担であり、ラクーザの利用手数料（15%）は出品者負担（商品代金から差し引き）となる。

🌱 ビジネスモデル図 ── オンライン卸売市場「ラクーザ」

🌱 今後の事業計画

　「ラクーザ」は、運用開始から1年後（2020年8月）に年間流通高10億円と利用者4,000件を目標としている。また、利用者の利便性をさらに高めるために、現在は農業者とバイヤーの協議に委ねている物流手段についても、ラクーザ内での（物流の選択肢の）提供を検討している。流通高と利用者が増加していく中で、新たな機能の付加や既存事業とのシナジーを計画している。

🔍 NAPAコメント 〜特徴・イノベーション〜

　ラクーザの特徴は、まず、農業者向けに新たな販売機会を提供したことである。農業者の販路は主に「産直（契約販売含む）」と「卸売市場」があるが、ラクーザはオンライン販路という新たな販売機会を提供している。

　また、農業者の出品商品は基本、セリでバイヤーに落札される。このセリ機能は競合他社には見られない付加価値で、この機能こそが、オンライン"卸売市場"と言われる所以でもある。

　さらにラクーザには、農業者のバイヤーへの営業・コミュニケーション機能もある。農業者はラクーザ内で登録されているバイヤーへ直接コンタクトを取ることができる他、サンプル配送も可能である。

　このような付加機能を有したオンライン上の販売プラットフォームは、他社との差別化ポイントである。ラクーザの普及は農業者の販路の多様化に資すると同時に、農業者の経営者化の促進に寄与するものと考える。

羽田市場株式会社 （東京）

全国の漁港で水揚げされた魚を消費地に即日配送する
新たな水産流通システムを開発・実践

🌿 会社概要・沿革

**Tokyo Haneda Market
羽田市場**

本社所在地	東京都大田区羽田空港3-2-6
代表者	代表取締役社長 CEO 野本 良平
事業内容	水産物の販売及びプラットフォーム事業
資本金	2億円
株主	経営陣、Angel Bridge、三菱地所、農林中央金庫、空港施設、スシローグローバルホールディングス、和郷、REVIC、CiP Fund 他
従業員数	約30名（臨時雇用含む）
沿革	2014年　会社設立
	2016年　㈱和郷の鮮魚・農産物輸出事業の吸収分割と資本業務提携を発表、チムニー㈱との業務提携を発表
	2017年　㈱スシローグローバルホールディングス等との資本業務提携を発表、銀座に鮮魚小売店「羽田市場 銀座直売店」を直営出店
	2018年　銀座に寿司店「羽田市場 GINZA SEVEN」を直営出店
	2019年　柏に鮮魚小売店「羽田市場 柏直売店」をFC出店
	八丁堀と秋葉原に鍋業態鮮魚居酒屋「羽田市場 黒鍋八丁堀本店」と「羽田市場 黒鍋秋葉原店」を直営出店

🌿 事業概要

　当社は「全国の漁師（漁業者）の所得の向上と真の地方創生を目指し、鮮魚流通の革命を起こす」というビジョンのもと、鮮魚流通事業と輸出事業、小売・飲食事業などを展開している。

　鮮魚流通事業は、全国の漁業者や漁協などから鮮魚を調達し、羽田空港内の直営加工施設で仕分け・加工・包装し、その日のうちに都市圏の飲食や食品スーパーに供給している。当社が鮮魚を日々調達している漁港などは50〜60件で、飲食店や食品スーパーなどの当社販売先は約2,000店舗である。

　毎朝、当社がWeb上にアップする産地からの調達商品は約300アイテムで、当社がセレクトした「業務用ボックス（ex.1万円、2,000円/kgの鮮魚が4〜5魚種）」の他、顧客が指定した商品を集めた「セレクトボックス」がある。

　輸出事業は、羽田の加工施設から北米を中心に、月0.2億円程度を輸出している。また、小売・飲食事業は、鮮魚小売店を2店舗（うちFC1店舗）、飲食店を4店舗（同1店舗）、それぞれ展開している。2020年に東京駅構内で海鮮居酒屋や回転寿司などの飲食店を3店舗（うちFC2店舗）出店予定である。

🌱 ビジネスモデル図

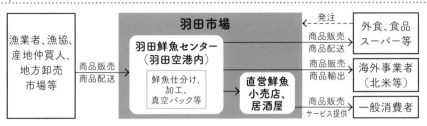

🌱 今後の事業計画

　短期的には鮮魚の直売小売店や飲食店の出店展開を、また中長期的には受発注機能も含めた水産プラットフォームの立ち上げをそれぞれ計画している。

🔍 NAPAコメント ～特徴・イノベーション～

　当社のビジネスモデルの特徴は、産地から消費地までの流通を簡素化した独自の流通システムである。既存の水産流通と比較して、圧倒的な鮮度やトレーサビリティの実現はもちろんのこと、漁業者の所得向上にも寄与している。

　このビジネスモデルの肝は、主に、①産地ネットワーク、②羽田空港内の直営加工施設、③流通に付随する価値提供、にあるものと考える。

　まず、漁業者や漁港などとの産地ネットワークは当社のビジネスモデルの礎であり、これは他社が一朝一夕に築けるものではない。当社の野本社長が日々、全国の産地を渡り歩き、信頼関係を築き上げた賜物である。

　また、当社の直営加工施設「羽田鮮魚センター」は、羽田空港内の"上屋（保税地域にある検査・税関・一時保管施設などの総称）"にあり、この立地が当社のスピード流通に大きく寄与している。

　さらに、当社は顧客に「加工」と「販促支援」の価値を提供している。羽田鮮魚センター内では、店舗作業を効率化したい顧客の要望に応じて、一次加工サービス（三枚おろしや切り身にするなど）を提供している。また、当社流通のブランド「超速鮮魚®」や（鮮魚を漁獲した）漁業者名が記載されたポップなどを顧客へ配布し、顧客の店頭などでの販売促進にも貢献している。

Meicai-Beijing Spruce World Information Technology Co., Ltd.

農業者と中小零細の飲食店をつなぐ農産物等の
食材プラットフォーム「美菜（メイツァイ）」を
運営する中国有数のユニコーン企業

中国

🌱 会社概要・沿革

本社所在地	：An Zhen Lu, Chaoyang Qu, Beijing
代表者	：Co-Founder & CEO　Chuanjun Liu Co-Founder & CTO　Xueyin Xu
事業内容	：生鮮食材等のB2B電子商取引プラットフォーム「美菜」の運営
資本金	：約8億ドル（資金調達累計額）
株主	：経営陣, ZhenFund, Hillhouse Capital Group, CMC Capital Group 他
従業員数	：約15,000名
沿革	：2014年　会社設立 2016年　投資ラウンド（シリーズD）で約2億ドルを調達 2017年　中国インターネット協会「中国IT企業トップ100」選出 2018年　投資ラウンド（シリーズE・F）で約6億ドルを調達 2019年　調理済食材のPBブランド「Meicai Jiacai」を開発

美菜
meicai.cn

🌱 事業概要

　当社は中国全土で農業者と飲食店をつなぐ農産品などの食材プラットフォーム「美菜」を運営するスタートアップである。創業者の劉氏は山東省の農家に生まれ、中国の科学研究で最高研究機関といわれる中国科学院で宇宙空間物理学の修士号を取得した後、同院でロケット開発に携わっていた。「インターネットを通じて農業と農村・農民の変革を起こす」というビジョンに基づき、2014年に当社を設立した。

　当社の顧客は9割以上が中小零細の飲食店で、一部、消費者にも販売している。受発注の仕組みは、農業者などが発送可能な商品をスマートフォン上の「美菜」アプリ（自社開発のアプリやテンセント・WeChat内のミニアプリ）に登録し、飲食店から注文が入ると、当社が発注をかけて顧客へ配送するモデルである。

　現在、中国100都市以上で事業を展開し、70以上の生鮮物流拠点（倉庫）と3,000台以上の配送トラック（バン）を所有している。顧客である飲食店の口座数は合計200万店舗を超えており、そのうち毎日配送している飲食店は約40万店舗、月1回以上配送している先は約100万店舗に上る。取扱品は生鮮・冷凍品（野菜・果物、魚、肉）と常温品（米、調味料、水など）がそれぞれ半々で、商品アイテム（SKU）数は5,000を超えている。

🌱 ビジネスモデル図

🌱 今後の事業計画

　中国全土で合計1,000万店舗の中小零細飲食店への供給を目指す。日本企業とは中国にある日本食レストランへの配送や生鮮物流の技術開発での連携を希望する。

🔍 NAPAコメント 〜特徴・イノベーション〜

　当社は2014年6月の設立からわずか2年で企業価値が10億ドルを超え、現在は70億ドル強と推定される中国有数のユニコーン企業である。急成長の要因は、顧客を中国の外食業界で8割以上を占める家族経営の中小零細飲食店に絞った点にある。中国の外食市場は約6,200億ドル（2018年）と世界第二位の巨大市場であるが、上位50社のシェアは約4％と寡占化が進んでいない。大手食品商社は効率面から中小零細飲食店への直接サービスを行わず、その潜在市場を当社が開花させた。

　当社サービスの特徴として、「産地直送」や「鮮度」、「低価格」、「多品目」、「安全（厳しい食品検査）」、「アフターサービス」などを前面に打ち出している。当社によると、顧客は鮮度が高い食材を利便性よく調達できるようになっただけでなく、食材調達のコストは平均で約25％低下したという。顧客は夜11時までに注文すると翌朝10時までに配送してもらえる高い利便性も大きな特徴となっている。

　これらを実現するために、当社は農業者と飲食店をマッチングする"フィー"ビジネスではなく、当社自身が調達と販売を行う直営モデルを実践している。当社は冷蔵・冷凍倉庫やトラックなどのコールドチェーンを中国各都市に整備し続けている他、ドライバーも大半が当社の専属従業員である。これらの"リアル"資産こそが、当社の高速流通モデルを実現する最大のポイントである。

Songxiaocai-Hangzhou Xiaonong Network Technology Co., Ltd.-

アリババ出身者が開発した中国有数の
野菜取引プラットフォーム「宗小菜（SONGXIAOCAI）」を
運営する杭州の準ユニコーン企業

中国

🌱 **会社概要・沿革**

菜 宗小菜
SONGXIAOCAI.COM

本社所在地　：80 Jimao Road, Xihu Qu, Hangzhou Zhejiang
代表者　　　：Co-Founder & CEO　Yu Lingbing
　　　　　　　Co-Founder & COO　Yan Dehong
事業内容　　：野菜のB2B電子商取引プラットフォーム「宗小菜」の運営
資本金　　　：約1億ドル（資金調達累計額）
株主　　　　：経営陣, GLP, Huagai Capital, M31 Capital, IDG Capital　他
従業員数　　：約350名
沿革　　　　：2014年　会社設立
　　　　　　　2015年　B2B電子商取引プラットフォーム「宗小菜」を運用開始
　　　　　　　2016年　投資ラウンド（シリーズA）で約500万ドルを調達
　　　　　　　2017年　年間の野菜取引額が10億元（約160億円）を超える
　　　　　　　2018年　投資ラウンド（シリーズB）で約6,000万ドルを調達
　　　　　　　　　　　　中国電子商取引協会「中国B2B企業トップ100」や「中
　　　　　　　　　　　　国農業IT・パイオニア企業トップ10」に選出
　　　　　　　2019年　中国野菜流通協会「野菜電子商取引企業トップ10」選出
　　　　　　　　　　　　年間の野菜取引額が20億元（約320億円）を超える

🌱 **事業概要**

　当社は中国の野菜生産者と都市部の野菜バイヤーをつなぐ野菜取引のオンライン
プラットフォームアプリ「宗小菜」を運営しているスタートアップである。「一起
合伙、改変中国（農民が一致団結して中国の生鮮市場を変える）」というスローガ
ンのもと、アリババ出身の2名のエンジニアが2014年12月に設立した。

　現在、「宗小菜」に登録している野菜生産者は約800万件（うち38万件が大型農
業基地の従事者、180万件が農業組合の加盟者、600万件が農業法人）であり、
山東省や雲南省、甘粛省、内モンゴル自治区など中国を代表する10の野菜産地を
カバーしている。また、バイヤーの登録件数は食品商社や小売など約1,300万件
で、北京や上海、広州、武漢、杭州など80以上の都市に展開している。

　「宗小菜」は、バイヤーの需要に基づいて野菜生産者が作付けを行い、バイヤー
の発注を受けて野菜生産者は各都市の（当社が指定する）貯蔵倉庫へ納入し、バイ
ヤーが指定倉庫まで引き取りに来るモデルである。当社ではこのモデルを「リバー
ス・サプライチェーンモデル」と呼んでいる。

🌱 ビジネスモデル図

🌱 今後の事業計画

　産地開発と新機能（アプリ）の開発を進める他、各関連企業（物流・倉庫・不動産会社など）との資本を含む事業連携を進めていく。

🔍 NAPAコメント 〜特徴・イノベーション〜

　当社は「リバース・サプライチェーンモデル」を特徴に急成長している。これは、バイヤー発の需要に基づいて生産を行う点と、バイヤーが各都市の指定倉庫に野菜を引き取りに行く点において、従来の流通・物流とは逆の発想であることを意味する。農業者の在庫リスクは減り、また個配でなく物流費も圧縮できるため、当社アプリを使う野菜生産者は平均で5割程度の収益改善を実現しているという。

　当モデルの肝は「産地へのコミット」である。当社は200名規模の産地開発・支援部隊を持っており、主要産地に泊まり込み、生産者へアプリの使い方や新しい野菜作りを指導している。当社が主導して農業基地や組合を作り、貧困地域に指定されている農家の収益改善に寄与し、自治体などから多数の表彰を受けている。

　このような産地への深いコミットを通じて、バイヤーが口をそろえて評価するのが、中国の家庭で使用するほぼ全ての野菜を揃えるバリエーション（品目数で約100、SKU数で6,000超）と、各商品の特定で齟齬のない「共通言語」化である。

　現在の事業を通じて、「買い手」と「売り手」、「商品」、「価格」、「物流」の5つのコアデータベースを蓄積している。それをもとに、貯蔵倉庫・物流アプリ「宗大倉（Songdacang）」やトラックドライバー用アプリ「司机（Siji）」などを開発し、野菜取引から野菜流通全体のプラットフォーム開発を進めている。

Shenzhen Agricultural Products Group Co., Ltd. 中国

全国38ヵ所の卸売市場でデジタル化を推進し、ECやフィンテックなどの先端サービスを展開する中国最大の卸売市場運営企業

🌱 会社概要・沿革

本社所在地：No.7028 Shennan Boulevard, Futian District Shenzhen

深圳市农产品股份有限公司
SHENZHEN AGRICULTURAL PRODUCTS CO., LTD.

代表者　：President　Ming Huang
事業内容：農産物卸売市場の開発・運営、金融サービスの提供等
資本金　：約110億CNY（深圳市場・時価総額；2020年2月末時点）
株主　　：Shenzhen City, Shenzhen Sinoagri E-Commerce　他
従業員数：約4,800名
沿革　　：1989年　会社設立、当社初となる卸売市場を深圳市に開設
　　　　　　　1993年　社名を深圳農産物有限公司に変更
　　　　　　　1997年　深圳証券取引所に株式上場
　　　　　　　1999年　南昌市の卸売市場を買収し、深圳以外の都市に展開開始
　　　　　　　2003年　広西チワン族自治区の砂糖市場を買収し電子商取引開始
　　　　　　　2012年　近代化ブランド「HIGREEN」卸売市場を深圳に開設
　　　　　　　2013年　子会社の大白菜が卸売市場のITプラットフォームを開発
　　　　　　　2017年　EC事業者向けの集荷拠点棟である「EC棟」を新設
　　　　　　　2019年　Shenzhen Sinoagri EC社が当社株式の8.36％を取得

🌱 事業概要

　当社は「世界クラスの農産物流通ネットワークを構築する」というビジョンの下、深圳や上海、北京など全国26の都市に38ヵ所の農産物卸売市場を展開する中国最大の卸売市場の開発・運営企業である。当社は1989年に深圳市によって設立されたが、1997年に株式上場を行い（現在、深圳市の持ち分は約34％）、その後、深圳以外の都市への展開を開始した。当社が展開する38ヵ所の卸売市場の合計流通高は約1,910億元（約3兆円）で、同流通量は約3,200万トンに上る。

　当社は2008年に中国の卸売市場の近代化を象徴する新ブランド「HIGREEN」を立ち上げ、2012年にフラッグシップとなる第1号市場を深圳に開設した。フランス・ランジスマーケット（セマリス社）の支援の下、食品衛生と環境配慮型の設計デザインを採り入れた他、出荷基準やトレーサビリティのシステム強化、電子商取引・決済・物流・融資などの新しい機能やサービスの開発に取り組み、市場取引の安全・透明性と効率化を推進した。2017年にはアリババのECサイト「T-Mall（天猫）」などに出店するEC事業者のための新施設「EC棟」をHIGREENブランドの市場内に建設するなど、伝統的な市場流通の減少を補う施策を順次講じている。

🌱 ビジネスモデル図

| テナント企業
（農産物等の
卸売業者） | ← テナント管理、
ECプラット
フォームや金融
サービスの提供等
入居 → | Shenzhen Agricultural
Products Group
卸売市場の開発・運営、
金融サービスの提供等
中国26都市・38ヵ所
の卸売市場 | 市場情報等発信 →
ECプラット
フォームの提供等
農産品等 ← | 中国の食品
小売やレスト
ラン、商社等
のバイヤー |

🌱 今後の事業計画

　引き続きデジタル化を推進して市場間のシナジーを高めると同時に、バイヤーの需要に沿った新施設や機能の拡充、他国の卸売市場との連携も検討する。

🔍 NAPAコメント 〜特徴・イノベーション〜

　当社は2010年以降の中国の農産物卸売市場の近代化を推進した企業である。

　まず当社は、「食品安全」を近代化市場の根幹と位置付け、食品衛生の厳格なシステム整備に注力してきた。深圳市と設立した検査企業が各市場に常駐し、毎朝、検査結果や原産地情報をリアルタイムで全市場に配信している。害虫や基準値を超える農薬などが検知された場合、当該産地は出荷停止などの厳しい措置が取られる。

　次に、当社は卸売市場の「デジタル化」を推進している。例えば、市場内のリアル取引を補完・効率化する目的で、産地とテナント間やテナントとバイヤー・消費者間をそれぞれつなぐECプラットフォームを整備している。また、各テナントの店頭にQRコードを添付し、取引の決済手段として利用される他、トレーサビリティなどの商品情報をバイヤーに提供している。QRコード決済は取引管理の効率化や透明性に寄与するため、全てのテナントに現金決済からの切り替えを要請中という。

　さらに、当社は各テナントへ金融サービスを提供しているが、驚くことにこの融資はオンライン上で即日判断し実行される。背景には、当社が実証的に2004年から収集・蓄積してきた各テナントの信用情報や取引情報があり、これらをビッグデータ解析により「信用評価」や「実力評価」、「行動評価」、「潜在評価」など7項目で"スコア化"している。各テナントの点数は貸出金額の算定だけでなく、テナントの入れ替えの判断などにも役立てられている。今後、当スコアをバイヤーへ公開することやサプライヤー（産地）のスコア化なども計画している。

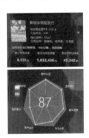

Shanghai Hema Network Technology Co., Ltd. 〔中国〕

アリババグループが提唱する小売業の
新コンセプト "ニュー・リテール" を
体現するスーパー「Hema Fresh（盒馬鮮生)」を展開

🌱 会社概要・沿革

本社所在地	: 8/F, 88 Changning Road, Changing Ditrict
代表者	: CEO HOU Yi,
事業内容	: オン／オフラインの融合スーパー「Hema Fresh」の開発・展開
資本金	: 非公開
株主	: Alibaba Group Holding Limited
従業員数	: 非公開
沿革	: 2015年 会社設立
	2016年 「Hema Fresh」の1号店を上海に出店
	アリババグループが「New Retail」コンセプトを発表
	2017年 合計店舗数が5都市で10店舗を達成
	新業態の小型店「Hema Fast & Fresh（盒馬F2)」を出店
	2018年 合計店舗数が15都市で100店舗を達成
	2019年 青果専門店「Hema Caishi（盒馬菜市)」や小型店「Hema mini」など4つの新業態を開発し出店
	合計店舗数が15都市で200店舗を達成

🌱 事業概要

　当社はインターネット通販世界最大手のアリババグループ社の子会社で、オンラインとオフラインの融合スーパー「Hema Fresh」を中国全土で展開している。

　「Hema Fresh」は来店型のスーパーとオンライン型の宅配スーパーを複合させた業態である。各店舗から半径3km圏内の顧客にはオンライン注文から30分以内に配送することを特徴とし、オンライン経由の購入比率は全体の約6割を占める。商品は青果や鮮魚などの生鮮品が5割以上を占め、国内外の産地から直接調達している。顧客は20代と30代で全体の8割弱を占める。

　「Hema Fresh」を核に現在6つの業態を開発している。基幹業態の「Hema Fresh（床面積4,000㎡以上)」の他、青果専門店「Hema Caishi（1,500㎡程度)」や都市部の小型店「Hema Fast & Fresh（1,000㎡弱)」、同都市郊外型の「Hema mini（400㎡程度)」と「Hema Xiaozhan（300㎡以内)」、朝食の持ち帰り専門店「Pick'n Go（100㎡程度)」である。上海や北京を中心に南京や西安、成都、杭州、深圳など15都市で展開し、2019年末時点の合計店舗数は202店舗である。

🌱 ビジネスモデル図

| Shanghai Hema Network Technology オン／オフラインのスーパー展開 「Hema Fresh（盒馬鮮生）」等 （中国15都市・202店舗） | オンライン（アプリ）経由で発注 →
半径3km圏内は30分以内で配送
来店 | 中国の 一般消費者 |

🌱 今後の事業計画

2022年までに中国で2,000店舗の出店に向けて業態開発や出店を加速させる。

🔍 NAPAコメント ～特徴・イノベーション～

当社はアリババグループ社の創業者であるジャック・マー氏が2016年に提唱した小売業の新概念"ニュー・リテール"を体現する流通テック企業である。

「Hema Fresh」はECを行うことを前提とした"都市に構える物流倉庫"であり、そこを拠点に画期的な宅配サービスを提供している。また、店舗内には鮮魚の大きな生簀やセミオープンの調理場を設置する他、オンラインで注文を受けたスタッフが店内を慌ただしく駆けまわり、その配送バッグが店舗の天井に設置されたレーンを次々に運ばれていく様子など、まるで市場（街市）のようなライブ感がある。

また、当社が最優先に位置付ける「鮮度」や「食品安全」に対する情報提供と開発体制にも特徴がある。全ての生鮮品の電子タグにはQRコードがあり、消費者が手軽にスマートフォンで原産地情報などを確認できるようになっている。さらに、当社が開発する野菜や肉のPB「Freshippo Daily Fresh Food」は、曜日によってパッケージの「色」と（大きく記載された）「数字」が異なる。これはその日に売り切る（翌日に持ち越さない）ことを意味している。これを実現するために、データ分析にもとづく消費者の需要予測でロスを減らす取り組みの他、「アリペイ」を使った"半無人レジ"などの店舗運営費用の削減などが実践されている。

このような取り組みは、消費者にスーパーの新たな価値体験を提供しており、当社の平均坪効率は一般のスーパーの4倍にも達しているという。国内外の食品小売業界に大きな影響を与え始めている当社グループの取り組みから目が離せない。

Aggrigator, Inc. 🔲米国

中小農業者の支援と地産地消の推進に 向けて「農協」と「生協」の特徴を併せ持つ プラットフォームを運営するスタートアップ

🌱 会社概要・沿革

本社所在地	：303a, Salinas Rd, Pajaro, California
代表者	：Founder & CEO Doug Peterson
事業内容	：農産物のB2B電子商取引プラットフォーム 「Aggrigator Marketplace」の運営
資本金	：約1,000万ドル（資金調達累計額）
株主	：経営陣, Elevate Innovation Partners　他
従業員数	：約25名
沿革	：2016年　会社設立
	2017年　「Aggrigator Marketplace」のサービスを開始
	大手食品小売Whole Foods Marketが取引に参加
	投資ラウンド（シード）で約330万ドルを調達
	2018年　大手食品小売Trader Joe'sが取引に参加
	大手食品ネットスーパーGood Eggsが取引に参加
	2019年　投資ラウンド（シリーズA）で約600万ドルを調達

Aggrigator
BuyDirect, SellDirect™

🌱 事業概要

　当社は農業者と食品小売などのバイヤーをつなぐ農産物のオンラインプラットフォーム「Aggrigator Marketplace」を運営するスタートアップである。自動車のコンピューター予測などのソフトウェア開発のスタートアップを立ち上げエグジットした現CEOが、中小農業者の支援と地産地消を推進する目的で当社を設立した。

　当社のプラットフォームは、農業者がアップした農産物を食品小売などのバイヤーが当社経由で購入する仕組みである。まず、プラットフォームを通じてバイヤーから発注があると、当社は需要を取りまとめて個々の農業者へ連絡（発注）をする。そして農業者は収穫をして当社の物流拠点へ納入する。その後、当社が予冷や包装をして配送、またはバイヤーが取りに来るモデルである。そのため、当社のビジネスモデルは"フィー"ビジネスではなく、農産物の調達・販売となる。

　現在、登録している農業者は300軒程度である。商品はトマトやイチゴ、キャベツ、レタス、ケール、ズッキーニ、スナップ豆など常時15種類を登録しており、その8割以上がオーガニック農産物である。バイヤーは300社程度で食品小売やレストラン・カフェを中心に、学校・病院、食品メーカー、食品商社などが参加している。物流拠点はカリフォルニア州に2ヵ所有している。

🌱 ビジネスモデル図

```
中小農業者          ← 発注 ─     Aggrigator          ← 発注 ─   食品小売、
他                              農産物のB2Bオンラインプラット              レストラン、
                                フォーム運営、農産物販売                   食品メーカー
         ─ 商品 →                                      ─ 商品 →    食品商社
                               オンラインマーケットプレイス               他
                               「Aggrigator Marketplace」
```

🌱 今後の事業計画

　農業団体などが不必要となった物流拠点を買い取りながら、米国内での展開を進める他、当社システムや商品に関心を持つ海外企業との連携も進めていく。

🔍 NAPAコメント ～特徴・イノベーション～

　米国農業は大規模な農業者のイメージが強いが、中小規模の農業者は米国全体の農地の75%を占め、農産物の取引額でも50%弱を占めるなど存在は未だ大きい。当社のプラットフォームは需要と供給を一定規模に取りまとめてマッチングする点に特徴があるが、これにより中小の農業者は、本来取引が難しい大手食品小売などへのアプローチが可能となる。この利点は中小のバイヤー側も同様である。いわば「農協」と「生協」の特徴を併せ持つプラットフォームである。

　また、需要と供給の物量・品質面でのミスマッチを減らすために、当社はバイヤーに需要のある農産物の生産を中小農業者へ委託する自社ブランド（PB）の開発を行っている。イチゴのPB「Amor Organics」はホールフーズ・マーケットで販売されているが、当社のコンセプトに賛同する消費者が多く、イチゴの全米No.1のナショナルブランド「Driscoll's」と比べて5倍の売上を上げているという。

　さらに、当社プラットフォームは、発注日の翌日に商品を届ける迅速性も特徴となっているが、配送日を遅くすればするほど割引が利くサービスも導入している。その他、各農産物には、品質を当社が農場でチェックした「インスペクションレポート」も添付されており、農産物のトレースやグレーディングに厳格な米国では、各バイヤーに重宝がられているサービスの1つとなっている。

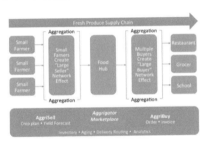

PEFA-Pan European Fish Auctions B.V. オランダ

欧州域内で鮮魚のオンライン・オークション取引システム「Pefa Auction Clock」を展開するオランダの流通テック企業

🌱 会社概要・沿革

本社所在地	：3521Visafslagweg 1, DM Scheveningen
代表者	：Managing Director　Gijsbert Spek
事業内容	：鮮魚のオンライン・オークション取引システムの開発
資本金	：非公開（資金調達累計額）
株主	：オランダのオークション運営企業4社（上場会社）
従業員数	：約10名
沿革	：2007年　会社設立
	2008年　鮮魚のオンライン・オークションシステム「Pefa Auction Clock」のオランダ国内での運用を開始
	2015年　デンマークでの運用を開始
	2016年　各取引のデータベース機能を開発しサービス提供開始
	2017年　イタリアでの運用を開始
	IOS／Android版のスマートフォン用アプリを開発
	2018年　スウェーデンでの運用を開始

pefa.com

🌱 事業概要

　当社は鮮魚のオークション取引をオンライン上で行うシステム「Pefa Auction Clock」を開発するオランダのIT企業である。鮮魚のオークション運営を行う4社の上場企業によって2007年に設立された。当社のグループ会社は1998年に、欧州初となる鮮魚の同システムを開発している。複数の漁港・市場で運用されたが、当時のITインフラやシステム／サービスが未成熟であったため、数年でクローズした。

　「Pefa Auction Clock」は、主に漁業者（売り手）と水産商社などのバイヤー（買い手）が参加するセリ取引である。現在、オランダ（7都市）やデンマーク（3都市）、イタリア（1都市）、スウェーデン（3都市）の4ヵ国・14都市の漁港・市場で運用されており、年間の合計流通高は3億ユーロ（約360億円）を超えている。参加者は漁業者が約600名、バイヤーは約500社であり、年々増加している。参加者はモバイルやタブレット、パソコン経由で14都市のどのオークションにも参加することができる。当社の事業モデルは、参加者や漁港・市場のオークション運営企業へのシステムと付随サービスの提供であり、システム利用料は取引高に関係なく毎月の定額制（サブスクリプションモデル）となっている。

🌱 ビジネスモデル図

| 大手漁業者 | → 取引参加（出品） | **Pefa**
鮮魚のオンライン・オークション
プラットフォームの運営
オンライン・オークション
「Pefa Auction Clock」 | ← 取引参加（購入） | 大手水産商社
他 |

商品 →

🌱 今後の事業計画

漁業者が船で漁獲した魚をその場でオークションする新機能の開発を進める他、ベルギーやフランス、英国への展開を進めていく。過去、中国やマレーシアなどのアジア地域との連携を進めた時期があったが、文化の違いなどから頓挫した。

🔍 NAPAコメント ～特徴・イノベーション～

当社は「鮮魚取引の透明な市場創造」と「世界一のオークションシステム創造」を掲げている流通テック企業である。当社のシステムは、これまで漁港や市場で行われていたセリ取引をオンライン化したものであり、バイヤーは現地に出向くことなく取引に参加することができる。バイヤーの利便性が増し参加者のすそ野が拡がることで、ひいては漁業者にもメリットがあるものと考えられる。

また、欧州は海洋資源管理が厳格で、漁業者や漁港・市場関係者は漁獲・流通量などを細かく水産当局へ報告する義務がある。当社のシステムは、これらの情報を個々のクラウドにデータベースとして自動で蓄積・整理する機能があり、関係者の作業効率を改善している。バイヤー側では、競り落とした商品のトレースが全てオンラインで確認できる他、出品者の取引履歴や認証の取得状況も把握できる。

当社が開発・展開する鮮魚のオークションシステムは、現時点では欧州全体の鮮魚流通高に占めるシェアは決して大きくない。しかし、各取引参加者の業務の効率化だけでなく、海洋資源管理の更なる厳格化が予期される中、オンライン取引の役割はいっそう増していくものと考えられる。現状、当社の競合と考えられる企業はほぼなく、今後、当社システムの欧州域内での浸透が期待される。

SEMMARIS LLC. フランス

"欧州の台所"で有名な世界最大の
卸売市場「ランジス・マーケット」を運営する、
フランスで最も成功した第三セクターの1社

会社概要・沿革

本社所在地	：1 Rue Ernest de la Tour, Rungis
代表者	：CEO Stéphane Layani
事業内容	：卸売市場「ランジス国際市場」の運営　他
資本金	：約1,470万ユーロ
株主	：French government, Crédit Agricole, Pari City, Val-de-Marne 他
従業員数	：約260名
沿革	：1965年　会社設立
	1969年　「ランジス・マーケット」の開業
	1973年　市場内に「精肉セクター」を開業
	2007年　フランス大手不動産会社ALTAREA社が共同筆頭株主へ
	2013年　市場内に「美食品（加工品）セクター」を開業
	2015年　ビジネスインキュベーション施設「Rungis & Co.」を開業
	モスクワとUAEの市場建設に関するコンサル契約を締結
	2017年　美食品セクター内に「オーガニック・パビリオン」を開業
	2018年　ALTAREA社の株式持分がCredit社へ移転

事業概要

　当社は流通高で世界最大の卸売市場「ランジス・マーケット」を運営している半官半民の企業である。ランジス・マーケットの前身はパリ中心部にあった中央市場で、1969年にそこから8kmほど南のランジス市へ移転した。敷地面積は234ha、年間流通高は約95億ユーロ（約1.2兆円）、年間流通量は約300万トン、テナントは約1,200社、登録市場入場者は約670万人（うち登録バイヤー数は約130万人）で、毎日約3万台のトラックが出入りしている。市場は主に、青果（流通高構成比約50％）と精肉・肉製品（同21％）、乳製品・美食品（同15％）、鮮魚・水産品（同12％）、園芸品・雑貨（同3％）の5つのセクターに分かれている。

　当社はテナント管理や施設の維持・改装・新設、廃棄物処理、清掃、マーケティング・販促を実施する他、各テナント向けに調理教室などのスクール運営を行っている。また、海外政府や自治体、企業向けに卸売市場の移転・建設・運営に関するコンサルティングも実施しており、英国やイタリア、南アフリカ、インド、タイ、フィリピン、ベトナム、中国、ロシア、UAEなど22ヵ国への実績を持つ。

🌱 ビジネスモデル図

海外政府・自治体・企業等	市場建設等のコンサルサービス	SEMMARIS ランジス・マーケットの運営、海外市場のコンサルティング	マーケティング、販促等	フランスを中心とする欧州全域の食品バイヤー（商社、小売、外食等）
欧州を中心とする世界中のサプライヤー	生鮮品・食品等	卸売市場「ランジス・マーケット」	生鮮品・食品等	

🌱 今後の事業計画

　2035年までに20億ユーロ（約2,500億円）を投資し、各施設の増改築の他、デジタル時代に合わせた新たなエリア創出や機能開発などを行う。また、当社が持つ海外市場ネットワークとランジス・マーケットとのシナジー開発を進める。

🔍 NAPAコメント ～特徴・イノベーション～

　当社は行政（議決権52.13％）と民間（同47.87％）で設立された第三セクターで、主要株主はフランス政府（同33.4％）や同国大手総合金融機関クレディ・アグリコル社（同33.4％）、パリ市（13.2％）、ヴァル・ド・マルヌ県（5.6％）である。約50年前の移転時には、市場関係者の間では悲観論が大勢だったというが、今や流通高で移転前の10倍超、欧州全域へ供給する世界最大の卸売市場となった。

　移転が成功した理由として当社は、①大きな敷地に様々な専門施設を整備できたことや集荷の利便性が高い空港・鉄道が近接地にあったこと、②他市場に先駆けて厳格な食品安全基準を徹底したことや需要の変化に合わせた施設・機能の開発を繰り返してきたこと、などを挙げる。特徴的な専門施設としては、チーズの売り場面積で世界最大規模の「チーズ・パビリオン」や牛・豚・鳥の臓器部位だけを取り揃える「内臓肉パビリオン」、そして2016年に開業して現在、人気パビリオンとなっている「オーガニック（食材・食品）・パビリオン」などがある。

　2010年代以降の最重要テーマとして、生鮮流通や物流のデジタル化に注力している。この間、バイヤーが効率的に市場内のテナントを探索できるシステムや、スタートアップが自由に研究開発を行えるインキュベーション施設などを開発している。当施設からは、生鮮流通を最適化するシステムや膨大な廃棄物を効果的に処理するリサイクル技術などが開発され、当社の市場運営に活用されている。

インテグリカルチャー株式会社 東京

独自の細胞培養技術による「細胞農業」の
実践を通じて、持続可能なタンパク源の供給を目指す
スタートアップ

🌱 会社概要・沿革

本社所在地	：東京都新宿区河田町 8-1 TWIns 3 階 N101
代表者	：代表取締役 CEO　羽生 雄毅
事業内容	：細胞培養技術による細胞培養肉や食品、化粧品等の研究開発
資本金	：3 億 786 万円（資本準備金含む）
株主	：経営陣、リアルテックファンド、Beyond Next Ventures、農林漁業成長産業化支援機構、MTG、ユーグレナ　等
従業員数	：15 名（臨時雇用含む）
沿革	：2015 年　会社設立

IntegriCulture

2016 年　細胞培養システム「CulNet System」の開発
2017 年　科学技術振興機構と細胞農業技術の委託研究契約を締結
　　　　　東京女子医科大学と細胞農業技術の共同研究契約を締結
2019 年　「CulNet System」を全自動化し血清成分の作出を開始
　　　　　日本ハムと細胞培養肉の基盤技術開発を開始
　　　　　世界初となる「食べられる培養フォアグラ」の生産に成功
　　　　　信州大学と細胞回収技術に関する共同研究を開始
　　　　　鹿児島大学と細胞培養牛肉の共同研究を開始

🌱 事業概要

　当社は、現 CEO が 2014 年に立ち上げた培養肉の同人サークル「Shojinmeat Project」から事業化を図る目的で 2015 年に設立された。

　当社は世界中で高まる食料需要に対して、持続可能なタンパク源（食肉をはじめとする食品）を消費者の手の届く価格帯で提供することを目指している。その実現に向けて当社では、細胞培養の大規模化技術「CulNet System」と安価な培養液の開発の他、これら技術にもとづいた食品や化粧品などの開発が進められている。

　製品の上市時期として、2020 年にはミネラルなどが豊富な調味料である「SpaceSalt™」や細胞培養によって製造されるアンチエイジング成分を原料とした「化粧品／サプリ製品」が上市され、また 2021 年には培養フォアグラ（一般販売は 2023 年）の上市がそれぞれ計画されている。

　ビジネスモデルは、化粧品は当社がボトル詰めした商品を化粧品会社などへ OEM 販売を行うことを、またサプリや食品は食品会社やレストランなどへ直接販売することをそれぞれ計画している。

ビジネスモデル図 ──（計画）

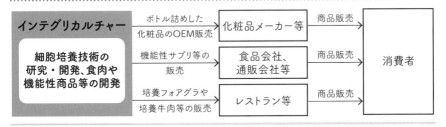

インテグリカルチャー

細胞培養技術の研究・開発、食肉や機能性商品等の開発

ボトル詰めした化粧品のOEM販売 → 化粧品メーカー等 → 商品販売 → 消費者

機能性サプリ等の販売 → 食品会社、通販会社等 → 商品販売 → 消費者

培養フォアグラや培養牛肉等の販売 → レストラン等 → 商品販売 → 消費者

今後の事業計画

　短中期的には、コスメやサプリ、培養フォアグラの上市と製造費用の低下による製品の市場への浸透を図る。培養フォアグラの製造費用は現状100g・約15万円だが、2023年頃には3,000円、2025年頃には一般の価格と変わらない600円程度まで下がる見込みである。長期的には、個人や農業者が細胞培養肉を手軽に製造できるような環境の整備を図り、「細胞農業」の浸透を目指す。

NAPAコメント ～特徴・イノベーション～

　当社は食料用途としては世界で初となる全自動型の大規模細胞培養システム「CulNet System」と低価格培養液を開発し、細胞培養肉の大幅なコスト低下を実践したスタートアップである。

　まず、「CulNet System」は、高コストの原因である血清成分や成長因子を外部から添加せずに、内部で生産することで大幅なコスト低下を実現している。また、低価格培養液は、現行の培養液に含まれる牛胎児血清（FBS）を、一般食品を原料とする「FBS代替」で置き換えることで価格を大幅に低減している。従来100gで数百万円かかっていた細胞培養肉の費用が、当社技術では3万円程度で製造可能という。

　当社が開発する細胞培養肉は、環境負荷と公衆衛生上のリスクを除去した次世代の畜産技術といわれている。また、既存の牛や豚、鶏などの各種細胞から食肉製品を製造するため、製品の性質上、植物性原料の“代替肉”製品とは一線を画す。

　当社は日本で本市場を切り開いた先駆者であり、細胞培養にもとづく食肉などの生産、いわゆる「細胞農業」の個人や農業者への普及を図っている。

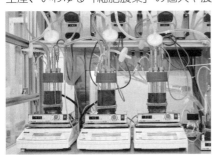

株式会社BugMo 京都

昆虫食文化の再構築と、世界初となる
食用コオロギの自動生産システムや旨み／機能性食品の
開発に取り組む昆虫食スタートアップ

会社概要・沿革

本社所在地	京都市上京区甲斐守町97 西陣産業創造會舘2階
代表者	代表取締役CEO　松居 佑典 代表取締役COO　西本 楓
事業内容	食用昆虫の養殖システム開発、 昆虫由来の食品などの開発・製造・販売
資本金	272.5万円
株主	経営陣（新株予約権者を除く）
従業員数	5名（業務委託者含む）
沿革	2018年　会社設立 　　　　クラウドファンディングでテスト販売と資金調達を実施 　　　　タイで現地農家と食用コオロギの契約生産を開始 　　　　滋賀で食用コオロギのパイロットファームを建設 　　　　コオロギプロテインバー「BugMo Cricket Bar」を上市 2019年　大阪で食用コオロギの自動養殖システム実証実験を開始

事業概要

　当社は「昆虫で、誰も傷つかない生産システムを。世界中に」というビジョンを掲げ、食用コオロギの生産システムや商品開発に取り組むスタートアップである。

　2018年11月より、コオロギ由来のプロテインバー「BugMo Cricket Bar」を当社インターネットサイトの他、関西のスポーツジムや小売スーパーで販売している。価格は1本300円（税抜）で、原料調達量の関係もあり、現在、月1,000本程度を出荷している。原料となるコオロギは、当社が指導するタイの契約農家が養殖し、それを現地の委託加工場で粉末にしたものを輸入している。輸入したコオロギの粉末は、山形の委託加工場でデーツやクルミ、チアシードなどのフルーツと一緒に練りこんでバーに成形し、当社が小売・卸売を行っている。

　現在、当社では食用コオロギの効率的な生産システムの開発に向けたR&Dを実施しており、2020年4月より、大阪で食用コオロギの自動養殖システムの開発に着手する。また、エサの種類や量・タイミングでコオロギの栄養や旨味・風味をコントロールし、コオロギの持つ機能性などに着目した原料としてのアプリケーション提案や商品開発に取り組む。

🌱 ビジネスモデル図 ──（今後）

```
┌─────────┐  コオロギ   ┌──────────────────┐  自社製品   ┌─────────┐
│ 生産農家A │──────────▶│     BugMo        │──────────▶│ 一般消費者 │
└─────────┘ （用途A）   │  食用昆虫の養殖システム開発  │         └─────────┘
┌─────────┐  コオロギ   │   食材・食品開発等    │  コオロギ製品 ┌─────────┐
│ 生産農家B │──────────▶│                  │──────────▶│         │
└─────────┘ （用途B）   │      加工場        │ （用途A）  │ 食品メーカー │
┌─────────┐  コオロギ   │（風味・旨味・デザイン・栄養調整）│  コオロギ製品 │   等    │
│ 生産農家C │──────────▶│                  │──────────▶│         │
└─────────┘ （用途C）   └──────────────────┘ （用途B）  └─────────┘
```

🌱 今後の事業計画

　コオロギの自動生産システムの開発に取り組むと同時に、日本ならではの"味作り"に重きをおき、コオロギの持つ風味／旨みや機能性に着目した原料としてのアプリケーション提案や食品開発を実施していく。また、2020年度から国内外に拠点を設け、世界中の人が貧富の差に関係なく良質な栄養、良質な味（same quality、same quantity）へアクセスできる新しい食の生産システムづくりに邁進する。

🔍 NAPAコメント 〜特徴・イノベーション〜

　当社は国内で初めてコオロギ由来のプロテインバーを開発・上市したスタートアップである。今後の計画でいくつか特徴があるが、まず、当社が開発を進める食用コオロギの「自動生産システム」には注目が集まる。これはIoTセンサとAIロボットなどの技術を用いて、食用コオロギの生産から収穫までを自動で行う生産システムである。具体的には、20フィートのコンテナの中にコオロギの飼育箱や自動給水／給餌／収穫の各ユニットを設置し、5週間の飼育期間中の給水や給餌、収穫が全て自動化されたシステムである。このシステムの開発により、これまで課題であった昆虫タンパク質の安定価格と安定品質の実現が期待される。

　また、当社の生産から流通までの各工程にはブロックチェーンが導入される計画である。昆虫タンパク質（商品）の透明性の担保の他、連携パートナーである小規模農家や顧客となる食品メーカーなどの高付加価値市場へのアクセスが可能となる。

　さらに、当社の商品開発の方向性は、海外スタートアップが進める「タンパク源供給となる汎用性の高い昆虫食」ではない。当社は養殖から加工までを一貫してマネジメント（デザイン）し、用途に応じた「コオロギの特性を活かした付加価値の高い食材」の開発・提供を目指している。

株式会社タベルモ 神奈川

安価なタンパク質源である藻（スピルリナ）の量産と
事業化により、将来のタンパク質不足という
社会課題の解決を目指す"タンパク質ベンチャー"

🌿 会社概要・沿革

本社所在地	神奈川県川崎市高津区坂戸 3-2-1 かながわサイエンスパーク東棟 511
代表者	代表取締役社長　佐々木　俊弥
事業内容	タンパク源としてのスピルリナの生産および販売、「タベルモ」の販売・普及促進・技術開発
資本金	1億円（資本調達累計額：17億円）
株主	ちとせグループ、INCJ、三菱商事
従業員数	15名（臨時雇用含む）
沿革	2010年　ちとせグループが生スピルリナの事業化に向けた研究を開始
	2011年　同グループが藻の「大量栽培技術」の構築に向けた実証開始
	2014年　会社設立
	2015年　生スピルリナの「製造技術」を確立し静岡県掛川市にて生産を開始、事業者への卸売とインターネット通販を開始
	2018年　第三者割当増資により、三菱商事と産業革新機構（現INCJ）から総額17億円の資金調達を実施
	2019年　ブルネイに生産能力拡張を目的とした新工場を建設し、現地子会社 Taberumo BioFarm (B) Sdn.Bhd. を設立

🌿 事業概要

　当社は藻類の一種である「スピルリナ」を栽培し、生の状態での商品化（製造）と販売を行っている。

　スピルリナの栽培と商品製造は、2015年より静岡県掛川市にある農場と製造工場で行っていたが、本格的な量産に向けて、2019年10月末に東南アジアのブルネイ・ダルサラーム国内に大型栽培農場と製造工場を立ち上げた。1haの工場敷地内に、スピルリナの栽培農場と製造・冷凍工場があり、栽培面積は約5,000㎡、また商品の製造・出荷能力は最大で年1,000トンを計画している（本格稼働開始は2020年春を予定）。

　当社商品「タベルモ」は、現在、生ジュースを販売する専門店などへの卸売の他、インターネット通販による消費者向けの小売を行っている。今後は大手食品・飲料メーカーや外食チェーンなどとの連携を計画している。なお、販路はWebによるダイレクトマーケティングと、卸や販売店と組みながら広げている。

🌱 ビジネスモデル図

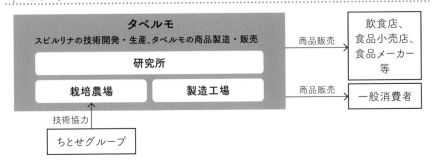

```
┌─────────────────────────────────────────────┐          ┌──────────┐
│              タベルモ                         │          │ 飲食店、  │
│  スピルリナの技術開発・生産、タベルモの商品製造・販売  │ 商品販売 │ 食品小売店、│
│  ┌──────────────────────────────────────┐   │ ────────→ │ 食品メーカー│
│  │             研究所                    │   │          │   等     │
│  └──────────────────────────────────────┘   │          └──────────┘
│  ┌───────────────┐  ┌───────────────┐      │          ┌──────────┐
│  │   栽培農場     │  │   製造工場     │      │ 商品販売 │          │
│  └───────────────┘  └───────────────┘      │ ────────→ │ 一般消費者 │
└──────────────────────────────────────────────┘          └──────────┘
        ↑ 技術協力
  ┌───────────────┐
  │ ちとせグループ  │
  └───────────────┘
```

🌱 今後の事業計画

　短期的には「生スピルリナ」の食市場や一般野菜としての食品加工原料の市場開拓を図り、中長期的には高付加価値／汎用タンパク質の供給を計画する。

🔍 NAPAコメント ～特徴・イノベーション～

　当社は独自技術で加熱乾燥させない新鮮な生スピルリナの商品化に世界で初めて成功したスタートアップである。スピルリナは美容・健康食品市場で注目度の高い「スーパーフード」の一種であるが、加熱乾燥させた粉末タイプが大半である。また、加熱乾燥により豊富な栄養素が損なわれるのと同時に独特の味が生じる。当社は独自技術で加熱乾燥工程がない無味無臭の商品供給を行い、サプリ用途以外に生食や食品原材料用途などの新たな市場創造を実現した。

　当社の基盤技術（特許）は「マスキング技術」であり、これによりスピルリナに付着する雑菌の加熱乾燥によらない分離を可能にする。また、「脱色技術」によりスピルリナの特定の色素の取り出しが可能になる。これにより、飲料や菓子類などの食品製造時に、栄養価の高い着色原料の供給が可能となる。

　スピルリナ（藻）は地球上で最もタンパク質の単位当たり生産性が高いといわれており、大豆の30倍、牛の300倍という試算もある。世界的な代替タンパク質の需要が叫ばれ始めている中、将来的には、当社の生スピルリナの大量栽培技術やタンパク質抽出技術などを活用した、新たなタンパク資源の供給が期待されている。

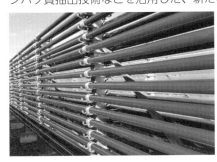

株式会社ムスカ 東京

「イエバエ」を使った独自のテクノロジーで、持続可能な農業・畜産業・水産業の実現を目指すスタートアップ

🌱 会社概要・沿革

所在地	：東京都中央区日本橋本町 3-8-3-8F
代表者	：代表取締役CEO　流郷 綾乃
事業内容	：昆虫技術を利用したバイオマスリサイクルシステムの開発・販売
資本金	：4,501万円
株主	：経営陣 他
従業員数	：15名（役職員）
沿革	：2006年　当社会長である串間充崇氏によって会社設立
	2018年　「Tech Crunch Tokyo 2018」にて最優秀賞受賞
	2019年　経済産業省「J-Startup」に認定
	東洋経済新報社「東洋経済」の「すごいベンチャー100」に採択
	日経BP「日経ビジネス」の「世界を変える100社」に採択

MUSCA

🌱 事業概要

　当社は環境負荷が大きい農畜水産業をより持続可能な産業にするため、昆虫を使って有機廃棄物から飼料（タンパク質）や肥料を生産する効率的なリサイクルシステムの開発を行っているスタートアップである。

　当社が廃棄物処理に利用する昆虫は特殊なイエバエである。イエバエが持つ消化酵素で畜産排せつ物や食品残渣を分解し、有機廃棄物は肥料に、幼虫自体は飼料原料に加工して販売するシステム（ムスカソリューション）を開発中である。当社のイエバエは、旧ソ連時代から長い時間をかけて育種されたイエバエ界の"サラブレッド"であり、過密空間でのストレスに強く生産能力が高い特性を持つ。そのため、食品残渣や畜産排せつ物など幅広い有機物を飼料や餌として活用できる。

　この廃棄物処理は、例えば100トンの家畜排せつ物にイエバエの卵を移植すると、わずか1週間で有機肥料を約30トンとイエバエの幼虫を約10トン、それぞれ生産することができる。

　当社は事業モデルとして、畜産排せつ物などの処理施設の設計・設置、および運営を計画している。顧客は処理施設の利活用者である企業などを想定し、顧客用に処理施設を設計・設置した後、施設へイエバエの卵を供給し運営を行う。廃棄物処理や製造された肥料・飼料の販売などの収益を顧客と分配するモデルである。

🌱 ビジネスモデル図

```
┌─────────────────┐  廃棄物処理収益  ┌─────────┐  肥料  ┌─────────┐
│ 有機廃棄物排出者 │ ───────────→   │         │ ─────→ │ 肥料業界 │
│ （畜産農家など） │              │ MUSCA処理 │ ←───── │  需要者  │
└─────────────────┘  畜産廃棄物、  │ プラント  │ 販売収益 └─────────┘
┌─────────────────┐  食品残渣など  │         │  飼料  ┌─────────┐
│                 │ ───────────→   │         │ ─────→ │ 飼料業界 │
│      MUSCA      │   収益分配    │         │ ←───── │  需要者  │
│                 │ ←───────────  │         │ 販売収益 └─────────┘
└─────────────────┘              └─────────┘
```

🌱 今後の事業計画

2022年の商業化を目指し、現在はパイロット施設と有機肥料・飼料などの実証試験を計画・実施している。今後の国内外における本格的な事業展開に向けて、様々な領域での事業連携先を探している。

🔍 NAPAコメント ～特徴・イノベーション～

当社は特殊なイエバエを有している点が大きな特徴である。約50年・1,200世代にわたって育種されたイエバエは、自然種に比べて高い生産性がある。

このイエバエを用いることで、およそ1週間で有機廃棄物を有機肥料へ処理することができる。従来の堆肥化プロセス（1年程度）に比べて格段に早く、かつメタンなどの温室効果ガスの排出が少ないため環境負荷も少ない。

また、当社のイエバエを用いて製造された有機肥料は、土壌改善や病原菌抑制、農作物の生長促進、収穫量の増加などの効果を持つ他、一般的な完熟堆肥よりも優位な機能性を持つことなどが大学などの研究機関によって実証されている。

さらに当社のイエバエの幼虫は抗菌性を持つといわれている。当社のイエバエを用いて製造される水産養殖飼料の活用により、養殖魚の耐病性向上が期待できる上、増体効果が高まることが、同様に大学などの研究機関で実証されている。そもそも、昆虫は魚の嗜好性が高く、餌としても優れている。

昆虫食スタートアップは国内外で多々誕生しているが、差別化要素の1つは使用する昆虫であり、その育種には長い時間を要する。長年イエバエの育種に取り組んできた当社はこの点で競合他社に比べて優位性がある。

株式会社愛南リベラシオ 愛媛

世界に先駆けてカイコの機能性に着目し、
水産養殖の飼料用サプリメント「シルクロース®」を
開発した愛媛大学発スタートアップ

会社概要・沿革

所在地	：愛媛県松山市樽味 3-5-7　愛媛大学農学部内
代表者	：代表取締役　井戸 篤史
事業内容	：新規飼料原料の開発・製造・販売
資本金	：700 万円
株主	：経営陣
従業員数	：7 名（役員含む）
沿革	：2009 年　愛媛大学で昆虫を用いた水産養殖用飼料の研究を開始
	2012 年　会社設立
	2015 年　新東亜交易㈱と「シルクロース®」の共同研究を開始
	2016 年　カイコ由来の機能性物質に関する特許を取得
	カイコ由来の飼料用サプリメント「シルクロース®」の上市

愛南リベラシオ

事業概要

　当社は日本屈指の水産養殖産地である愛媛県愛南町から生まれた愛媛大学発のスタートアップである。当社の主力商品は、愛媛大学農学部の基礎研究の成果をもとに開発した水産養殖向け飼料用サプリメント「シルクロース®」である。「シルクロース®」は、養蚕で飼育されるカイコのサナギから、機能性物質・シルクロースを抽出する当社の特許技術により製造された粉末状の商品である。既存の水産養殖用飼料に本商品を 0.1％添加することで、養殖魚の腸管免疫や体表免疫に作用し、魚病に対する耐性付与はもちろん、色揚や肉質の改善効果も実証されている。低魚粉飼料に添加すれば、養殖魚の健康維持も期待される。

　当社の主力事業はライセンスビジネスであり、連携パートナーに特許技術のライセンスを付与する他、商品の品質管理を担っている。連携パートナーは東京の貿易商社の新東亜交易で、同社が国内外の養蚕農家から商品原料を調達し、それを原料に「シルクロース®」の製造を行い、飼料メーカーや、マダイ、ブリ、エビ、サケマスなどの日本全国の養殖業者へ販売している。「シルクロース®」は各産地でのテスト販売を通じた効果が徐々に現れ始めており、2019 年は前年比で 5 倍の出荷量となった。当社では現在、愛媛県内のカイコのサナギを使った活性化の試験や研究を重ねており、将来的には商品の原料確保と製造の内製化を計画している。

🌱 ビジネスモデル図 ──（「シルクロース®」の開発・製造・販売）

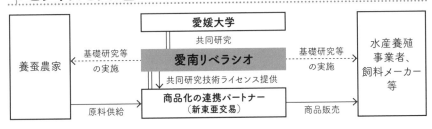

愛媛大学

共同研究

愛南リベラシオ

養蚕農家 ← 基礎研究等 の実施

共同研究技術ライセンス提供

商品化の連携パートナー
（新東亜交易）

基礎研究等 の実施 → 水産養殖 事業者、 飼料メーカー 等

原料供給

商品販売

🌱 今後の事業計画

　「シルクロース®」の畜産への用途拡大、機能性をさらに高める技術開発や、原料調達の拡大を図る他、別の昆虫の機能性を利用した新たな商品開発を計画する。中長期的には、飼料だけでなく、食料（昆虫食）向けの商品開発も検討している。

🔍 NAPAコメント 〜特徴・イノベーション〜

　当社は、水産養殖用の代替飼料の研究開発の取り組みから生まれた大学発スタートアップであり、昆虫の持つ機能性（免疫賦活効果）に世界に先駆けて着目した。

　昆虫は従来から代替タンパク源として考えられてきたが、それに留まらない機能性に関する研究は、欧州でも2018年頃から論文が出始めるようになるなど、昨今、国内外で注目を集めているテーマである。当社の共同研究先である愛媛大学農学部では、同分野の研究を世界に先駆け2009年から開始し、中でもカイコのサナギが有する免疫賦活化機能に関する研究を重ねてきた。当社の技術（カイコのサナギ由来の機能性物質に関する特許技術）は、長年の研究成果をはじめとする科学的根拠にもとづいていることから、技術の信頼と再現性は高いものと考えられる。

　また、当社の商品は既に上市され、徐々に全国に広まりつつある。国内外で昆虫を原料とする代替飼料を開発するスタートアップの多くは、現在、研究開発や実証の段階にあり、当社商品は同分野で先行者メリットを享受する可能性がある。

　2018年頃から当社商品を本格的に採用する飼料メーカー・養殖業者が増加している。大学発という設立背景やビジネスモデルの違いがあるため単純な比較は難しいが、当分野でいち早く事業化を達成している点も当社の特徴といえる。

株式会社Gryllus 徳島

食用コオロギの全自動飼育システムや
ゲノム編集による機能性の高いコオロギの
育種開発に取り組む徳島大学発スタートアップ

🌱 会社概要・沿革

本社所在地	徳島県鳴門市瀬戸町明神字板屋島124-4
代表者	代表取締役社長　岡部 慎司
事業内容	食用昆虫の種・養殖、商品開発・販売
資本金	1,200万円
株主	経営陣
従業員数	6名（役員含む）
沿革	2016年　クラウドファンディングでコオロギの食用化事業を開始
	2018年　徳島大学の「2018年度重点クラスター」に採択
	2019年　会社設立、徳島県鳴門市の自社農場で食用コオロギの飼育場を設立、徳島大学発ベンチャー認定
	「徳島ニュービジネス支援賞2019」で大賞を受賞
	第一号となる飼育システムの技術支援企業と契約締結
	2020年　「未来2020」ファイナリスト

株式会社
Gryllus
コオロギで地球を救う！

🌱 事業概要

　当社は、食用コオロギの機能性検証を研究していた徳島大学の技術を受け継ぎ設立された。食品工場の残渣や廃熱を活用する他、コオロギの排せつ物を農業用肥料に活用する「完全循環型のタンパク質の生産システムの確立」を目指している。

　当社の主力事業は、コオロギの粉末「グリラスパウダー」の製造・販売事業であり、直営のパイロットプラント（飼育場）でコオロギを飼育・収獲した後、自社工場「グリラスファーム」でコオロギを粉末にしている。グリラスパウダーは、かつお節と乾燥させたエビの味に近く、小麦粉などに混ぜてパンや菓子の原料になる。現在、同パウダーを食品メーカーに販売している他、備蓄用のパンを自社製造し、ネットで消費者へ試験販売している。また、大手食品メーカーと同パウダーを原料とする食品を開発中で、2020年春頃に同メーカーからの上市が計画されている。

　もう一つの事業は、コオロギの飼育システムを外部企業へ導入するコンサルティング事業である。主に、飼育場の立ち上げや管理・運営支援であり、収獲されたコオロギは当社が買い取るシステムも検討中である。第一号契約として、2019年11月に太陽光発電や植物工場を運営する大手企業グループとの契約が締結された。

　今後、食用コオロギの全自動型の飼育システムの開発の他、ゲノム編集を用いて特定機能を高めたオリジナル性の高いコオロギの提供を計画している。

🌿 ビジネスモデル図

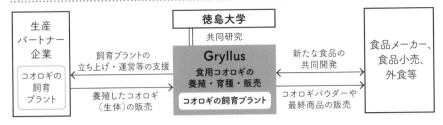

🌿 今後の事業計画

　既存事業の深掘りを行いながら、関係者と連携して全自動飼育システムの開発を行う。2021年を目途に飼育システムの半自動化（卵から生育・収穫まで）を、2023年中に全自動化（卵から収穫、粉末化、包装まで）をそれぞれ計画する。その後、同システムを海外へパッケージ展開する予定である。

🔍 NAPAコメント ～特徴・イノベーション～

　当社は食用コオロギのビジネスを行う徳島大学発のスタートアップである。昨今、国内外で"スーパーフード"として注目を集めている食用コオロギではあるが、実は世界的にも研究者が少ない分野である。徳島大学はコオロギやその機能性の研究で約30年もの実績を誇る。当社の飼育システムや育種開発の技術は、そのような研究や成果を基に開発されており、その信頼性は相対的に高い。

　また、当社では徳島大学や大手機械メーカーと連携して、2023年を目途に食用コオロギの全自動飼育システムの開発を計画している。このシステムは、コオロギの卵から育成、収穫の生産に留まらず、その後の殺菌、乾燥、粉末化、（商品の）パッキングまでの商品製造・包装の工程をも含めた自動化の試みである。完成した際の業界に与えるインパクトは大きいものと考える。

　さらに、当社は徳島大学と連携し、ゲノム編集を用いた独自性の高いコオロギの開発技術を持つ。例えば、特定栄養価を高めたコオロギの開発などが可能である。今後、顧客や社会の要望を踏まえて上市を検討する計画だが、他社と差別化を図る当社の特徴の1つになるものと推察される。

エリー株式会社 （東京）

持続可能な食の未来の実現に向けて、機能性昆虫食「シルクフード」を開発する京大発スタートアップ

🌱 会社概要・沿革

本社所在地	：東京都中野区上高田1-3-9
代表者	：代表取締役 梶栗 隆弘
事業内容	：蚕を原料とした機能性昆虫食「シルクフード」の研究開発・販売
資本金	：600万円
株主	：経営陣
従業員数	：3名（役員含む）
沿革	：2017年　会社設立、京都大学「技術イノベーション事業化コース」で最優秀賞受賞
	2018年　当事業開始
	「京都大学GAPファンドプログラム」に採択
	「キリンアクセラレーター2018」に採択
	「伊藤忠商事アクセラレーター2018」に採択
	2019年　「東大IPC 1st Round（起業支援プログラム）」に採択
	「稲畑産業アクセラレーター2019」に採択
	「大正製薬アクセラレーター2019」に採択
	2020年　東京・表参道に実験店「シルクフード・ラボ」を開店

Ellie

🌱 事業概要

　当社は蚕を原料とした食品や飲料、サプリメントなどの研究開発を行うスタートアップで、2017年に京都大学の食品および蚕に関する研究シーズをビジネス化する目的で設立された。日本で古くから飼育されてきた「蚕」を新たな食原料へリノベートし、持続可能な食の未来の実現と次世代の食文化の創造に挑戦している。

　現在は蚕原料の食品「シルクフード」の上市に向けて、ハンバーガーやスナック、スープなど広範囲にわたって商品開発を進めており、その一部をテスト販売している。当社は、単に"食べられる"食品の開発ではなく、"食べておいしい／健康に良い"食品の開発を志向している。そのため、蚕が含有する機能性成分の特定や味や香りに関する研究を京都大学と進めてきた他、健康効果や栄養素に関する研究を東京大学や大手企業などと推進している。

　2020年中には「シルクフード」を上市し、一般消費者向けの販売を開始する予定であり、その後は、市場参入する食品メーカーに向けた蚕の加工原料販売や、生産事業に参入する異業種企業などへ食品価値の高いオリジナル品種の蚕種（卵）および生産ノウハウの提供を行っていく予定である。

🌱 ビジネスモデル図（今後の計画）

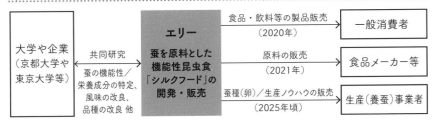

大学や企業 （京都大学や 東京大学等）	→ 共同研究 蚕の機能性／ 栄養成分の特定、 風味の改良、 品種の改良 他	エリー 蚕を原料とした 機能性昆虫食 「シルクフード」の 開発・販売	食品・飲料等の製品販売 （2020年）→	一般消費者
			原料の販売 （2021年）→	食品メーカー等
			蚕種（卵）／生産ノウハウの販売 （2025年頃）→	生産（養蚕）事業者

🌱 今後の事業計画

　大学や企業との研究開発を推進しながら、2020年中に「シルクフード」を上市し、2021年には食品メーカーへの原料供給を開始する計画である。

🔍 NAPAコメント ～特徴・イノベーション～

　当社の大きな特徴は、昆虫食の対象として「蚕」を選択した点にある。2013年にFAO（国際連合食料農業機関）による昆虫食に関するレポート「Edible insects」が発表されて以降、欧米を中心にこれまで100社超の昆虫食スタートアップが設立された。その多くは原料に「コオロギ」を用いており、「蚕」に特化した昆虫食スタートアップはまず見られない。

　当社は昆虫食スタートアップとしては国際的にみると後発であり、欧米の先発企業の取り組みを分析し、それらと差別化できる昆虫として蚕を選択した。蚕は、約5,000年続く絹産業の歴史に合わせて人類が進化させてきた、量産方法が確立しているほぼ唯一の昆虫である。また、日本はかつて全農家の3分の1が養蚕を営んでいたほどの養蚕大国だったことから、日本が研究をリードする昆虫でもある。これらに加えて当社と京都大学の共同研究では、蚕には約3,000の機能性候補物質が含まれていることが判明しており、食用化に最も適した昆虫といわれている。

　当社は、蚕の食品価値を最大限に高め、食用の新品種の創造を目指し、京都大学や東京大学、大手企業などと取り組みを進めている。

【商品イメージ】

ドレッシング

スープ

ドレッシング

パウダー

Beyond Meat Inc. 米国

味と見た目、調理体験で画期的な
植物由来の代替肉商品を開発し、新市場を開拓した
世界の代替肉スタートアップのパイオニア

🌱 会社概要・沿革

本社所在地	119 Standard Street El Segundo, California
代表者	CEO & Founder Ethan Brown
事業内容	植物由来の代替肉の開発・製造・販売
資本金	約55億ドル（NASDAQ市場・時価総額；2020年2月末時点）
株主	経営陣、Obvious Ventures, Cleveland Avenue, General Mills 他
従業員数	約400名
沿革	2009年　会社設立
	2010年　ミズーリ大学やメリーランド大学との共同研究を開始
	2013年　当社初となる商品「ビヨンド・チキン」を上市
	2014年　植物由来のひき肉「ビヨンド・ビーフ」を上市
	2015年　ハンバーガー用パティ「ビヨンド・バーガー」を上市
	2017年　植物由来のソーセージ「ビヨンド・ソーセージ」を上市
	2018年　ミズーリ州で大型生産工場を竣工
	2019年　ニューヨーク・ナスダック市場に新規株式公開
	KFCと「ビヨンド・フライドチキン」の試験販売を開始
	マクドナルドと「P.L.T.」の試験販売を開始
	ダンキンドーナツやデニーズなどとの業務提携を発表

BEYOND MEAT

🌱 事業概要

　当社は植物由来の代替肉の開発・製造・販売を行うシリコンバレーを拠点とする上場企業である。自身もビーガン（菜食主義者）である現CEOによって、環境問題や動物福祉などの課題を解決する目的で2009年に設立された。創業当初は植物性の鶏ササミ肉などの開発に取り組み、2013年に当社初の商品となる「ビヨンド・チキン」が、2015年にはハンバーガー用パティ「ビヨンド・バーガー」が米国大手高級スーパーのホールフーズ・マーケットで発売された。

　当社は植物由来の牛肉や鶏肉などの商品を開発しており、小売向けでは主力の「ビヨンド・バーガー」をはじめ、植物原料のみで製造された「ビヨンド・ソーセージ」、植物由来のひき肉「ビヨンド・ビーフ」などを展開している。

　販路は、ホールフーズ・マーケットやクローガー、テスコなどの大手食品スーパーと、TGIフライデーズやカールスジュニアなどの大手外食チェーンであり、現在、国内外5万店以上の食品小売・外食店舗で当社商品が取り扱われている。

🌱 ビジネスモデル図

Beyond Meat 植物由来の代替肉の開発・製造・販売 ビヨンド・バーガー等（代替牛肉） ビヨンド・チキン（代替鶏肉） ビヨンド・ソーセージ（代替豚肉）他	商品販売 → 原料販売 → 共同メニュー開発	大手食品小売チェーン （ホールフーズ、クローガー、テスコ等） 大手外食チェーン （TGIフライデーズ、カールスジュニア、 KFC、マクドナルド、デニーズ等）

🌱 今後の事業計画

　本物の肉にさらに近づけるための研究開発を継続する他、新カテゴリーの商品開発や国内外市場のさらなる開拓を実施していく。

🔍 NAPAコメント ～特徴・イノベーション～

　当社は世界の代替肉スタートアップのパイオニアで、2015年以降に成長している当市場を牽引している企業である。2019年5月に米国ナスダック市場に業界で初めて上場し、それ以降、当社の動向には国内外で大きな注目が集まっている。

　当社の開発商品が市場に浸透した最大の理由は、これまでの "もどき肉" と比べて「味」や「見た目」、「調理体験」で一線を画した点にある。

　主力商品「ビヨンド・バーガー」の主原料は、エンドウ豆から抽出したタンパク質（ピープロテイン・アイソレート）であるが、本物の牛肉ハンバーガーの味と触感を再現するために合計22の植物原料を使っている。例えば、肉の食感を出すためにアラビアガム（アラビアゴムから抽出した食物繊維）や竹セルロース、ジャガイモのデンプンなどを足し、霜降りの脂肪分はココナッツオイルとココアバターで、肉の赤身はビーツで、風味や香りは酵母エキスなどでそれぞれ再現している。また、当社商品は "生肉" で販売されているが、それを消費者が購入して自宅のフライパンなどで焼く一連の調理体験までも再現している。調理の際、"肉汁" が染み出すが、これは原料に含まれる圧搾キャノーラ油や精製ココナッツオイル、サンフラワーオイルなどの代替肉汁である。これらの原料や成分は全て植物由来のもので、動物性原料や遺伝子組換え作物、大豆、グルテンなどは一切使用されていない。

　現在、競合他社は世界中で急増しているが、主に商品力と先行メリットを背景に、今後も当社が世界の代替肉市場を牽引していくものと考える。

Kite Hill 米国

<u>「味」をブレークスルーした</u>
<u>植物由来のチーズやヨーグルトなどの代替乳製品を</u>
<u>業界に先駆けて開発・上市したスタートアップ</u>

🌱 会社概要・沿革

本社所在地	3180 Corporate Place Hayward, California
代表者	CEO Rob Leibowitz
	Co-Founder Tal Ronnen
	Co-Founder Monte Casino
	Co-Founder Patrick Brown
事業内容	植物由来の代替乳製品の開発・製造・販売
資本金	約7,550万ドル（資金調達累計額）
株主	経営陣, General Mills, CAVU Venture Partners, New Crop Capital 他
従業員数	約130名
沿革	2008年　共同創業者3名による植物由来の乳製品開発に着手
	2010年　会社設立
	2014年　当社初となる代替乳製品「ソフト／熟成チーズ」を高級スーパーのホールフーズ・マーケットで販売開始
	2015年　「アーモンドミルクヨーグルト」の販売を開始
	2016年　投資ラウンド（シリーズB）で1,800万ドルを調達
	2018年　投資ラウンドで（シリーズ未定）4,000万ドルを調達
	2019年　投資ラウンドで（シリーズ未定）1,000万ドルを調達

kite hill
Plant-Based Artisans

🌱 事業概要

　当社は植物由来のチーズやヨーグルトなどの代替乳製品を開発するシリコンバレー発のスタートアップであり、スタンフォード大学の教授とビーガンレストランのシェフ、チーズ職人の計3名によって2010年に設立された。

　当社商品の植物原料は、契約農家などから調達するアーモンドである。直営工場でアーモンドミルクにした後に、一部の食品原料を加えてチーズやヨーグルトなどを製造している。現在、当社が展開している商品カテゴリーは、アーモンドミルクヨーグルト、ギリシャヨーグルト、クリームチーズ、リコッタ、パスタ、ディップ、キッズチューブの7つである。主力のアーモンドミルクヨーグルトは、プレーン、ノンフレーバー、バニラ、ピーチ、ブルーベリー、ストロベリー、ライムの7種類を展開しており、商品アイテム数は25を超える。

　商品は全米のホールフーズ・マーケットをはじめとする高級スーパーなどで販売され、通常のヨーグルトやチーズ商品よりも高い価格で販売されている。

🌿 ビジネスモデル図

| アーモンドの契約農家等（カリフォルニア州） | → 生産契約 / ← アーモンド | Kite Hill 植物由来の代替乳製品の開発・製造・販売 直営工場 | → 商品の販売（9カテゴリー・約25アイテム） | 販売先顧客（全米のホールフーズ・マーケット等） |

🌿 今後の事業計画

　新商品を新カテゴリーに投入する他、持続成長の鍵と考える研究開発とマーケティングをさらに強化していく。

🔍 NAPAコメント ～特徴・イノベーション～

　当社は代替乳製品市場の先駆的プレーヤーである。米国では2000年前後から当製品は存在したが、「味」が欠点で市場が拡がらなかった。当社が上市した代替乳製品はそれをブレークスルーした実質的に初めての商品といわれている。

　当社の創業メンバー3名は特徴的な経歴を持つ。スタンフォード大学の名誉教授であるパトリック・ブラウン氏は、米国科学アカデミー賞を受賞した生化学者であり、植物由来の代替肉を開発するインポッシブル・フーズの創業者でもある。タル・ロンネン氏は、ロサンゼルスの人気ビーガンレストラン「クロスロード・キッチン」のシェフ兼創業者である。モンテ・カジノ氏はチーズ職人でパリの国際的な料理菓子専門学校「ル・コルドン・ブルー」の元指導者でもある。

　当社商品の植物原料はアーモンドのみであり、ナッツ類や大豆など様々な植物原料をブレンドすることが多い他社製品とは異なる。また、商品製造はシンプルで、微生物培養や酵母などの伝統的な（職人的な）手法が採用されている。

　また、当社は顧客を健康や地球環境、動物福祉などに関心の高い層に絞っている。実際、当社の商品パッケージには、使用していない原料として「乳製品」「大豆原料」「グルテン」「ビーガン（動物製品）」「遺伝子組換えアーモンド」「保存料」「人工着色料」「生きた培養菌」が記載されている他、アーモンドミルクが環境に良い理由や栄養面で乳製品の代替になる点、そして動物福祉についても触れられている。当社商品が市場で浸透した最大の理由は味の追求にあるが、商品を通して伝わる当社ビジョンに共感する消費者も多いものと考える。

Memphis Meats Inc. 🇺🇸米国

2017年に世界で初めて「鶏」の
細胞培養肉の製品開発に成功した
米国の培養肉スタートアップのパイオニア

🍃 会社概要・沿革

本社所在地	: 1933 Davis St Suite 312, San Leandro California
代表者	: CEO & Co-founder Uma Valeti CSO & Co-founder Nicholas Genovese
事業内容	: 細胞培養肉の技術・製品開発
資本金	: 約2,000万ドル（資金調達累計額）
株主	: 経営陣, Tyson New Ventures, New Crop Capital, Cargill, Bill Gates他
従業員数	: 約50名

M
MEMPHIS
M E A T S

沿革　：2015年　会社設立
　　　　2016年　投資ラウンド（シード）で約300万ドルを調達
　　　　　　　　細胞培養によるミートボールのプロトタイプ開発に成功
　　　　2017年　世界初となる鶏の細胞培養肉のプロトタイプ開発に成功
　　　　　　　　投資ラウンド（シリーズA）で約1,700万ドルを調達
　　　　2018年　米国食肉最大手のタイソン・フーズが出資
　　　　　　　　英国Tällt社「DISRUPT 100」の第7位に選出

🍃 事業概要

　当社は牛や豚、鶏などの家畜から採取した細胞を培養して牛肉や豚肉、鶏肉などの畜産製品を開発するシリコンバレー発のスタートアップである。心臓専門医のバレティCEOと幹細胞生物学者のジェノビスCSOの2名が2015年に設立した。当社のビジョンは「消費者や家畜、環境に最もよい持続可能なフードシステムをつくり出すこと」であり、ミッションとして「2050年に100億人に達すると言われる世界中の消費者に良質なタンパク質を供給すること」を据えている。

　当社は2016年に細胞培養によるミートボール製品のプロトタイプ開発に成功し、翌年には世界で初となる鶏の培養肉製品の同開発に成功している。培養方法は、家畜から筋幹細胞を採取・選抜し、ウシ胎児血清（FBS）などの培養液を浸したバイオリアクター（栽培装置）に入れて、水やミネラル、糖分などの栄養素を加えて細胞分裂を促進・増殖させるものである。増殖した細胞は筋細胞を生成し、これらを積み重ねた複数の筋組織で肉製品を製造している。細胞から製品製造までの全プロセスは4〜6週間となる。製品は挽肉やハンバーガー、ミートボール、ソーセージなどの開発を著名シェフと進めており、2021年頃の製品上市を計画する。

🌱 ビジネスモデル図 ── (計画)

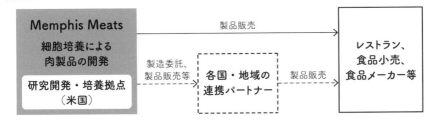

| Memphis Meats 細胞培養による肉製品の開発 | → 製品販売 → | レストラン、食品小売、食品メーカー等 |
| 研究開発・培養拠点（米国） | → 製造委託、製品販売等 → 各国・地域の連携パートナー → 製品販売 → | |

🌱 今後の事業計画

製造コストの削減の他、2021年頃の上市に向けた各準備を進めていく。

🔍 NAPAコメント ～特徴・イノベーション～

当社は米国を代表する培養肉スタートアップであり、環境問題や動物福祉などに関心を持つ大手企業や経営者からの注目度が高い。株主には米国食肉最大手のタイソン・フーズ社や穀物メジャーのカーギル社の他、マイクロソフト社創業者のビル・ゲイツ氏、英国有数のコングロマリット企業・ヴァージングループ社の創業者のリチャード・ブランソン氏などの大手企業や著名経営者が名を連ねている。

当社は2018年に英国のコンサルティング会社であるタルト・ベンチャーズが主催する"世界に大きな影響を与える可能性のある企業「DISRUPT 100」"の第7位（農業／食品分野では第1位）に選ばれている。これは世界500万社以上のスタートアップを対象に、グローバル企業と投資家の審査によって選出され、スタートアップにとっては1つの"勲章"ともいわれる。当社は地球環境への負荷が大きい畜産業を変える可能性がある技術として高い評価を受けている。

当社は現在、ゲノム編集などの様々な技術を活用しながら目下の課題であるコスト削減に取り組んでいる。例えば、牛肉（ひき肉）の製造費用は当社が初めてプロトタイプの製品開発をした2016年時点では約18,000ドル（約200万円）／kgであったが、2018年に約5,300ドル（約60万円）まで低下し、2019年はその10分の1以下になっているという。なお、米国食品医薬品局（FDA）は、2018年11月に培養肉の製造を認めている。

Finless Foods Inc. 米国

世界で初めて屋外（細胞培養）で製造された
「培養マグロ肉」を開発した
シリコンバレー発のスタートアップ

🌿 会社概要・沿革

本社所在地	: 6460 Hollis St. Suite B, Emeryville California
代表者	: CEO & Co-Founder　Mike Selden
	CSO & Co-Founder　Brian Wyrwas
事業内容	: 細胞培養によるマグロ肉の製品開発
資本金	: 約400万ドル（資金調達累計額）
株主	: 経営陣, Draper Associates, Hatch, Hi-Food, Blue Horizon　他
従業員数	: 約15名
沿革	: 2017年　会社設立
	世界で初めて培養マグロを使用した製品開発に成功
	2018年　投資ラウンド（シード）で約350万ドルを調達
	培養マグロを使用したツナロールの開発に成功
	創業者2名が北米の著名ビジネス月刊誌「INC」の「30 under 30 Inspiring Young Entrepreneurs」に選出
	2019年　培養マグロのプロトタイプ製品の開発に成功

Finless Foods

🌿 事業概要

　当社はクロマグロの細胞を培養・増殖して"魚肉"を製造するシリコンバレー発のスタートアップであり、「資源と環境保護の観点で漁獲や養殖に依存しない持続可能な方法で世界の消費者に質の良い魚を供給する」ことをミッションとしている。創業者2名は大学で生化学と分子生物学を専攻し、大学卒業後にブリアンCSOが研究していた腫瘍学を食品分野に応用する目的で当社を設立した。

　当社は高価でかつ需要と供給が逼迫しているクロマグロの培養研究を進め、2017年9月にマグロの培養肉を使用したクロケット（揚げ物料理）を開発した。その後、マグロの優れた細胞組織の特定や培養方法・味などの改善を踏まえ、2019年6月に培養マグロのプロトタイプ製品の開発に成功した。2020年に植物原料を含んだフィッシュバーガー用のパティやツナロールの上市を予定し、2022年頃には完全細胞ベースのネギトロやツナ缶を、2023年頃には刺身やフィレの上市をそれぞれ計画している。また、サーモンの培養肉開発も計画している。

　当社は今後、マグロの需要が大きい都市部に近い場所に培養プラントを建設し、そこからマグロ製品を都市部のレストランや小売に供給するモデル構築（フードマイレージを削減した新たな水産流通モデルの創造）を目指している。

🌱 ビジネスモデル図 ──（計画）

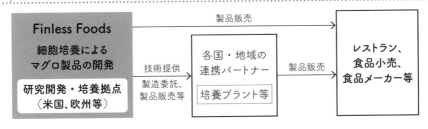

```
┌─────────────────┐        製品販売
│  Finless Foods  │ ──────────────────────────┐
│                 │                            │
│ 細胞培養による   │                            ▼
│ マグロ製品の開発 │          ┌──────────┐   ┌──────────────┐
│                 │ 技術提供  │ 各国・地域の │        │ レストラン、  │
├─────────────────┤ 製造委託、│ 連携パートナー│ 製品販売 │ 食品小売、    │
│ 研究開発・培養拠点│ 製品販売等├──────────┤ ──────▶ │ 食品メーカー等 │
│ （米国、欧州等） │          │ 培養プラント等│        │              │
└─────────────────┘          └──────────┘   └──────────────┘
```

🌱 今後の事業計画

　2020年中に製品上市とシリーズＡの投資ラウンドを計画する。日本は中国同様、重要な市場であり、様々な分野の連携パートナーを引き続き探していく。

🔍 NAPAコメント ～特徴・イノベーション～

　クロマグロの培養肉の開発に取り組む企業はまだ少数であり、当社の独自性は高い。クロマグロの培養肉は主に５つの技術的なマイルストーンがある。それは、①優れた細胞（組織）の特定（採取）、②細胞の培養と増殖、③製品化、④栄養と味の改善（細胞の飼料開発など）、⑤大規模培養プラントでの培養・増殖、であり、当社は既にステージ④に入っている。一方、製造費用はまだ上市レベルではないが、１パウンド（約453g）の製造費用は2017年の約16万ドルに対して、2018年に約9万ドル、2019年には約1.5万ドルまで低下している。今後、2020年末に約450ドル、2021年末には51ドルまでの大幅なコスト削減を目指している。

　株主には有望なパートナーが多い。ドレイパー・アソシエイツ社は過去にテスラ社やスカイプ社、バイドゥ社、ツイッチ社などに初期投資したシリコンバレーに影響力を持つアクセラレータであり、ハッチ（ノルウェー・アクアカルチャー・グループ）社は水産王国ノルウェー発の水産養殖専門のVCで、世界の水産養殖企業や研究機関と強いコネクションを有する。また、ハイ・フード社はイタリアの食品技術系企業で、植物由来の代替肉製造など持続可能な食品開発の技術を有している。

　培養肉は米国のメンフィス・ミーツ社が業界をリードする。当社は設立が２年遅いが、技術や資金調達の発展ステージは同社と重なるところが多い。

  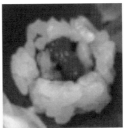

Calysta, Inc. 米国

独自のバクテリア発酵技術を用いて、
天然ガスから水産飼料添加物などの
代替タンパク製品を開発するスタートアップ

🌱 会社概要・沿革

本社所在地	：1140 O'Brien Drive Menlo Park, California
代表者	：President, CEO and Co-Founder Alan Shaw
事業内容	：天然ガス由来の代替タンパク製品の開発
資本金	：約1.2億ドル（資金調達累計額）
株主	：経営陣、BP Ventures, Cargill, Mitsui & Co, Temasek Holdings 他
従業員数	：約50名
沿革	：2012年　会社設立
	2013年　米国NatureWorksとの共同研究を開始
	2014年　ノルウェーのBioProteinを買収
	2015年　「FeedKind®」の製品ブランドを上市
	2016年　投資ラウンド（シリーズC）で約3,000万ドルを調達
	英国のティーズサイドで実証プラントを建設し稼働開始
	2017年　カーギルと合弁会社（NouriTech™）を設立
	投資ラウンド（シリーズD）で約4,000万ドルを調達
	2019年　Cleantech Groupの「Global Cleantech 100」に採択
	投資ラウンド（シリーズE）で約3,000万ドルを調達
	2020年　中国化工集団グループと合弁会社の設立を発表

CALYSTA®

🌱 事業概要

　当社は天然ガスから代替タンパクを製造する技術を開発しているシリコンバレー発のスタートアップであり、2021年中の製品展開を計画している。

　当社が開発する代替タンパク製品「FeedKind®」は、天然ガス由来の原料から製造される飼料添加物で、水産養殖（FeedKind® aqua）や養豚（FeedKind® terra）の他、ペットフード（FeedKind® pet）向けに利用される。当製品は天然ガス由来で環境負荷が少なく、現在の水産養殖用飼料のフィッシュミール（魚粉）と比べて消化が早いため、成長促進や品質、歩留まりの向上などの効果がある。

　現在、2016年に英国政府の支援を受けて同国内に建設した実証バイオプラントで試験製品を製造し、ノルウェーや米国、タイ、日本、台湾などの各国の水産養殖などの関係者へサンプル品を送付している。既に米国では穀物メジャーのカーギル社と設立した合弁会社によるプラント建設を開始しており、また、東南アジアでは石油メジャーのBP社とのプラント開発を計画している。

🌿 ビジネスモデル図 ── (計画)

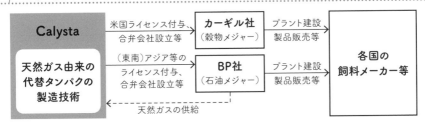

🌿 今後の事業計画

2021年中の上市に向けて、さらなる商品改良などを進めていく。

🔍 NAPAコメント ～特徴・イノベーション～

当社は水産養殖向けの新しい代替飼料を開発する企業として、代替飼料業界で最も注目されているスタートアップの1社である。当社の「FeedKind®」はバクテリアの発酵技術が根幹であり、天然ガス中のメタンを高価値の化学品や燃料に変換する当社自身の技術と、2014年に買収したノルウェーのバイオプロテイン社が持つ天然ガスを直接バイオ製品（飼料）に変換する技術を組み合わせて開発されている。天然ガスは相対的に安価で環境に負荷の少ない資源であり、実用性と持続性の観点から当社技術への期待は高い。また、アランCEOの経営者としての評価も高い。アラン氏は化学分野の博士号を持つ研究者だが、2002年にタンパク質のエンジニアリング企業のコーデックス社を創業し、2010年に米国ナスダック市場に上場させた実績を持つ。英国やマレーシア政府のバイオテクノロジー分野のアドバイザーを務めるなど、国内外のネットワークも豊富である。

このような特徴を背景に、当社は米国穀物メジャーのカーギル社や英国石油メジャーのBP社の他、アジア有数の国有ファンドであるシンガポールのテマセクHD社、中国最大の化学メーカーのケムチャイナ社などのグローバル企業との連携を深めている。日本にはアジアで製造されるプラントから「FeedKind®」が供給される見込みである。現在、各国の水産養殖事業者が行っている製品テストでは、養殖魚の成長促進など、概ね期待している結果が出ているという。

Alan Shaw, Ph.D.
President, CEO and Co-Founder

Mosa Meat B.V. オランダ

世界で初めて細胞由来のハンバーガーを
開発し"培養肉の父"として著名な
マルク・ポスト博士が設立した欧州のスタートアップ

🌱 会社概要・沿革

本社所在地	：70 Oxfordlaan, Maastricht
代表者	：CEO　Maarten Bosch
	COO & Co-founder　Peter Verstrate
	CSO & Co-founder　Mark Post
事業内容	：細胞培養肉の技術・製品開発
資本金	：約1,000万ドル（資金調達累計額）
株主	：経営陣, Nutreco, M Ventures, Bell Food Group 他
従業員数	：約40名
沿革	：2013年　当社CSOが世界初となる培養肉バーガーの開発に成功
	2016年　会社設立
	2018年　投資ラウンド（シリーズA）で約850万ドルを調達
	2019年　パイロットプラントを建設、本社を移転
	Bosch氏をCEOとして招聘
	非動物性成分の代替培地を開発
	生産プロセスを自動化するバイオリアクターを開発

✳ mosa meat

🌱 事業概要

　当社は家畜の細胞を培養して肉製品を開発するオランダのマーストリヒト大学発のスタートアップである。共同創業者のマルク・ポストCSOは同大学の医学・生理学の教授で、2013年に世界で初めて牛の細胞由来のハンバーガーを開発した。当製品の商業化に向けて2016年に大学からスピンアウトして当社を設立した。

　当社のミッションは、「世界の食肉需要に対応するだけでなく、動物福祉や地球環境、食品安全、健康の側面から、世界中の消費者が楽しんで食べ続けられる"本物の肉"を開発すること」である。当社の培養方法は、まず、家畜の筋幹細胞を採取し栄養素や成長因子を持つ培地に置き、バイオリアクター（培養装置）の中で増殖する。成長因子の供給を止めて筋細胞をつくり、筋細胞同士が自然に結合して（初期の）筋繊維となる。その後、水の中で組成された筋繊維を積み重ねて筋組織が形成される。当社は、牛の1つの細胞（サンプル）から8億の筋組織を生成可能で、これはハンバーガー・パテ（約113g）の8万個分に相当する。

　当社は全従業員の8割以上が科学者またはエンジニアであり、ポストCSOを筆頭に製品開発が進められ、早ければ2022年頃の製品上市を計画している。

🌱 ビジネスモデル図 ── (計画)

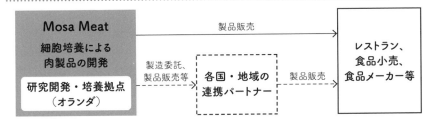

Mosa Meat 細胞培養による 肉製品の開発 研究開発・培養拠点 (オランダ)	製品販売 →		レストラン、食品小売、食品メーカー等

製造委託、製品販売等 → 各国・地域の連携パートナー → 製品販売

🌱 今後の事業計画

　今後、スケール化を進めると同時に規制当局との調整を深めていく。順調にいけば2022年頃にプレ上市を行い、本格的な上市はさらにその数年後を計画する。

🔍 NAPAコメント ～特徴・イノベーション～

　当社は"培養肉の父"として知られるオランダのマルク・ポスト氏が創業したスタートアップである。ポスト氏は人工血管などの組織工学や医学、生理学を専門とする博士で、2006年にオランダ政府が推進するプロジェクトをきっかけに培養肉研究を始めたという。その後、動物福祉や環境問題に強い関心を持つグーグルの共同創業者・セルゲイ・ブリン氏が研究開発資金を拠出して、2013年に世界初となる"と畜を伴わない"培養肉バーガー（パティ）の開発に成功している。

　2013年の培養肉バーガー（約113g）の開発費用は25万ユーロ（約3,000万円）であったが、その後、コスト削減を進め、現在、1kg当たりの製造費用は100ドル（約11,000円）を切ったという。コスト削減に大きく貢献したのが2019年の「代替培地」の開発である。細胞培養の培地に使われるウシ胎児血清（FBS）は非常に高価で、2018年の当社の製造コストの8割を占めていたという。安価で高性能な培地を開発した背景には、細胞培地で有数の技術を持つドイツの大手製薬メーカー・メルク社（当社の株主）との連携がある。この培地は"動物性成分フリー"でもあり、動物福祉の観点からも大きな意味を持つ。さらに同年、労働集約的な培養プロセスを自動化するバイオリアクターの開発にも成功している。なお、当社の生産工程では、現状、競合他社で利用されるゲノム編集技術は使われていない。

Nova Meat S.A. スペイン

世界で初めて「3Dフードプリンタ」を使用して代替肉の製品開発に成功したバルセロナ発のスタートアップ

🌿 会社概要・沿革

本社所在地	： Carrer de Gomis 34, Barcelona
代表者	： Founder & CEO　Giuseppe Scionti
事業内容	： 3Dフードプリンタによる代替肉製品の開発
資本金	： 約50万ドル（資金調達累計額）
株主	： 経営陣、New Crop Capital
従業員数	： 約5名
沿革	： 2017年　会社設立
	世界で初めて3Dフードプリンタによる代替肉開発に成功
	2018年　3Dフードプリント技術に関する複数の国際特許を申請
	代替肉製品のプロトタイプ（Ver.1）の開発に成功
	2019年　New Crop Capitalが当社へ出資
	当社技術がPeter Diamandis氏の「The 5 Big Breakthroughs to Anticipate in 3D Printing」に選出

NOVA MEAT

🌿 事業概要

　当社は3Dフードプリンタを使って植物由来の代替肉の製品開発を行うスタートアップである。創業者のシオンティCEOはカタルーニャ工科大学の元助教授で、生命科学と工学を組み合わせてヒトの臓器や組織の代替品をつくり出す組織工学の専門家（博士号取得）である。同氏は10年にわたって3Dプリンタで臓器などを製造する研究を重ね、当技術を食品分野に応用する目的で当社を設立した。社名の「NOVA」はラテン語で"NEW"を表し、「NOVA MEAT」は"新しい肉"を意味している。

　当社の代替肉製造は、まず大豆やエンドウ豆、米のタンパク質・アミノ酸といった植物原料をペースト化したネスプレッソ®のようなカプセルを製造し、次にCADソフトウェアを使って代替肉を製造するプログラムを設計した上で、カプセルを装着した3Dフードプリンタのノズルから材料を吐出する方法である。

　現在、プロトタイプの製品開発を重ねている最中で、2021年中の製品の上市を計画している。当社はビジネスモデルとして、当社が直接レストランなどへ3Dフードプリンタとカプセルを販売する他、パートナー企業へ技術ライセンスを供与して、同企業を通じて最終製品（代替肉）を販売するモデルを検討している。なお、当社では植物由来の原料の他、2019年9月より牛の細胞を採取・培養する細胞由来の代替肉開発の研究を母校のカタルーニャ工科大学と開始している。

🌱 ビジネスモデル図

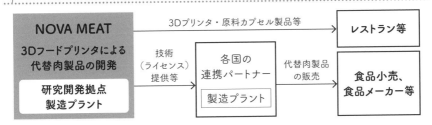

```
┌─────────────────┐   3Dプリンタ・原料カプセル製品等    ┌──────────┐
│   NOVA MEAT     │ ────────────────────────────────→ │ レストラン等 │
│ 3Dフードプリンタによる │                              └──────────┘
│ 代替肉製品の開発    │   技術      ┌──────────┐  代替肉製品
│                 │ （ライセンス） │  各国の   │  の販売    ┌──────────┐
├─────────────────┤  提供等  →  │ 連携パートナー│ ────────→ │ 食品小売、   │
│  研究開発拠点     │            │ ┌──────┐ │          │ 食品メーカー等│
│  製造プラント     │            │ │製造プラント│ │          └──────────┘
└─────────────────┘            │ └──────┘ │
                               └──────────┘
```

🌱 今後の事業計画

　2021年中の上市に向けて製品開発を続ける。2020年中には投資ラウンド（シリーズＡ：300万ユーロ）を計画する。日本を含むアジア市場への関心は高い。

🔍 NAPAコメント 〜特徴・イノベーション〜

　当社は3Dフードプリンタを用いて代替肉を開発する独自性の高いスタートアップであり、代替肉の競合他社とは製造手法で一線を画す。

　当社の技術は、2010年にノーベル経済学賞を受賞した米国の経済学者ピーター・ディアマンディス氏の「大きなブレークスルーの期待がかかる5つの3Dプリント技術」に選出されている。

　一般的に代替肉の評価基準（≒技術ロードマップ）として、主に「テクスチャ（質感・食感）」と「テイスト（味）」、「外見・見た目」、「栄養」の4つがあるといわれるが、当社の技術を活用することで、現状の植物由来の代替肉の課題である「テクスチャ」と「テイスト」が大幅に改善されることが期待されている。当社では既にテクスチャの技術課題をクリアし、現在、テイストの改善に取り組んでいる。

　また、当社の技術は競合他社が自社製品を製造するプラットフォームとして活用できるなど汎用性が高い。実際、当社の株主であるニュークロップ・キャピタルを通じて、シリコンバレーにある複数の同業他社と連携の話を進めているという。

　現状、当社の技術を使って100gの代替肉を製造する時間は40分で費用は1.75ユーロである。今後改良を重ね、2020年中にはそれぞれ10分と0.88ユーロまで短縮・低下させる計画である。当社の技術開発と事業展開から目が離せない。

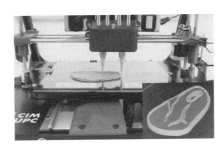

Hargol FoodTech Ltd. イスラエル

世界で初めて「食用バッタ」を環境制御した閉鎖施設で短期間に大量生産する技術を開発したイスラエルの昆虫食スタートアップ

🌱 会社概要・沿革

本社所在地	：Misgav, Business Park, M.P. Misgav
代表者	：Co-Founder & CEO Dror Tamir Co-Founder & CTO Chanan Aviv Co-Founder & COO Ben Friedman
事業内容	：食用バッタの繁殖・飼育、製品開発
資本金	：約400万ドル（資金調達累計額）
株主	：経営陣、Sirius Venture Capital, SLJ Investment Partners　他
従業員数	：約10名
沿革	：2014年　会社設立（前社名：Steak TzarTzar） 2016年　会社名を現社名に変更 2017年　「1776 Challenge Cup Israel」最優秀賞 　　　　　「WeWork Creator Awards Tel Aviv 2017」最優秀賞 2018年　「YoStartups Top 50 Agritech Startup 2018」採択 　　　　　投資ラウンド（シード）で約200万ドルを調達 2019年　「FoodBytes San Francisco 2019」ファイナリスト選出 　　　　　食用バッタの商業用閉鎖施設を竣工し運営開始

HARGOL
DELIVERING PROTEIN

🌱 事業概要

　当社は食用バッタの飼育施設と製品を開発するイスラエル発の昆虫食スタートアップであり、会計士で起業家としての実績を有する現CEOや昆虫研究で30年以上の経験を持つ現CTOなどによって2014年に設立された。

　当社が開発した飼育施設は温湿度などをコントロールできる閉鎖環境施設であり、年間を通して生産と出荷が可能となる（野生のバッタは年間で1ヵ月程度しか出荷期間がない）。施設は育成用が2ヵ所、餌用と孵化用で各1ヵ所を有している。育成用施設は未利用の鶏舎を改造したもので、面積は約1,000㎡である。11室の部屋にケージを70個設け、各ケージで約1,000匹のバッタが飼育されている。

　飼育されたバッタは近隣の提携工場で製品（パウダー）化され、提携企業を通じて健康食品や栄養ドリンクなどの食品原料／添加物として販売されている。バッタは栄養価が高く、全体の約6–7割が総タンパクで、オメガ脂肪酸や鉄、亜鉛、葉酸なども含み、コレステロールや脂肪分が少ないという特徴を持つ。

🌱 ビジネスモデル図

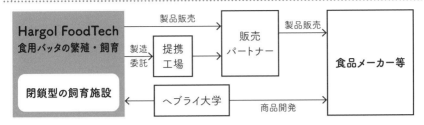

🌱 今後の事業計画

　シンガポールやヨルダン、英国、米国などでバッタの飼育施設の展開を進める他、ヘブライ大学や国内外企業と連携し、商品開発の共同研究を進める。日本でも良いパートナーと立地が見つかれば進出を検討する。

🔍 NAPAコメント ～特徴・イノベーション～

　昆虫食スタートアップは欧米を中心に増加しているが、大多数は「コオロギ」であり、当社のように「バッタ」を取り扱う昆虫食スタートアップは少ない。

　バッタはコオロギと比べてデリケートで人工繁殖・飼育するのが難しいといわれており、当社は閉鎖環境下でバッタを短期間で大量に人工飼育する技術を開発した点に特徴がある。そのポイントは最適化されたエサの開発と孵化技術、成育段階に合わせた環境コントロール、バッタの生物学的な特徴を活かした高密度なケージ開発にある。中でもエサは重要で、当社は施設内にある植物工場で人工光を用いて小麦の若葉を自社栽培するなど、エサの設計と衛生管理を徹底している。

　また、バッタは昆虫食として長い食文化を持つ。日本でもイナゴ（バッタ亜目）の佃煮があるように、アジアやアフリカ、中東、中南米でもバッタの食文化がある。この背景もあり、当社製品は昆虫食として世界で初めてイスラム教の「ハラール」とユダヤ教の「コーシャ」の認定を受けており、今後、イスラム圏での市場の拡がりが期待されている。さらに当社では、コオロギは特性上、平面飼育が適するためにスケール化が難しいが、バッタは立体飼育が可能なため飼育密度を高めることができると分析している。当社施設ではバッタを1部屋に7万匹飼育しているが、そこでコオロギを飼育する場合は0.5～0.6万匹に留まるという。

エディットフォース株式会社 （福岡）

ゲノム編集の新たな世界標準となる
ツールの開発・提供を目指す
九州大学発の研究開発型スタートアップ

🌿 会社概要・沿革

本社所在地	福岡県福岡市中央区天神1-9-17 福岡天神フコク生命ビル4階
代表者	代表取締役社長　小野　高
事業内容	創薬事業、種苗農業事業、物質生産事業
資本金	9,000万円
株主	KISCO、東京大学エッジキャピタル　他
従業員数	28名（臨時雇用含む）
沿革	2015年　会社設立 2017年　経済産業省より「地域未来牽引企業」に指定される

🌿 事業概要

　当社は独自の核酸（DNA、RNA）操作技術であるPPR（Pentatricopeptide Repeat）技術を、創薬や農業分野に応用することを目的とする研究開発型スタートアップである。PPRは核酸の塩基配列を特異的に認識するタンパク質である。近年注目されている「CRISPR-Cas9」などのゲノム編集技術は、PPRのような特定の塩基配列を認識する物質にDNAを切るハサミの役割をするヌクレアーゼを連結することで、生物の全遺伝情報（ゲノム）の任意の個所を改変する技術である。

　九州大学大学院准教授で植物の葉緑体やミトコンドリア遺伝子制御の研究をしていた創業者の中村崇裕氏と八木祐介氏が、PPRタンパク質の塩基配列認識メカニズムを解明した。この発見を元にPPRタンパク質による核酸改変技術に関する特許を取得し、当社が2015年に設立された。

　当社はPPRタンパク質を活用した改変ヌクレアーゼ（以下PPRツール）による核酸改変技術を、製薬会社や大学・研究機関、育種会社などに供与し、ライセンス料を得る事業モデルを目指している。また、PPRツールはミトコンドリア操作技術にも応用可能であり、作物育種で広く使われている雑種強性の人工的な付与など、ゲノム編集技術以外にも応用可能な特許を保有している。

　さらに、PPRツールはRNA編集にも応用できる。DNA上の遺伝子情報はRNAにコピーされてから利用される。PPRツールはRNAも認識して切断することができるため、この技術を使えばDNAを改変することなく生物の性質を調節することが可能となる。

🌱 ビジネスモデル図（今後の計画）

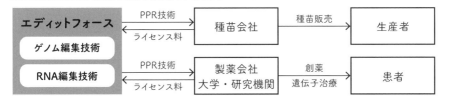

🌱 今後の事業計画

　完成間近であるゲノム編集向けPPRツールの開発を推進する。直近は医療に注力しているが、中期的な目標としてRNA編集技術を応用した人工雑種強性作物の作成やゲノム編集による品種改良（作物の収量や耐病性の向上）などを計画している。当社では現在、農業分野における共同研究先を探している。

🔍 NAPAコメント ～特徴・イノベーション～

　ゲノム編集の代名詞ともなった「CRISPR-Cas9」だが、これはCRISPRという反復配列が特定の塩基を認識することを利用した技術である。PPRタンパク質もCRISPR同様、ゲノム編集に活用できるうえ、純国産の技術である点がポイントである。

　PPRツールのRNA編集は医学分野への期待が大きい。ゲノム編集で遺伝子治療を行うと元に戻せないが、RNA編集は核ゲノムが無傷なのでより安全性が高い。

　PPRツールのRNA編集を応用すると、雑種強性を人工的に作り出して作物の収量の改善に応用できる。雑種強性や不稔は育種にとって重要な技術である。近年不稔や雑種強性のメカニズムが解明されつつあり、そこにはミトコンドリアのRNAが関与していることが判明している。このRNAをPPRツールのRNA編集技術を使って人工的に制御すれば、雑種強性の付与が難しい自殖性作物である小麦や米の収量を増加させ、食味やその他の性質は変わらない夢の多収性品種の作出に応用できる可能性がある。実用化すると、開発途上国の農業にも恩恵をもたらすものと考えられ、世界的に注目を浴びるSDGs（持続可能な開発目標）への貢献が期待される。

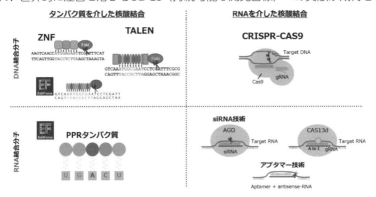

プラチナバイオ株式会社 広島

<u>ゲノム編集分野の第一人者である広島大学の
山本教授の研究成果やネットワークをもとに
設立された同大学発のスタートアップ</u>

🌱 会社概要・沿革

本社所在地	広島県東広島市西条西本町28-6
代表者	代表取締役CEO　奥原 啓輔
	取締役CTO　山本 卓
事業内容	ゲノム編集に関する研究開発、コンサルティング業務　他
資本金	4,000千円
株主	経営陣
従業員数	5名
沿革	2012年　山本CTOがゲノム編集コンソーシアムを設立し代表に就任
	2013年　広島大学がゲノム編集ツール「Platinum TALEN」を開発
	2014年　広島大学が「ゲノム編集研究拠点」を設置
	2016年　山本CTOが日本ゲノム編集学会を設立し会長に就任
	科学技術振興機構（JST）の「産学共創プラットフォーム共同研究推進プログラム（OPERA）」に採択
	2019年　広島大学がゲノム編集イノベーションセンターを設置
	会社設立

🌱 事業概要

　当社は広島大学の教授である山本氏と、同大学で産学共創プロジェクトマネージャーを務める奥原氏によって2019年に設立されたスタートアップである。

　当社が計画している事業は、主にゲノム編集技術を活用した製品開発やサービス展開を検討している種苗会社などへのコンサルティングや各種サービス提供である。また、当社が広島大学からライセンスを得ているゲノム編集ツール「Platinum TALEN（以下PtTALEN）」を活用して、顧客が要望するゲノム編集のツールや細胞の開発を請け負う他、ゲノム編集に関するサービスなどを幅広く展開する予定である。例えば、顧客企業と共同でR&Dを行い、製品が上市したらライセンス料を受け取るビジネスモデルを展開している。当社は設立して間もないが、既に複数の大手企業とのプロジェクトが進行中である。

　さらに、当社はゲノム編集に関連した特許のライセンス交渉などのサービスにも対応する。ゲノム編集などの生命科学分野に詳しい弁護士などの専門家をアドバイザーに迎え、研究開発などのサービス提供だけではなく、安全性評価や知財戦略などの開発した成果を社会実装するために必要な支援を手掛けることもできる。

ビジネスモデル図

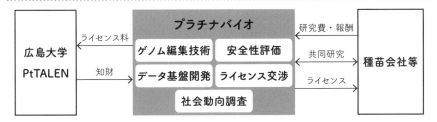

今後の事業計画

　欧米では遺伝子工学とAI技術を組み合わせる試みが広がりつつあり、需要が膨らむこれらの専門人材の育成も手掛けていく予定である。当社はNEDO「Connected Industries推進のための協調領域データ共有・AIシステム開発促進事業」に採択され、AIを活用したゲノム編集データベースの開発に取り組んでいる。

NAPAコメント 〜特徴・イノベーション〜

　当社の強みは、山本CTOらが開発したゲノム編集ツール「PtTALEN」にある。ゲノム編集ツールには「TALEN」や「ZFN」、「CRISPR-Cas9」などがあるが、この中で最も著名で使いやすいCRISPR-Cas9は、現在、特許係争中であり、利用者にとっては大きな障壁になっている。一方、TALENは権利者が明確である一方、CRISPR-Cas9よりも作製方法が煩雑という欠点があった。山本CTOらが開発したPtTALENは、短期間で作製が可能でゲノム編集効率も高く、使いやすく改良されている。

　また、山本CTOはゲノム編集研究で世界をリードする業界の第一人者であり、企業などと共に様々な産学連携プロジェクトを進めてきた経験を有する。当分野の研究開発には多くのノウハウが不可欠であるが、山本CTOの研究成果やネットワークをもとに、当社はそうした人材や企業などを巻き込み、研究プロジェクトを円滑に進めることができる点も強みの1つである。

　なお、当分野のライセンス展開や社会実装には、安全性評価や知財戦略などの知識や経験が不可欠である。当社は当分野で実績と経験を豊富に有する法曹関係者や知財の専門家が所属もしくはアドバイザーとして参画している点も特徴である。

代表取締役CEO 奥原 啓輔

取締役CTO 山本 卓

185

Calyxt Inc. 米国

ゲノム編集技術を応用して
高機能食品の種子開発の他、製品開発や流通までの
「インテグレーションモデル」を実践する上場企業

🌱 会社概要・沿革

本社所在地	: 2800 Mount Ridge Road Roseville, Minneapolis
代表者	: CEO　Jim Blome
事業内容	: ゲノム編集技術を活用した機能性作物の開発と流通
資本金	: 約2.1億ドル（NASDAQ市場・時価総額；2020年2月末時点）
株主	: Cellectis　他
従業員数	: 約70名
沿革	: 2010年　フランスのバイオ企業Cellectis社により会社設立
	2011年　Cellectis社、アイオワ州立大学とミネソタ大学から「TALEN」のライセンスを取得
	2017年　ニューヨーク・ナスダック市場に新規株式公開
	2019年　「高オレイン酸オイル」の販売を開始

🌱 事業概要

　当社はゲノム編集ツールである「TALEN」の特許を有するフランスのバイオ企業セレクティス社により、農業分野への活用を目的に2010年に設立された。ゲノム編集ツールをコアテクノロジーとし、「人々の健康と持続可能な社会の推進、農業生産者への貢献」を掲げている。CSOはTALEN開発者のダニエル博士が務める。当社はゲノム編集育種で開発した機能性作物を農業者へ生産委託し、収穫物を買い取り、製品化して流通するインテグレーションモデルを実践している。当社の育種開発は、主にノックアウト型のゲノム編集（特定の遺伝子を壊す手法）で品種改良を行っているため、遺伝子組換え作物には該当しない。そのため、当社の高オレイン酸大豆の作付けと食品は既に米国内で生産と流通が行われている。

　2019年の高オレイン酸大豆の作付面積は48,000エーカー（約19,000ha）であり、2020年の面積は2倍以上に拡大する計画である。作付けはアイオワ州とノースダコタ州の大手農協であるランダスと連携して進めている。当社は通常の大豆よりも高い価格で委託生産者から高オレイン酸大豆を買い取っており、農業生産者から見ると作付け拡大のインセンティブにもなっている。当社の最終製品である高オレイン酸食用油と大豆粕は、現在、ミネソタ州の外食企業を中心に20社以上へ販売しており、大手食品メーカーとの商談も進行中である。

🌱 ビジネスモデル図

農協等 ←種子販売→ Calyxt ←委託生産→ 搾油会社
生産物買取 ゲノム編集技術 食用油・大豆粕
生産物買取 種子販売 食料流通企業
食用油販売 販売
生産者 消費者

🌱 今後の事業計画

　米国内で高オレイン酸大豆の拡販を行うとともに、国外への輸出を推進していく他、現在開発中の高食物繊維の小麦と高収量アルファルファ（マメ科の植物）の2023年頃の上市を計画している。高食物繊維の小麦は肥満の解消や腸内環境の改善などの効果が期待でき、高収量アルファルファは牧草としてアマゾンの熱帯雨林破壊など、畜産業の抱える環境負荷を低減することを目標に開発が進められている。

🔍 NAPAコメント 〜特徴・イノベーション〜

　当社の特徴は、高オレイン酸食用油や高食物繊維小麦などの健康に良い穀物製品の生産から流通までを手掛けるイングレーションモデルにある。当社は農業生産者に自社開発の高オレイン酸含有大豆の種子を販売するだけでなく、農業生産者が収穫した大豆を市場価格よりも高い価格で当社が買い取り、高オレイン酸食用油と大豆粕を製造し販売している。種子開発に特化する競合他社が多い中、当社の生産から流通までのビジネスモデルの独自性は高い。

　また、当社が開発する育種は、伝統的な交配育種や突然変異誘発育種よりも育種効率が良い「ノックアウト型」のゲノム編集を活用している。これは「ノックイン型」と異なり外来遺伝子を含まず、自然界で起こる突然変異と同様のもので安全性が高く、健康にも良いと言われる点が特徴である。さらに、当社の高オレイン酸食用油はトランス脂肪酸を含まないため、米国のトランス脂肪酸規制に対応した商品となっていることが大きなセールスポイントである。

　もともと、遺伝子組換えやゲノム編集は農業の環境負荷の軽減や高機能品種の開発を目的として育種に活用されてきた。当社が目指す方向も、農業の環境負荷軽減と安全な高機能製品種の開発にある。

Ginkgo Bioworks, Inc. 米国

合成生物学や遺伝子組換え技術を活用して、
環境負荷が少ない持続可能な農業や
社会の構築を目指すMIT発のユニコーン企業

🌱 会社概要・沿革

本社所在地	：27 Drydock Avenue, 8th floor Boston, Massachusetts
代表者	：CEO Jason Kelly
事業内容	：合成生物学や遺伝子組換えを活用した微生物の改良
資本金	：約7.3億ドル（資金調達累計額）
株主	：経営陣、Viking Global Investors, Y Combinator, Bill Gates 他
従業員数	：約300名
沿革	：2009年　会社設立
	2016年　投資ラウンド（シリーズC）で約1億ドルを調達
	2017年　投資ラウンド（シリーズD）で約3億ドルを調達
	独バイエルとのJVであるJoin Bio設立
	2019年　投資ラウンド（シリーズE）で約3億ドルを調達
	2社目のスピンオフ企業Motifをロシュと設立

🌱 事業概要

　当社は、マサチューセッツ工科大学で合成生物学を研究していた複数の科学者によって設立された。合成生物学は遺伝子組換えとは異なり、ゲノム情報を一から人工的に作成する新しい学術分野である。当社は2つの合弁企業で事業が構成されている。遺伝子組換えを活用し空気から窒素肥料を合成する"自己肥料合成作物"を開発するドイツ・バイエル社との合弁会社「Join Bio」と、合成生物学や遺伝子組換えを活用し有用物質を開発するスイス・ロシュ社との合弁会社「Motif」である。

　Join Bioで開発している根粒菌は、自然界ではマメ科植物の根に共生し、空気中の窒素から窒素肥料を合成して植物に供給している。マメ科植物は見返りとして、根粒菌に光合成で作ったデンプンを供給している。現在、窒素肥料の人工合成では「緑の革命」を支えた「ハーバー・ボッシュ法」が使われているが、世界の化石燃料消費量の2%を占める環境負荷の要因にもなっている。その最大利用者はトウモロコシ農家（約35%）であるため、当社ではトウモロコシと共生する根粒菌の実用化により、農業の環境負荷の軽減を実現できると考えている。

　Motifは、ビール製造にも利用する酵母の遺伝子操作により、様々な有用物質を生産することを目的としている。例えば代替肉では本物の肉に味を近づけるため「ヘム」という成分が使われるが、ヘムの人工合成は遺伝子組換え酵母で行われている。ほかにも代替肉素材や香料など、様々な物質の人工合成を研究している。

🌱 ビジネスモデル図（今後の計画）

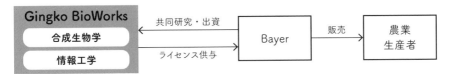

```
┌─────────────────────┐
│  Gingko BioWorks    │ ──── 共同研究・出資 ────→  ┌─────────┐ ── 販売 ──→ ┌─────────┐
│ ┌─────────────────┐ │ ←                        │  Bayer  │            │  農業   │
│ │   合成生物学    │ │                          └─────────┘ ←──────    │ 生産者  │
│ ├─────────────────┤ │ ──── ライセンス供与 ───→                        └─────────┘
│ │   情報工学      │ │
│ └─────────────────┘ │
└─────────────────────┘
```

🌱 今後の事業計画

　トウモロコシ用の遺伝子組換えの窒素固定細菌は、ドイツ・バイエル社のカリフォルニア農場で試験されている。この窒素固定細菌は規制対象の遺伝子組換え生物に該当するため、環境影響調査を行う他、トウモロコシ以外とは共生できずに死滅するように改良中である。これらのマイルストーンを実現したうえで米国農務省および食品医薬品局の許可を得て、まずは米国市場で上市する計画である。

🔍 NAPAコメント ～特徴・イノベーション～

　コンピュータサイエンスや遺伝学を組み合わせた情報生物学とそれをもとにした合成生物学を活用することで、極めて効率的に目的の性質を持つ生物の遺伝情報の設計や合成、試験を行うことができる。当社はこうした遺伝子組換え技術や合成生物学を活用し、20世紀を支えた化学産業よりも環境負荷が少ない持続可能な農業や社会の構築を目指している。当社の注目度は高く、既に評価額が10億ドルを超えるユニコーン企業になっている。ヒトゲノム計画を主導したクレイグ・ベンター博士は2010年に極めて原始的な単細胞生物であるマイコプラズマで人工合成生物の開発に成功し、2014年にはニューヨーク大学の研究者がマイコプラズマよりも高度な単細胞生物である酵母の染色体1本を人工的に合成して移植することに成功するなど、合成生物学は近年、急速に注目されている研究分野である。

　当社が開発中の根粒菌は遺伝子組換え技術によるものだが、窒素肥料の使用量削減は農業の持続可能性向上に寄与する。さらに根粒菌は主たる栄養源は共生相手から得ており、単独での繁殖が難しい。このため、安全性が比較的高いことも特徴である。実用化されれば地球環境保全に大きく貢献することが期待される。なお、当社の実験システムは自動化され、従来の20分の1の人員で研究が可能である。

Inari Agriculture, Inc. 米国

情報工学やAI、ゲノム編集などの
独自技術を駆使して、高効率な品種改良の
開発サービスを提供するスタートアップ

🌱 会社概要・沿革

本社所在地	: One Kendall Square Building 600/700, Suite 7-501 Cambridge, Massachusetts
代表者	: Executive Chairman　Michael Mack
事業内容	: 品種改良の受託サービスの提供
資本金	: 約1.44億ドル（資金調達累計額）
株主	: 経営陣, Alexandria Venture Investments, Acre Venture Partners 他
従業員数	: 130名（臨時雇用含む、過半数が研究開発担当）
沿革	: 2016年　会社設立
	2018年　投資ラウンド（シリーズB）で約4,000万ドルを調達
	2019年　投資ラウンド（シリーズC）で約9,000万ドルを調達
	トウモロコシの新品種を米国で発売開始

INARI

🌱 事業概要

　当社は著名な遺伝学者であるジョージ・チャーチ博士とスティーブ・ジェイコブソン博士により、作物の品種改良の効率化を実現する目的で2016年に創業された。当社は種子メジャーが寡占している種子市場において、中小の種苗会社とともに成長し、種子メジャーへの依存度を下げることを目標に掲げている。そのため、世界の中小規模の種苗会社を主要顧客に設定している。

　当社は開発力では種子メジャーに劣る中小種苗会社向けに、品種改良を受託するサービス「Seed Foundry」ビジネスを展開しており、売上は上市された新品種の売上に応じて得るライセンス料となる。当社サービスの特徴は、作物の性質と遺伝子情報をデータベース化し、AIを駆使して最適な交配の組み合わせをシミュレーションすることができる点である。これにより、従来は研究者の勘と経験に頼っていた交配育種（非遺伝子組換え）も効率的に行うことが可能となる。

　当社のコア技術により、情報工学やAIを駆使して開発期間を大幅に短縮できる。デジタルブリーディング技術や独自特許を持つゲノム編集技術の他、当社がパイオニアであるエピジェネティック制御技術やプロモーター制御技術などが挙げられる。例えば、トマトでは枝打ちが多くなり着果数が増加する品種や果房あたりの着果数が従来よりも多い品種、また、果実サイズが従来よりも大きくなった品種などの開発に成功し、収量は野生型の約1.9倍に改善している。

190

🌱 ビジネスモデル図

```
┌────────────────────────┐
│          Inari          │
│ ┌────────────────────┐  │         開発依頼
│ │ AI・電子情報解析を活用した │  │ ◄───────────      ┌──────────┐          ┌──────────┐
│ │   効率的通常育種     │  │     品種データ      │          │  種苗販売  │          │
│ └────────────────────┘  │                    │ 種苗会社  │ ────────► │  生産者   │
│ ┌────────────────────┐  │    新品種販売権     │          │          │          │
│ │    ゲノム編集育種     │  │ ◄───────────      │          │          │          │
│ └────────────────────┘  │                    └──────────┘          └──────────┘
│ ┌────────────────────┐  │    ライセンス料
│ │   遺伝子発現制御育種   │  │ ◄───────────
│ └────────────────────┘  │
└────────────────────────┘
```

🌱 今後の事業計画

　短期的には米国や南米、豪州でトウモロコシと大豆の品種改良を中心にサービス展開を行う計画であり、中長期的には欧州や日本にも進出を検討している。

　日本も重要市場と位置付けており、例えば、日本の種苗会社によるトマトの品種改良の受託などを希望している。

🔍 NAPAコメント ～特徴・イノベーション～

　当社の最新技術とデータサイエンスを組み合わせることで、伝統育種と比較して開発コストは10分の1に、開発期間も3分の1程度に短縮することができる。また、収量も伝統育種よりも改善効果が大きい。

　現在、デジタルブリーディング技術はトウモロコシや大豆、トマトで構築されている。今後、種苗会社の持つ品種群の提供を当社が受けることで、データベースの構築を通じて幅広い品種開発に応用が可能である。

　当社の受託開発では、必要に応じてゲノム編集技術の活用も選択肢となる。ゲノム編集技術を使わなくても品種改良は可能であるが、ゲノム編集を活用することでより多くの選択肢を手にすることができる。

　当社は、遺伝子改変を行わずに特定の遺伝子発現を制御するエピジェネティック制御とプロモーター制御技術のパイオニアでもある。これらの技術は遺伝子組換えを行わず、作物が本来持つ仕組みを応用して特定の性質を引き出す技術である。遺伝子組換えに該当しないため、安心して新種育成に応用できる。

フード＆アグリテックが促す農と食の
デジタルトランスフォーメーション
（DX）

1 フード&アグリテックの市場展望

　これまで見てきたように、フード&アグリテックは世界の食料需給の安定に貢献するだけでなく、農業を中心とする食ビジネスの生産性向上と効率・省力化に寄与し、持続可能な新たな経済システムの構築を促すものと考える。また、様々な産業を巻き込んだ新市場創造を通じて、農と食の領域に留まらない地域活性化の一助にもなるものと期待される。

　フード&アグリテック市場は2020年代に全5分野で社会実装と普及期を迎え、同年代に市場規模が急速に拡がるものと考えている。2019年の国内市場の規模を2,526億円と推計しているが、2025年には9,046億円、2030年には1兆6,351億円に拡がり、今後10ヵ年の年平均成長率（CAGR）を16.7%と予測している。

　フード&アグリテックの市場を牽引するのはアグリバイオであり、2030年時点で全体の4割以上のシェアを占めるものと推測している。アグリバイオの市場規模は2020年を1,386億円、2030年を7,417億円とし、10ヵ年のCAGRを18.3%と予想した。アグリバイオの市場を当面リードするのは、「植物肉」や「植物性ミルク・乳製品」などの代替タンパクであり、ゲノム編集は2020年代

図表3-1　フード&アグリテックの国内市場規模予測

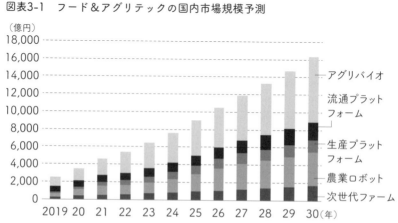

（出所）筆者推計

後半に社会実装が進むものと思われる。

　アグリバイオに次ぐ牽引役は農業ロボットである。2030年時点に全体の2割強を占めるものと推測した。市場規模は2020年を738億円、2030年を3,785億円とし、10ヵ年のCAGRを17.8％と予測した。ドローンは引き続き市場への普及が進む他、ロボットトラクターは2025年前後から、収穫ロボットは2025年以降にそれぞれ普及するものと推察している。

　流通プラットフォームは全体の1割強を占め、市場規模は2020年が706億円、CAGRは11.3％で伸長し、2030年には2,065億円に拡大するものとした。農畜水産物のEC化率（オンライン取引が全体に占める割合）は2019年推定の0.6％から2030年には2％程度まで膨らむものと予想した。

　次世代ファームは全体の1割程度のシェアで、2020年の市場を375億円、2030年を1,699億円、10ヵ年のCAGRを16.3％と推測した。植物工場は2025年までにレタス類の市場がほぼ立ち上がり、その後はホウレン草の他、育種や自動化の技術を伴ったトマトやイチゴ、動物性ワクチンの市場が牽引するものと予測している。陸上・先端養殖は、2030年までに水産養殖市場の15％程度が置き換わるものと推算する。

　生産プラットフォームは全体の1割弱を占め、2020年を297億円、2030年を1,385億円、10ヵ年のCAGRを16.6％と予想した。農畜水産業のうち耕種農業（穀物や青果、花卉など）向けの製品やサービスが約6割のシェアを占める他、必要な機能を必要な分だけ提供する「SaaS（Software as a Service）」をはじめとしたサービスモデルの加速を予測した。

　以下、フード＆アグリテックの5つのセクターにおけるそれぞれの市場展望を述べる。

1. 次世代ファーム

(1) 植物工場

今後の市場規模予測

　植物工場の2019年の国内市場規模（野菜の出荷高ベース）を152億円と推計したが、それに続く市場規模として2020年を238億円（前年比57％増）、2021

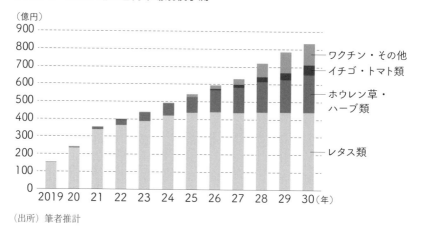

図表3-2　植物工場の国内市場規模予測

（億円）

凡例:
- ワクチン・その他
- イチゴ・トマト類
- ホウレン草・ハーブ類
- レタス類

（出所）筆者推計

年を354億円（同49％増）とし、2025年を541億円、2030年を836億円とそれ
ぞれ予測した。

　市場規模は、植物工場から出荷される農産品などの出荷高とした。また、市
場規模の内訳は「レタス類」と「ホウレン草・ハーブ類」、「イチゴ・トマト
類」、「ワクチン・その他」の4つとした。2020年の内訳はレタス類235億円、
ホウレン草・ハーブ類2億円、イチゴ・トマト類0.1億円、ワクチン・その他0.5
億円とし、2025年はレタス類435億円、ホウレン草・ハーブ類89億円、イチ
ゴ・トマト類2億円、ワクチン・その他15億円、さらに2030年はレタス類441
億円、ホウレン草・ハーブ類215億円、イチゴ・トマト類55億円、ワクチン・
その他125億円とした。

市場展望

　植物工場の国内市場規模は今後も拡大し、2020年から2030年までの10ヵ年
のCAGRを13.4％と予想する。

　2020年と21年の2年間の市場規模は、植物工場の大手プレーヤーの計画の積
み上げを中心に推計し、2021年末の市場規模は現状の2倍を超えるものと考え
ている。また、2020年2月末には欧州最大の植物工場プレーヤーであるドイツ
のインファーム社が、東日本旅客鉄道（東京）と連携して日本市場へ参入する

ことを発表した。その他の外資系企業においても、ここ数年内に国内に参入する計画があり、市場規模はさらに膨らむ可能性がある。

　2022年以降の市場は、新たな商品や技術開発が行われるものと考えている。まず、2023年頃にホウレン草の他、ハーブ類（バジルやルッコラ、ミントなど）の商品出荷が普及期を迎えるものと考える。現在、国内の植物工場で栽培されている野菜はほぼ大多数がレタス類である。レタスの市場規模（出荷高ベース）は、天候などの影響を受けて年によって大きく異なるが、平均すると1,100億円程度と推計される。

　現在、植物工場産野菜が占めるシェアは約14％と推算でき、今後、国内農家数の減少と植物工場の自動化によるコストダウンが進み、最大で4割程度までシェアは高まるものと考えている。一方、コストダウンは出荷価格の下落をもたらすため、出荷量の伸び以上に市場規模（出荷高）は増加しない。業界全体としては、今後はレタス類以外の葉物野菜の商品開発が必要となる。

　また、2025年頃を目途に、植物工場に適した新品種の開発が社会実装を迎えるものと考える。ビッグデータや人工知能（AI）を用いた交配育種の開発スピードが加速する他、その効率を高めたゲノム編集（ノックアウト型）の実装がカギとなる。その結果、イチゴやトマトなどの果菜類の他、生薬や機能性野菜などがそれぞれ普及し始めるものと推察する。

　さらに、2020年代後半は、植物工場の定植から収穫・包装までのほぼ全ての工程での自動化が見込まれる。前述した育種技術と自動化技術は、「動物用ワクチン」の開発に大きく寄与するものと考えている。例えば、日本最大級の公的研究機関である産業技術総合研究所は、2006年より植物工場内で、犬の歯周病治療薬となるインターフェロンの遺伝子を導入したイチゴの栽培と製品化のR&Dを行っている。遺伝子組換え技術を用いるため、植物工場のメリットである密閉空間をフル活用しているが、コストダウンが課題で製品化には至っていない。フェノタイピングをはじめとする新しい育種技術や製造の自動化技術はこの課題解決に大きく資するものと考えている。植物工場を活用した動物用ワクチンは2027年頃から上市が始まり、その後、コストダウンと製品改良が進められ、2030年頃に本格的に普及を始めるものと予測している。

(2) 陸上・先端養殖

今後の市場規模予測

　陸上・先端養殖の2019年の国内市場規模（水産品の出荷高ベース）を116億円と推計したが、それに続く市場規模の予測として2020年を137億円（前年比18％増）、2021年を169億円（同23％増）とし、2025年を412億円、2030年を863億円とそれぞれ推計した。算出した市場規模は、陸上養殖と先端養殖の各施設から出荷される水産品の出荷高とした。

　市場規模の内訳は、先端養殖は2020年が135億円、2025年が310億円、2030年が605億円となり、陸上養殖は2020年が2億円、2025年が102億円、2030年が258億円となった。

市場展望

　陸上・先端養殖の国内市場は今後拡大し、2020年から2030年までの10ヵ年のCAGRを20.2％と予想する。国内養殖市場に占めるシェアは2019年を2.0％、2025年を7.0％、2030年を14.6％とそれぞれ推計した。

　当面、市場を牽引するのは先端養殖である。ノルウェーやチリのような生産から加工、出荷までの養殖プロセス全体での自動化が普及するのは2020年代後半に入ってからだと推測している。国内では当面、生産プロセスを中心に

図表3-3　陸上・先端養殖の国内市場規模予測

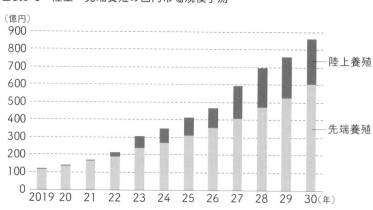

（出所）筆者推計

IoTセンサやコンピューター・システムなどのデジタル技術を取り入れる動き
が進むものと考えている。

　現在、国内養殖市場に占める先端養殖のシェアを1.9％と推計しているが、
2025年時点には5％を超え、2030年には10％を超えるものと予測する。先端シ
ステムの導入を牽引するシナリオは2つある。1つは大規模な養殖事業者が先
端技術を導入しながら、さらに規模拡大を進めていくシナリオである。

　もう1つのシナリオは、異業種企業による養殖ビジネスへの参入である。
2018年12月に70年ぶりに漁業法が改正されたが、2020年代は異業種企業によ
る当ビジネスへの新規参入が相次ぐものと考えている。異業種企業が参入し始
めることで、海外の巨大養殖事業者が開発を進める海面での「密閉型養殖プラ
ント」や外洋での「オートメーション・プラント」といった斬新なアイデアと
それを実現するための技術が国内でも生まれてくる可能性もある。

　次に、陸上養殖は2025年以降に普及期に入るものと予測している。魚種は
当面、サーモン類（サケ・マス類）が牽引する。現在、サーモン類の日本の輸
入量は年間25万トン程度であり、ラウンド（丸魚）ベースに修正した輸入高を
1,600億円前後と試算した。

　そのうち、寿司ネタなどで利用されるアトランティックサーモンなどの高品
質商品の輸入額を650億円（10万トン）程度と推計しており、2025年に15％強
が、また2030年には4割程度が国内出荷（国内の陸上養殖で生産されたサーモ
ン類）に置き換わるものと予想している。

　このシナリオは、短期的な視点では、国内で陸上養殖を牽引する各企業の社会
実装の結果に左右される。それらの企業は陸上養殖の第二世代を牽引するFRD
ジャパン（埼玉）とソウルオブジャパン（東京）の両スタートアップの他、サケ・
マス類の養殖で国内最大級の林養魚場（福島）とNECネッツアイ（東京）が合弁
で設立したNESIC陸上養殖（山梨）、そしてマルハニチロ（東京）などである。

　特にソウルオブジャパンが2021年秋頃に稼働予定のプラントは、国内でこ
れまでに類を見ない超大規模プロジェクトであり、当社のアトランティック
サーモンがノルウェーやチリからの輸入の代替品になるかどうかは、陸上養殖
の市場推計における最大のポイントである。

　中長期的な視点では、陸上養殖が伸びる余地は大きいものと考える。2019

年9月にデンマーク政府が海面養殖の新規発行枠を停止したように、世界的に見ると環境面の影響などから海面養殖の面積が今後拡大していくことは考えにくい。従来の海面養殖を補う目的で、また、持続可能な水産業を実現する手段として陸上養殖への期待は世界的に高まるものと思われる。

陸上養殖の普及を加速させるもう1つのシナリオは、新たな品種開発である。サーモン類の陸上養殖は出荷までに数年間を要するため、事業リスクは小さくない。例えば、ゲノム編集（ノックアウト型）を活用することでより成長が早まる品種や病原性ウィルスに耐性がある品種などの開発が期待される。

ゲノム編集技術を用いた水産品種の開発では、2002年に世界で初めてクロマグロの完全養殖に成功した近畿大学が、2018年にゲノム編集技術を使って通常の筋肉量（可食部）を1.2倍に増加させた「マッスル・マダイ」を開発している。また、ゲノム編集とは別次元だが、米国のアクアバンティ・テクノロジー社は、遺伝子組換え技術を用いて成育期間と給餌効率を大幅に高めたアトランティックサーモンを開発している。

既存の品種改良やゲノム編集の技術を用いて、サーモン類の陸上養殖を大幅に効率化させる新品種は、遅くとも2030年までには社会実装を迎え、陸上養殖の普及に大きく寄与するものと予測している。

2. 農業ロボット

(1) ドローン

今後の市場規模予測

農業用ドローン（今後の水産・畜産用途を含む）の2019年の国内市場規模（メーカー／代理店の製品出荷高と農業者向け各種サービス売上高の合計）を310億円と推計したが、それに続く市場規模として2020年を583億円（前年比88％増）、2021年を759億円（同35％増）とし、2025年を1,073億円、2030年を1,395億円とそれぞれ推計した。

農業用ドローン市場の内訳は、用途作物や分野ごとに「稲作用途（麦や大豆を含む）」、「畑作用途」、「その他農業用途」、「水産・畜産用途」、「各種サービス」の5つとした。

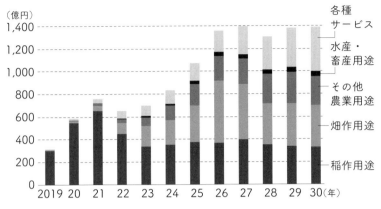

図表3-4　農業用ドローンの国内市場規模予測

（出所）筆者推計

市場展望

農業用ドローンは既に普及期に突入しているが、今後、対象品目や利用用途などが拡がり、2030年に向けて国内市場は伸長していくものと考える。2020年から2030年までの10ヵ年のCAGRを9.1％と予想する。

まず、対象品目は農薬取締法の緩和などを受けて登録農薬数が増加し、現在の水田作物から飼料・畑作物、露地野菜、果樹、茶などへの拡がりが見込まれる。また、利用用途は現在の農薬散布からセンシングや肥料散布、播種、受粉、農産物などの運搬、施設園芸などへ拡がり、市場のすそ野が拡大するであろう。さらに、ドローンを使った散布代行や生育診断などを行うサービス分野も拡がりを見せ始めるものと考えている。

2020年代前半は「稲作用途」が市場を牽引する。政府は「空からの産業革命」を目指し農業分野のドローン普及を推進している。その目標として、2022年度までに水田を中心とする土地利用型農業の作付面積の半分以上への普及を目指している。現在の水稲と小麦、大豆の国内作付面積は合計約180万haであり、順調に進めば2023年を目途にこれらの農地の半分程度でドローンが浸透していることになる。農業現場における需要の高まりと国の規制緩和の方向性、そしてドローンメーカー各社の取り組み状況を踏まえると、到達可能な目標だと考えている。

稲作用途は既に普及期に入っており、2021年の約650億円をピークとして、2023年から更新需要期に入るものと見込まれる。その際の国内での普及機体数は累計5万台程度になるものと推算している。

　2023年以降、稲作用途の次に普及が見込まれるのは「畑作用途」である。今後、農薬取締法の改正に伴い、農薬メーカーによる登録農薬数が増加することで、畑作分野でもドローンの普及が期待される。畑作用途の市場規模は2025年に約320億円、2030年には365億円に伸長するものと見込んでいる。

　「その他農業用途」は、農場や作物のセンシング、収穫農産物の運搬、鳥獣害対策の他、ガラス温室などで大規模に野菜や花を栽培する施設園芸向けの利用が進むものと考える。その他農業用途の市場規模は2025年に195億円、2030年には260億円に拡大するものと推計する。

　「水産・畜産用途」は2025年前後に市場が芽生え始めるものと考えている。水産分野は先端養殖や陸上養殖の分野において、例えばドローンを使った生簀内外の監視やモニタリングの他、水産飼料の生簀への運搬と散布などが考えられる。畜産分野は酪農牛や肥育牛の管理・モニタリング、給餌などが中心となろう。水産・畜産用途の市場規模は、2025年に28億円、2030年に45億円に拡がるものと想定する。

　2020年代で最も市場の伸び率が高い分野は「各種サービス」だと予想している。例えば、薬剤散布を農業者に代わって担う散布代行サービスや作物をセンシングして栽培状況の生育診断を行うサービスの普及が見込まれる。また、ドローンとデジタル技術を活用して、物流や流通分野にも踏み込んだ画期的なサービスも期待される。

　これらサービスの実施主体はドローンメーカーや代理店が中心になると思われるが、異業種の企業が新規ビジネスとして取り組むケースも増えてくるものと思われる。各種サービスの市場規模は2025年に155億円、2030年には395億円に拡がるものと予測している。

(2) 収穫ロボット

今後の市場規模予測

　青果向け自動収穫ロボットの2019年の国内市場規模（メーカー／代理店の

図表3-5　収穫ロボットの国内市場規模予測

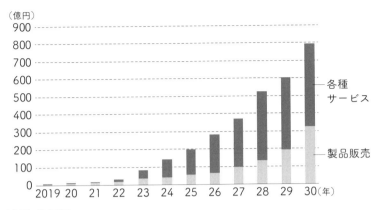

（出所）筆者推計

製品出荷高と農業者向け各種サービス売上高の合計）を約3億円と推計した
が、それに続く市場規模として2020年を11億円（前年比約4倍）、2021年を19
億円（同2倍）とし、2025年を200億円、2030年を795億円とそれぞれ予測した。

　収穫ロボット市場の内訳は、メーカーや代理店による「製品販売」とメー
カーや代理店、または第三者企業が農業者へ提供する「各種サービス」の2つ
とした。各種サービスは、製品販売以外の収穫ロボットに関連する農業者への
サービス提供をいう。主に、ロボットの"売り切り"ではなく、リースや貸し
出しを行うサービス、また、農業者の代わりに農産物の収穫を代行するサービ
スなどが軸になるものと推察する。

市場展望

　青果向け自動収穫ロボットの国内市場は、2020年代前半から徐々に開花し
始め、2025年以降、現在のドローン市場と同様に加速的な普及が進むものと
予測している。2020年から2030年までの10ヵ年のCAGRを54.1％と予想した。

　市場規模推計の前提とシナリオを次のように置いた。まず、収穫ロボットが
2030年までに対象とする品目を、野菜では植物工場野菜のレタスやホウレン
草の他、施設園芸／露地栽培野菜のアスパラガス、トマト、ナス、ピーマン、
キュウリの7品目が軸となり、これに施設園芸／露地栽培野菜のレタスやホウ

レン草、キャベツ、ハクサイ、ネギ、タマネギを加えた11品目（レタスとホウレン草はそれぞれ1つとカウント）とした。また、果樹ではイチゴが他を凌駕する大きな軸になる。その他、リンゴやミカン、ナシ、ブドウ、メロン、モモの7品目が果樹の対象となろう。

農林水産省によると、野菜11品目の現在の国内総産出額（農業者の出荷高ベース）は合計1兆1,000億円程度、果樹7品目は合計6,500億円程度であり、その合計は約1兆7,500億円（計18品目の合計出荷高）となる。このうち人件費が占める比率は、品目や栽培形態、地域によって異なるものの、同省の各種統計や推計などから3割程度とした。同様に、農業従事者の全作業時間のおよそ3分の2が収穫作業（一部出荷作業含む）と除草・葉かき作業に費やされているものとすると、約3,500億円（1兆7,500億円×30％×67％）が2030年までの収穫ロボットの対象市場になるものと推計した。

次に、市場を牽引する分野は、2025年までは植物工場であり、2025年以降が施設園芸や露地栽培だと考えている。植物工場では既にスプレッド（京都）のような先進プレーヤーが収穫（支援）ロボットを導入しているように、今後新設される大型植物工場では、収穫ロボットを設置・利用する前提の施設設計になるものと予想される。そのため、植物工場へ導入する収穫ロボットは、メーカー側から見ると「製品販売」が大半を占めるものと思われる。

また、施設園芸や露地栽培は、技術実装がほぼ固まる2025年までは「各種サービス」が主体で、それ以降は「製品販売」も増加してくるものと予測している。各種サービスは、先述したように、ロボットを"貸し出す"サービスの他、メーカーまたは代理店が農産物を代行で収穫するサービスが主流となろう。これは農業者から見ると、初期費用やメンテナンス費用がかからず、常に最新技術・機能を持つロボットを利用できるメリットがある。同様にメーカー側では、各農業者や品目の栽培・収穫に関するビッグデータが蓄積できるメリットがある。サービス料の計算方法は、面積や収穫高（収穫重量×出荷または市場価格）に応じた徴収が想定される。

以上の前提やシナリオを踏まえて、収穫ロボットの市場規模内訳は、2025年は「製品販売」を55億円、「各種サービス」を145億円とし合計200億円、また、2030年は「製品販売」を325億円、「各種サービス」を470億円とし合計

795億円とそれぞれ推計した。

　これにより、収穫ロボットの2030年までの対象市場を約3,500億円と見積もったが、2025年の市場シェアは6％弱（200億円／3,500億円）、2030年には2割強（795億円／3,500億円）と予測できる。つまり、2030年には、青果18品目を生産する農業経営体の5軒に1軒が、収穫時に自動収穫ロボットを利用しているシーンを想定している。

(3) ロボットトラクター

今後の市場規模予測

　ロボットトラクター（国の自動化レベルで「レベル2」以上のトラクターと田植機、コンバイン）の2019年の国内市場規模（メーカー／代理店の製品販売高と農業者向け各種サービス売上高の合計）を70億円程度と推計したが、それに続く市場規模として2020年を144億円（前年比約2倍）、2021年を253億円（前年比76％増）とし、2025年を665億円、2030年を1,595億円とそれぞれ予測した。

　市場規模の内訳は「製品販売」と「各種サービス」の2つとした。そのうち製品販売は「トラクター」と「田植機」、「コンバイン」の3つで整理した。また、各種サービスは、ロボットトラクターを用いた農業者へのサービス提供で

図表3-6　ロボットトラクターの国内市場規模予測

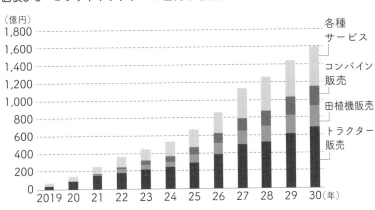

（出所）筆者推計

あり、主にコンバインを複数台所有する代理店や企業などが農業者向けに収穫代行サービスを提供する他、地域の複数の農業者へ一定期間貸し出す「シェアリングサービス」などを予測する。ロボットトラクターはいずれも高価だが、特にコンバインはトラクターや田植機と比べてより高価となることが予想される。また、コンバインはトラクターと異なり基本的に年1回しか利用しないことなどを背景に、このような関連サービスが拡がるものと考えている。

市場展望

ロボットトラクターの国内市場は今後拡大し、2020年から2030年までの10ヵ年のCAGRを27.2％と予想する。

市場推計の基本的な前提とシナリオは次の通りである。まず、現状のトラクターと田植機、コンバイン、各種サービスの現在の市場規模を算出した。これは今後ロボットトラクターが対象とする市場規模となる。農林水産省の各種統計や業界関係者へのヒアリングなどから、2019年の市場規模はトラクターを約1,370億円、田植機を約580億円、コンバインを約1,040億円とそれぞれ推計し、3市場の合計を2,990億円とした。この市場規模は、農業者の人口減少を製品の単価上昇で補うことで2030年まで変わらないものと仮定した。

次に、自動化の「レベル2」の製品が上市される時期（トラクターは2017-18年に上市済み）として、田植機を2020-2021年、コンバインを2021-2022年とし、また「レベル3」のトラクターを2023-24年、田植機を2025-26年、コンバインを2026-27年とそれぞれ予測した。

このような前提とシナリオのもと、「トラクター販売」（自動レベル2以上、以下同じ）の想定市場規模として2025年を290億円、2030年を690億円、「田植機販売」は2025年を95億円、2030年を240億円、「コンバイン販売」は2025年を85億円、2030年を215億円とそれぞれ推計した。

これによりロボットトラクターの「製品販売」が既存市場に占めるシェアは、2025年には15％（470億円）を超え、2030年には4割弱（1,145億円）に達するものと推計できる。全体では2030年時点で4割弱のシェアを占めるが、各製品別ではトラクターが約5割、田植機が約4割、コンバインを約2割となる。コンバインの浸透シェアが低い理由としては、トラクターと田植機に比べて自

動化の開発が遅れていることや収穫プロセスを外部に委託する農業者が増えてくることなどを想定している。

　また、「各種サービス」市場は今後、特に中小零細の農業者を中心に収穫作業の外部委託が進むものとし、2030年までに450億円程度の市場が創出されるものと予測している。推計の前提として、まず、収穫サービスを行っている事業者へのヒアリングなどから、収穫サービスの報酬を委託者である農業者の農産品販売高の20％とした。現在、米と麦を生産する農業者の合計産出額（2018年）は約1.8兆円であり、仮に全ての農業者が収穫を委託すると3,600億円（1.8兆円×20％）の市場となる。このうち8件に1件（12.5％）の農業者が、2030年までに収穫などの農作業を外部に委託するものとし、各種サービスの推計市場規模（3,600億円×12.5％＝450億円）を算出した。「各種サービス」の市場規模は2025年を195億円、2030年を450億円とそれぞれ予想する。

3. 生産プラットフォーム

今後の市場規模予測

　農畜水産業の生産プラットフォームの2019年の国内市場規模（農畜水産事業者のIT投資額とシステムメーカーなどによる農畜水産事業者向け各種サー

図表3-7　生産プラットフォームの国内市場規模予測

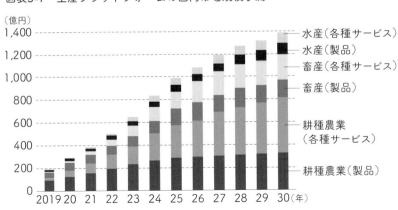

（出所）筆者推計

ビス売上高の合計）を190億円と推計したが、それに続く市場規模として2020年を297億円（前年比56％増）、2021年を390億円（同31％増）とし、2025年を994億円、2030年を1,385億円とそれぞれ予測した。

生産プラットフォーム市場は、対象分野毎に「耕種農業」と「畜産」、「水産」の3つに分け、さらにそれぞれを「製品」と「各種サービス」で区分けした（市場区分は合計6つ）。「製品」は農畜水産事業者によるシステムやセンサなど生産プラットフォームに関連する投資であり、パソコンやスマートフォンの購入、Wi-Fiやクラウドなどの基礎的なITインフラ環境の整備に要する投資は含まれない。また、「各種サービス」は、メーカーのシステム販売ではなく、面積規模や使用量に応じて請求するサービスをはじめ、農場・作物のセンシングやデータ解析サービス、マーケティングサービス、育成診断サービス、ピンポイント散布の代行サービスなど、生産プラットフォームに関連するサービスをいう。センシングはドローンを使ったサービスが主体だが、当サービスはドローン市場における「各種サービス」に含めるものとし、生産プラットフォーム市場には含まれないものとする。

市場展望

農畜水産業向けの国内生産プラットフォーム市場は今後拡大し、2020年から2030年までの10ヵ年のCAGRを16.6％と予想する。

現在、国内の全産業におけるIT投資額の平均は売上高の1.5％程度だといわれているが、農畜水産分野は0.2％にも達していないと推計される。ただ、今後、生産プラットフォームを中心とした農畜水産分野での投資比率は高まるものと考えられる。

まず、生産プラットフォームはデジタル農業の基盤であり、トラクターなどの農業機械との互換性が非常に高い。植物工場や陸上養殖などの次世代ファームはもちろん、日本でも普及し始めている大型園芸施設の環境制御にも必要不可欠な投資である。また、政府による強力な後押しも追い風となる。政府は「2025年までに農業の担い手のほぼ全てがデータを活用した農業を実践すること」を目標に掲げており、現在、省庁横断のプロジェクトや農林水産省を主体に全国レベルでの実証事業を推進している。国が進める事業の中では、特に農

業データ連携基盤（WAGRI）が注目されている。

　WAGRIは農業分野のデータ連携・共有・提供機能を有するデータプラットフォームであり、内閣府が実施する第1期戦略的イノベーション創造プログラム（SIP）の「次世代農林水産業創造技術」において開発が始まった。農業ICTの抱える課題を解決し、農業の担い手がデータを使って生産性向上や経営改善に挑戦できる環境を生み出すことなどを目的としている。2017年からの開発期間を終え、2019年4月から、運営事務局を農研機構農業情報研究センターとし、本格運用が始まっている。

　生産プラットフォームの今後の展望として、大きく3つの潮流を予測している。1つ目は、海外有力スタートアップによる巨大プラットフォーマー化の流れである。海外の農業・畜産分野では2015年以降、特筆に価する機能やサービスを軸に農業者を一気に囲い込み、それらの情報をさらに解析しながら機能の精度を高めると同時に新機能やサービスを開発し、規模を拡大するスタートアップが出始めている。米国のファーマーズ・ビジネス・ネットワーク社やクライメート・コーポレーション社、イスラエルのタラニス・ヴィジュアル社、オランダのコネクテラ社などがその代表である。

　世界最大の農業機械メーカーであるジョン・ディア社をはじめとする大手農業機械などの各種メーカーもこの流れを無視できるはずがなく、各社プラットフォームとの互換性を高める動きや当プラットフォームに参画しながら自社の製品やサービスを提供する動きが活発化している。

　2つ目は、各メーカー間の連携が加速化する流れである。昨今、農業機械や農薬などの各メーカーが緩やかに連携し、共通のプラットフォームで各社のサービス提供や情報連携を行う動きが起こり始めている。例えば、2017年に設立されたドイツの365ファームネット社は、欧州最大の農業機械メーカーであるクラース・グループ社（ドイツ）や世界最大の総合化学メーカーであるBASF社（同）などの欧州域内外の農業機械・農薬メーカー、ソフトウェア企業など約50社の農業関係企業によって設立されたスタートアップである。

　当社が運用する生産プラットフォームは、営農管理に必要な基本機能は全て無償で農業者へ提供し、その上で各参画メーカーが有償サービスを、農業者の必要に応じてオンデマンドで提供するモデルである。当社のプラットフォーム

は既にドイツを中心に多くの農業者を集約し始めているが、無償で利用可能な基本機能が充実している点にその特徴がある。

　また、同じドイツのDKEデータ社も2016年に大手農機メーカーや農薬メーカーなど11社によって設立されたスタートアップである。当社は農業者の営農情報を関係メーカーや農業団体・指導員などの営農関係者と共有する「データ連携」プラットフォームを開発・運営している。当プラットフォームは、株主であるメーカー各社が自社の製品やサービスを提供することはなく、データ連携に特化している点で365ファームネット社のプラットフォームとは異なる。農業者が自身の情報を共有する内容や範囲、相手先などを自由に選択できるだけでなく、情報連携する相手先を視覚的に理解しやすい高いユーザビリティに特徴がある。

　3つ目は、生産プラットフォームの提供モデルがサービス型（課金）へ移行する流れである。必要な機能のソフトウェアを必要な分だけ利用できる「SaaS（Software as a Service）」のビジネスモデルがますます加速するものと考えている。ドイツの365ファームネット社のように、質の高い基本機能を無償で提供することで農業者の登録と利用を促し、付加機能（サービス）で課金するビジネスモデルが主になり始めるものと推察している。課金サービスとしては、農場や作物のセンシングとそれらで解析したビッグデータをもとにした農業経営のコンサルティングやマーケティング、作物の生育診断などの各サービスが普及するものと見込まれる。

　国内の生産プラットフォーム市場は2025年前後までは「製品販売」が市場を牽引するが、それ以降は「各種サービス」が牽引するものと予測する。例えば、耕種農業における2020年の市場規模は製品販売を125億円、各種サービスを55億円（計180億円）と推計したが、2025年はそれぞれ289億円と285億円（計574億円）、2030年は325億円と485億円（計810億円）とそれぞれ予測し、2026年には製品販売と各種サービスの額が逆転するものと考えている。

　このような展望と市場推計を踏まえ、2020年代は農畜水産業においてもIT投資（サービス提供含む）の市場が徐々に活況を呈するものと思われる。農畜水産事業者全体の売上高を農畜水産業の総産出額（生産者の出荷ベース）と仮定すると、生産プラットフォーム市場（製品とサービスの合計）が総産出額に

占める割合は、2025年には1％程度、2030年には1.3％程度にまで高まるもの
と予測している。この生産プラットフォームの浸透率は、耕種農業が先行し、
畜産、水産が続くものと推察している。

4. 流通プラットフォーム

今後の市場規模予測

農畜水産業の2019年の流通プラットフォームの国内市場規模（農畜水産事
業者がオンライン上で消費者や実需者へ直接販売を行う取引高）を633億円と
推計したが、それに続く市場規模は2020年を706億円（前年比12％増）、2021
年は785億円（同11％増）とし、2025年を1,165億円、2030年を2,065億円とそ
れぞれ予測した。

農畜水産物の総産出額に占めるオンライン取引のシェアであるEC化率は、
2020年が0.67％に対して、2025年は1.10％、2030年は1.95％となり、流通プ
ラットフォーム市場の拡大とともにEC化率も伸長することが見込まれる。

流通プラットフォーム市場は、対象品目で「農産物」と「畜産物」、「水産
物」の3つに分けて、それぞれ今後の市場規模を予想した。

市場展望

流通プラットフォームの国内市場規模は安定的に拡大するものと見込み、
2020年から2030年までの10ヵ年のCAGRを11.3％と予想する。

市場規模の内訳として、まず、農産物の流通プラットフォーム市場は2020
年を486億円（EC化率0.84％）、2025年を765億円（同1.32％）、2030年を1,315
億円（同2.27％）とし、2019年から2030年までの10ヵ年のCAGRを10.5％と予
想した。

また、畜産物の同市場は2020年を130億円（同0.40％）、2025年を230億円
（同0.72％）、2030年を420億円（同1.31％）とし、10ヵ年のCAGRを12.4％と
した。さらに、水産物の同市場は2020年を90億円（同0.57％）、2025年を170
億円（1.08％）、2030年を330億円（同2.10％）とし、10ヵ年のCAGRを13.9％
と予想した。

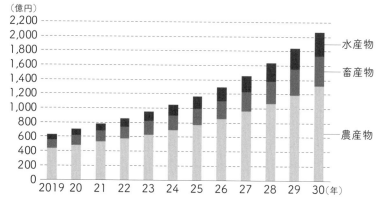

図表3-8　流通プラットフォームの国内市場規模予測

（出所）筆者推計

①オンライン取引プラットフォーム市場の展望

　流通プラットフォームの今後の展望として、主に2つの方向性を想定している。1つは、B2C型とB2B型の流通プラットフォームで提供される機能やサービスの拡充・刷新である。2019年の農畜水産物のEC化率を0.6％程度と試算しているが、経済産業省が発表している2018年の食品・飲料・酒類のB2C型のEC化率である2.6％には遠く及ばない。

　この背景には、消費者サイドでは、生鮮品特有の鮮度などの商品実態がよくわからないためにオンライン上での購入を躊躇することをはじめ、まとめ買いをしないと配送費が高くついてしまうこと、欲しいときに欲しい商品がないこと、昨今では自宅付近のコンビニエンスストアでも生鮮品を購入できるようになったことなど様々な理由が考えられる。

　また、生産者サイドでは、物流費がかさむことや消費者のアフターフォローが煩雑なこと、在庫リスクが高まること、魅力ある販促ツールやノウハウが揃わないことなどの課題があろう。

　今後、これらを解消する新たな機能やサービスが流通プラットフォームを運営する各社によって開発・提供され始めるものと考えている。例えば、消費者と生産者の双方で課題に感じている「物流費」に関しては、生産者が個々の消費者やバイヤーの自宅や店舗に配送するのではなく、都市の共同倉庫へ一括で

配送し、そこへ消費者やバイヤーが引き取りに来るようなモデルも始まるものと考えられる。実際、中国でB2B型の野菜プラットフォームを運営するスタートアップの宗小菜社は、産地で荷をまとめて一括で都市の共同倉庫へ配送し、そこへバイヤーが引き取りに来るモデルで大成功を収めている。引き取りに出向く手間はかかるが、産地直送で鮮度を維持しながら物流費を削減するスキームに魅力を感じる消費者やバイヤーも多いものと考えられる。

　また、米国のスタートアップであるアグリゲーター社が展開する農協と生協の特徴を併せ持つサービスを導入することで、これまで取引対象になっていなかった生産者やバイヤーが気軽に参加できるようになり、市場のすそ野は広がる。さらに、2020年から日本でも「5G（次世代通信規格）」のサービスが始まることで、大容量のデータを遅延なく高速に伝達できるようになる。リアルタイム動画を活用して商品の情報や特徴を伝える機能の他、漁獲されたばかりの魚介類のセリ取引を船上で行うライブ感のあるサービスなど、消費者やバイヤーにとって魅力ある機能や付加サービスが拡充されるものと予想する。

　今後の流通プラットフォームのもう1つの方向性は、消費者間の取引であるC2C市場の拡大である。つまり、庭先で農業を行う兼業農家や週末に家庭菜園を行う個人が生産した農産物が、フリマアプリなどの流通プラットフォームを介して消費者と取引される市場が創造され始めるものと見込んでいる。

　実際、メルカリ（東京）が運営するフリマアプリの「メルカリ」上では、レタスやキャベツ、タマネギ、ニンジン、サツマイモ、トマト、シイタケ、イチゴ、鶏卵など、様々な農産物が個人によって出品されている。もちろん、農業で生計を立てているプロ農家もいるものと思われるが、出品者のコメントを見てみると、兼業農家の他、明らかに趣味で栽培した野菜を出品している個人も散見される。

　現在、フリマアプリは「メルカリ」をはじめ、楽天（東京）の「ラクマ」やヤフー（東京）の「PayPayフリマ」、スターダストコミュニケーションズ（東京）の「ショッピーズ」が4大フリマアプリといわれているが、経済産業省の調査によると、2018年のフリマアプリ市場は約6,400億円とわずか2年間で倍増している。また、ヤフーが別途運営するネットオークションの「ヤフオク」にも同様な農産物が多数出品されている。同省の調査ではネットオークション

の市場規模は2017年に既に1兆円を超え、2018年は1兆150億円程度にまで膨らんでいる。

　現状、フリマアプリとネットオークションの全体の取引高に占める農畜水産物の割合はわずかではあるが、今後、ポケットマルシェ（東京）のようなC2C型プラットフォームを専門とするスタートアップや企業による新たな機能や付加サービスの提供により、市場のすそ野が拡がり始めるものと考える。

　家庭菜園を行う消費者の数は不明だが、例えば、自治体や農協などが開設・運営している「市民農園」の区画数は18.3万区画（2018年、農林水産省）で、総面積は1,300haに及ぶ。市民農園で消費者が生産する作物のほとんどは露地栽培野菜であり、都市農家のそれに近い。都市農家の平均的な農産物の年間販売高は約20万円／反（0.1ha）であり、市民農園で仮にその半分の収量があるとすると、1,300haの潜在市場は約13億円となる。

　その他、農業者が主体となる体験農園や消費者が庭やベランダで野菜を栽培する家庭菜園などを含めると現状、家庭菜園を行う消費者の潜在市場規模は30億円を超えるものと推計している。また、都市部では市民農園の空きがない地域も多い他、昨今の法改正で「生産緑地」の貸借が円滑になるなど、今後も市場は増加していくことが見込まれる。

　将来的には、個人が川や海で釣った魚に加えて、個人が栽培・製作した花卉などの園芸品や工芸農作物、農水産加工品なども取引の対象になり、農畜水産物・関連製品のC2C市場は拡がるものと推測している。先述した「5G」のサービス導入により、機能面などで独自性の高い流通プラットフォームも登場してくるだろう。C2C型のオンライン取引市場は、生産者やプラットフォーム開発事業者にとって、事業機会の高まる新たな潮流と捉えるべきである。

②卸売市場の展望

　国内の卸売市場は流通プラットフォームの市場規模算定には含まれないが、第Ⅰ部で述べたように、当プラットフォームの広義の定義に当てはまる。卸売市場は変革の過渡期にあり、2020年代に大きな変化があるものと推察している。今後の展望を概観したい。

　卸売市場は1980年代後半から市場外取引が進んでいる。市場経由率は青果

では1996年に74.6％あったが2016年には56.7％へ、水産では同じく69.4％から52.0％へそれぞれ低下した。それに伴い、青果と水産の卸売市場の合計流通高（2017年）は7兆516億円と10年前から約12％減少した。戦後の生鮮食料の供給システムとして大きな役割を果たした卸売市場は、社会構造の変化を踏まえて、新たな役割や機能が期待されている。

「卸売市場法」は1999年と2004年に改正され、2018年6月に3度目の改正が行われた。2020年6月より施行される新法では、卸売市場内の仲卸業者が卸売業者以外の産地などから商品を調達する「直荷引き（じかにびき）」や卸売業者が仲卸業者以外のバイヤーなどへ販売する「第三者販売」などが、卸売市場の開設者の判断で可能となる。また、卸売市場の開設者についても、中央卸売市場については農林水産大臣、地方卸売市場については都道府県知事のそれぞれによる「許可」から「認定」へ変わる。

これにより、卸売市場に入居する卸売業者や仲卸業者の経営・運営が多様化するとともに、異業種企業による参入も増え始めるものと思われる。ここ数年、既に異業種企業が卸売市場の卸売業者や仲卸業者を買収して参入する事例が散見されるが、早晩、中央卸売市場の開設者に名乗りを上げる企業も出てくるものと予想する。卸売市場のこれまでの経緯や市場内事業者の警戒感などを踏まえると、開設者としての運営母体は、まずは企業と自治体の合弁会社である「第三セクター」から始まるものと推察している。

第三セクターの卸売市場運営で、最も成功しているのは世界最大の卸売市場「ランジス・マーケット」を運営するフランスのセマリス社である。当社が進めた戦略で最も重要な点は、その時代の消費者の需要を見据えた新施設や機能の創設である。チーズやオーガニックの専門パビリオンの創設、生鮮流通のデジタル化に資するインキュベーション施設の創設、オンラインを活用した市場内事業者の検索システム機能と事務手続きシステムの導入など、時代に合わせて卸売市場の提供する機能やサービスを常時刷新し続けている。

今後、卸売市場は地域への食材供給という普遍機能は変わらないとしても、地域ごとで提供する付加機能やサービスは地域の事情に応じて、変わり始めるものと推察する。例えば地方卸売市場の成田市場は、2021年夏頃を目途に成田空港の滑走路の脇に市場を移転し、新たに生鮮品の輸出機能を設ける計画を

発表している。新市場敷地内に、生鮮輸出に実績を持つ専門商社や物流企業、食品メーカーなどが集まる「高機能物流施設」を建設し、そこに各社が作業場や事務所を設ける他、検疫や税関など生鮮輸出に必要な手続きを1ヵ所で行う「ワンストップ輸出ゾーン」を設けて、生鮮輸出を機能面や施設面で促進させる日本で初の卸売市場となる予定である。

2017年4月時点で全国には中央卸売市場が40都市で64ヵ所、地方卸売市場は1,037ヵ所（うち151ヵ所は公設）ある。現在、全国の自治体では成田市のように、地域の特色や経営資源を活かして、卸売市場が提供する新たな役割や機能をもとにした経営戦略が練られ始めている最中である。

その際、戦略策定における最重要のキーワードは「デジタル化」であろう。他産業がデジタル時代に突入している中、卸売市場はデジタル対応が1周も2周も出遅れている。個々の仲卸業者の中には、今朝入荷している商品を撮影し、SNSアプリの「LINE」で顧客に送付して注文を受け付けるサービスなどを行っている事例もあるが、卸売市場全体でデジタル技術を活用した取り組みを実施している先は国内ではほぼ見られない。

例えば、オランダのパンヨーロピアン・フィッシュオークション社が開発するオンライン上でセリ取引を行うプラットフォームは、市場参加者のすそ野の拡大に貢献するであろうし、中国の深圳農産物グループ社のようにテナント各社のビッグデータを蓄積・解析して、即日融資などの金融サービスを行うことも市場の魅力を高めることにつながる。

農水産物のオンライン取引が進む中、卸売市場の衰退論を唱える声も少なくない。ただ、我々はそうは思わない。卸売市場には毎日、地域や全国から大量の商品が運び込まれており、農水産物の合計流通高は縮小を続けているとはいえ、依然として年間7兆円を超えている。これは見方を変えれば、農水産物に関する膨大な「ビッグデータ」である。生鮮流通に携わる企業やITシステム開発を行う企業、またはGAFAなどの巨大ITプラットフォーマーから見ると、喉から手が出るほど欲しい「宝の山」だと考える。

2020年代のデジタル化時代で最も重要なのはデータである。卸売市場には大きな事業機会が眠っているが、残念なことに、卸売市場は産地とデータ連携がなされていない。産地から食卓までの生鮮流通のトレーサビリティが完結し

ていない大きな要因の1つにもなっている。

　卸売市場に求められている「役割が違う」といわれればそれまでだが、2020年代のデジタル化時代には、そもそも業界の垣根がなくなる。昨今のGAFAの動向を見ていると一目瞭然である。卸売市場は、ビッグデータを活用して産地や食品商社、物流企業、流通企業といった食のサプライチェーンの各関係者へ有益なサービスを展開できるだけでなく、農と食の最適なエコシステムの構築を行うことができる絶好の立ち位置にある。

5. アグリバイオ

(1) 代替タンパク

今後の市場規模予測

　代替タンパクの2019年の国内市場規模（代替タンパク製品の製造事業者の出荷高ベース）を1,054億円と推計したが、それに続く市場規模は2020年を1,384億円（前年比31％増）、2021年を1,897億円（前年比37％増）とし、2025

図表3-9　代替タンパクの国内市場規模予測

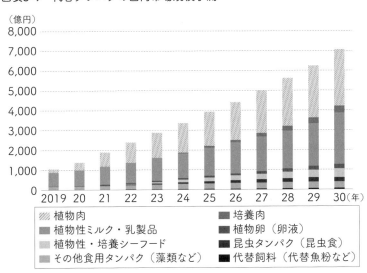

（出所）筆者推計

年を3,938億円、2030年を7,070億円とそれぞれ予測した。

代替タンパクの市場区分（製品カテゴリー）は、第Ⅰ部で定義したように、「植物肉」、「培養肉」、「植物性ミルク・乳製品」、「植物卵（卵液）」、「植物性・培養シーフード」、「昆虫タンパク（昆虫食）」、「その他食用タンパク（藻類など）」、「代替飼料（代替魚粉など）」の8つである。

市場展望

代替タンパクの国内市場は今後拡大し、2020年から2030年までの10ヵ年のCAGRを17.7％と予想する。

代替タンパクの市場が世界で注目されている背景の1つには、今後世界の人口増加に伴うタンパク需要が供給を上回る「タンパク質クライシス」への懸念がある。それを払拭する新たな生産プロセスによるタンパク源の製品化に世界が関心の目を向けている。

これから人口減少と少子高齢化が続く日本国内で見た場合はどうか。もちろん、穀物飼料や農畜水産物・食品の多くを海外に依存している日本にとって、30年先の2050年にはタンパク質クライシスが起こる可能性を否定できないが、10年後の2030年までを展望するとその可能性は低そうである。

その観点からいうと、国内の代替タンパク市場は、当面、タンパク質の「量」というよりは「質」に関心が寄せられる市場になるものと考える。言い換えると、現在、国内で提供されている「動物性タンパク質」が、どのくらい「植物性タンパク質」をはじめとした生産の持続性が高いタンパク源に置き換わっていくか（または新市場を創造していくか）に注目が集まる。

それでは、現在、国内にはどれだけの動物性タンパク質が流通しているのであろうか。農林水産省の2018年度の「食料需給表」によると、国内で国民1人が1日当たりに摂取しているタンパク質の量は約79gであり、そのうち動物性タンパク質（牛・豚・鶏の肉類、鶏卵、牛乳・乳製品、魚介類）が占めるシェアは約56％の44.1g（16.1kg／年）である。

総務省によると日本の人口（2020年2月時点、概算値）は1億2,600万人であり、国内の動物性タンパク質の流通量は203万トン（年16.1kg／人×1億2,600万人）と推計できる。その内訳（割合）は、肉類78万トン（38.5％）、魚介類

59万トン（29.0％）、牛乳・乳製品39万トン（19.0％）、鶏卵27万トン（13.4％）であり、肉類のシェアが高いことがわかる。

なお、タンパク質は単純に純供給量（減耗や歩留まりを考慮したネット供給量）と同等には変換されない。食料需給表によると、例えば牛肉の純供給量に対するタンパク質への変換率は16.7％、豚肉が18.1％、鶏肉が19.8％である（肉類の加重平均値は18.5％）。つまり、牛肉を100g食べても約17gのタンパク質しか摂取できないことになる。

そのため、現在、肉類から摂取している78万トンのタンパク質を供給するには、単純計算で422万トン（78万トン／18.5％）の肉類の純供給量が必要となる。これは2018年の純供給量とほぼ同等であり、現在、国内生産量と輸入量は概ね半分ずつとなっている。

ちなみに、厚生労働省の国立社会保障・人口問題研究所の推計では、2030年の国内人口は1億1,600万人であり、これを考慮すると2030年の肉類タンパク質の需要量は75万トン、純供給量は389万トンと試算できる。

2030年までの代替タンパク市場を牽引するのは「植物肉」と「植物性ミルク・乳製品」である。両者を併せた市場は2025年に3,160億円（全体構成比80.2％）、2030年には5,450億円（同77.0％）に達するものと推計している。

また、8つのカテゴリーのうち、2020年から2030年までの10ヵ年のCAGRが最も高い分野は「培養肉（91.7％）」であり、以下、「植物性・培養シーフード（64.7％）」、「昆虫タンパク（昆虫食）（45.3％）」、「植物卵（卵液）（33.8％）」、「代替飼料（22.8％）」、「植物肉（22.0％）」、「植物性ミルク・乳製品（12.6％）」、「その他食用タンパク（6.5％）」と続く。

以下、カテゴリーごとに、2030年までの市場推計値と事業の展望を行う他、第Ⅰ部で現在の市場動向を俯瞰していないカテゴリー（植物卵や植物性・培養シーフードなど）は、この点も併せて概述する。

①植物肉

「植物肉」の今後の市場推計として、2020年を390億円、2025年を1,740億円、2030年を2,860億円とし、10ヵ年のCAGRを22.0％と予想した。市場推計の方法として、現時点の畜産品（牛肉・豚肉・鶏肉）の国内推計流通総額（事

業者出荷ベース）に対する植物肉の2030年時点の割合を予測した。

　農林水産省「食料需給表」や「畜産物流通統計」、財務省「貿易統計」などの統計資料の他、業界各社へのヒアリングなどから、畜産品の国内流通総額を年2兆8,400億円と推計し、そのうちの約10％に当たる2,860億円が2030年までに植物肉に代替される（または新たな市場が創造される）ものと考えている。

　米国では、同国を代表する食肉企業であるタイソンフーズ社やスミスフィールド・フーズ社などが「10年後には従来の畜産物のうち半分程度が植物肉に置き換わる可能性がある」と予想しており、現在、各社ともに植物肉のスタートアップへの投資や自社による製品開発に経営資源を投下している。

　また、2020年2月末には、米国の穀物メジャーであるカーギル社も植物肉の製造販売への参入を発表し、同年4月以降、当社の強固な顧客基盤を活かした流通を計画するなど、プレーヤーのすそ野はますます拡がっている。

　日本国内では米国ほどの市場代替はないものと思われるが、2030年には少なくとも全体の1割の植物肉が市場に浸透しているものと予想している。目下、急ピッチで開発が進められている日本企業による植物肉製品が数年内に上市を迎える他、米国のビヨンド・ミート社やインポッシブル・フーズ社といった植物肉の先進スタートアップ各社の日本市場への進出（製品輸入または国内製造）も見込まれており、2025年に向けて市場は急激に立ち上がるものと推察している。

　そのカギとなるのは国内消費者と幅広い接点を持つ大手食品スーパーや外食チェーンの動向であろう。例えば、モスフードサービス（東京）は、2019年12月にシンガポールで、インポッシブル・フーズ社の植物性の代替肉を使用した「モスインポッシブルバーガー」を発売しており、早ければ2020年中に日本国内店舗での発売を計画していると見られる。

　また、マクドナルド社やケンタッキー・フライド・チキン社などの日本にも店舗を持つ米国大手ファストフード・チェーンは、2019年の秋からビヨンド・ミート社と連携してメニュー開発を進めており、早ければ2020年内に日本の一部店舗でも発売されることが予想される。

　昨今、倫理面などの社会課題を考慮した消費行動である「エシカル消費」が日本国内でも拡がりつつある。それに対応する取り組みとして、国内の大手食

品スーパーや外食チェーンが植物肉を採用する動きは自然の流れだと推察する。

②培養肉

　「培養肉」の今後の市場推計として、2020年の市場流通はなく、2025年を75億円、2030年を350億円とし、10ヵ年のCAGRを91.7%と予測した。市場推計の方法として、植物肉で推計した畜産品の国内流通総額のうち牛肉製品の流通高を算出し、それに対する培養肉の2030年時点の割合を推定した。

　農林水産省によると、牛肉（部分肉ベース）の国内推定消費量（2018年）は93.1万トンであり、国内価格は食肉市場（中央10市場）の牛枝肉卸売価格を、輸入価格は貿易統計のCIF価格のそれぞれ平均値を使用した。結果、現時点での牛肉の国内流通高を1兆1,600億円と推計した。その流通高が今後も変わらないと仮定した上で、2030年にはそのうち3%程度が培養肉製品に置き換わる（または新市場が創造される）ものと予測し、2030年の培養肉市場の規模を350億円と予測した。

　2020年2月末時点では、培養肉を上市している企業は世界を見渡してもない。培養肉スタートアップ各社による上市に向けた製品コストの低下は、ある程度、各社の想定通りに進む可能性が高いものと想定している。一方、培養肉は各国の規制当局の承認の影響を強く受けるため、仮にコストダウンが進んだ場合であっても、上市時期や国・地域は想定とは異なる可能性が高い。

　最短の製品上市は、海外では米国のメンフィス・ミーツ社やオランダのモサ・ミート社などが有力であり、日本ではインテグリカルチャー（東京）が最有力である。各社へのヒアリングでは、欧米2社の上市時期は早くて2021年もしくは2022年、上市場所は米国または東南アジアだと考えられる。インテグリカルチャーは2021年中に日本でのプレ上市を計画している。

　もちろん、「培養」というイメージを嫌う消費者もいるであろうが、培養肉は植物肉と異なり本物の「肉」であるため、味覚や食感を"肉に似せる"必要がない。また、動物福祉（動物愛護）に関心を持つ消費者層が日本でも多いことに鑑みると、製品コストと承認の壁をクリアすれば、国内でも市場は拡がるものと予想している。

仮に2022年に初の培養肉製品が国内外で上市された場合、各社の製造コストの見通しや植物肉の市場普及に要した期間などを考慮し、培養肉製品は国内外で2025年頃から本格的な普及期を迎えるものと予想している。

　2025年から2030年の5年間は、培養肉の製品が国内外で浸透し始めるのと同時に、スタートアップによる関連したサービスも普及し始めよう。例えば、スペインのノヴァ・ミート社は、3Dフードプリンタを用いた植物肉や培養肉の開発を行っているが、今後の展開として当プリンタを同業または外食企業などの他社へ提供するサービスを計画している。同様に、日本のインテグリカルチャーも長期的な計画として、農業者や消費者が培養肉を手軽に製造できるような環境整備とサービス展開を目指している。

　2030年に近づくにつれて、異業種企業の農業参入の一形態として、培養肉を製造する「細胞農業」が選択肢の1つになっている可能性もある。このようなサービス展開は培養肉市場のすそ野の拡張に寄与していくものと考える。

③植物性ミルク・乳製品

　「植物性ミルク・乳製品」の今後の市場推計として、2020年の市場流通を790億円、2025年を1,420億円、2030年を2,590億円とし、10ヵ年のCAGRを12.6%と予測した。市場推計の方法として、まず国内のミルク・乳製品の推定流通高を算出し、2030年にそれらが植物性製品にどれだけ代替しているか（または新たな市場が形成されているか）を推定した。

　農林水産省「牛乳乳製品統計」や「食料需給表」、農畜産業振興機構「販売生乳数量等」、財務省「貿易統計」などの統計資料の他、業界各社へのヒアリングなどから、ミルク（牛乳）の事業者出荷ベースの流通高を約8,000億円、乳製品の流通高（流通量：国内産乳製品は生乳ベース、輸入乳製品は製品ベース）を4兆6,200億円とし、国内のミルク・乳製品の流通高を5兆4,200億円と推計した。このうち、2030年の植物性ミルク・乳製品の推定割合として、植物性ミルクを15%程度（1,220億円）、植物性乳製品を3%程度（1,370億円）とし、当市場規模を2,590億円と予想した。

　現在、この分野で国内市場を牽引しているのは植物性ミルクの豆乳製品である。豆乳市場は2010年以降、一貫して伸び続けており、ここ数年のCAGRを

6-8％と推計している。現在、植物性ミルクの国内市場は豆乳がほぼ全てを占めているが、このところ成長著しいアーモンドミルクの市場も、今後急速に立ち上がってくるものと考えている。

　植物性ミルクは、動物性ミルク（牛乳）と異なり、ラクトース（乳糖）やコレステロール、カゼインが含まれていないため、ベジタリアンやビーガンの消費者の他に、乳糖不耐症や牛乳アレルギーの消費者を対象にできる。今後も各社による「味」を追求した新製品の上市が見込まれるため、市場は安定的に推移していくものと予想される。

　植物性乳製品は、植物性ミルクに比べると市場は黎明期にあるが、豆乳やアーモンド、米を使用したアイスやヨーグルトを中心に、徐々に市場が拡がりつつある。アイスやヨーグルトの他に注目が集まるのがチーズ製品である。現在、チーズ製品の流通量は国内乳製品の半分程度を占めており、市場は大きい。また、農林水産省によると、チーズ製品の1人当たり年間消費量は安定的に伸びており、2018年は年間2.6kg／人と10年前（2008年）に比べて約1.5倍に拡大している。

　代替チーズ製品の先進企業は、海外では2014年からアーモンド原料の植物性チーズを販売している米国のカイト・ヒル社であるが、国内企業で注目されるのはモチクリームジャパン（兵庫）であろう。当社は時間が経過しても固くならない独自の加工技術を駆使して、2019年に世界初となる米由来のチーズ製品「ブラウンライスチーズ」を開発した。当製品は玄米の健康面はもちろん、大豆などと比較してアレルギーが極めて少なく、加熱すると伸びるチーズの特性をモチで再現している点などを特徴として、昨今、植物性乳製品の市場が拡がっている米国で大きな注目を集めている。

④植物卵（卵液）

　「植物卵（卵液）」の今後の市場推計として、2020年を12億円、2025年を95億円、2030年を220億円とし、10ヵ年のCAGRを33.8％と予想した。市場推計の方法として、国内の加工卵（卵液）の流通高を推計し、それらが2030年に植物卵にどれだけ代替しているか（または新たな市場が形成されているか）を推定した。

農林水産省「食料需給表」より、国内の鶏卵の流通量（2018年）は274万トン、殻などを除いた歩留まりを85％と仮定すると、国内で流通している卵液量は220万トンとなる。業界各社へのヒアリングより、そのうち加工卵は2割程度を占めるものと見込まれ、年間流通量を44万トンと推定した。

　このうち2030年に約5％が植物卵に代替される（または新市場が創造される）ものとし、出荷単価を1,000円／kgとした場合、2030年の植物卵の市場規模は220億円（44万トン×5％×1,000円／kg）と推計できる。

　現在、この分野で世界をリードしているのは、2011年に設立された米国のユニコーン企業（時価総額が10億ドルを超える未上場企業）のジャスト社である。当社は2013年に世界初となる植物性原料100％の代替マヨネーズ「JUST Mayo」をホールフーズ・マーケットで発売して一躍注目を集めた。当製品はエンドウ豆から抽出したタンパク質を主原料としている。通常の代替マヨネーズの他、ガーリックやトリュフなどの商品バラエティを展開し、355mlのペットボトルが2.99ドルで販売されている。

　2018年には当社の看板製品となる植物性卵液「JUST Egg」の発売が開始された。当製品は、日本では主にもやしの原料として利用される緑豆から抽出されたタンパク質を主原料として製造される卵液であり、355mlのペットボトルが7.99ドル（約880円）で販売されている。これは卵6個分に相当するという。当製品はビーガンやベジタリアンなどの消費者が、家庭で主にスクランブルエッグを作る際に利用されており、現在、ホールフーズ・マーケットやウォルマート・ストアーズをはじめとする全米の主要な食品スーパーで普及している。

　ジャスト社の他には、2014年に設立された米国のクララ・フーズ社が著名である。当社は酵母を培養した人工卵白を製造しており、鶏が卵を産むのに必要な水の量などとの比較を謳い、ファストフードをはじめとする外食レストランへの普及が始まっている。

　日本では主に植物性の代替マヨネーズ製品が上市されている。例えば、マクロビオティック食品や自然食品で老舗のオーサワジャパン（東京）は、卵と砂糖・添加物を使わずに国産大豆を主原料とする植物性素材のみで製造された「オーサワの豆乳マヨ」を開発している。

　また、老舗ソースメーカーのユニオンソース（栃木）は卵を使わずに野菜エキスパウダーや野菜ブイヨンパウダーなどの原料で製造された「ベジタブルネーズ」を、大手食品メーカーのキユーピー（東京）は卵と植物アレルギー7品目を使用せずに、大豆タンパクを主原料に製造された「キユーピーエッグケア（卵不使用）」をそれぞれ開発している。

　植物卵の市場は2030年に向けて、マヨネーズの他に卵液や卵白などの代替製品の開発が予想される。各製品は味の改良とコストダウンにより、アレルギー市場以外に、ベジタリアンを中心とした汎用マーケットへの普及とレストランをはじめとする業務用マーケットへの浸透が進むものと推測され、市場のすそ野が拡がるものと考える。

⑤植物性・培養シーフード

　「植物性・培養シーフード」の今後の市場推計として、2020年の市場流通を3億円、2025年を185億円、2030年を440億円とし、10ヵ年のCAGRを64.7％と予測した。当市場の主役はマグロやエビ、ホタテ、ウナギなどの高級魚介類の代替製品だと考えられ、そのうち全体の8割程度を植物と細胞（培養）由来の代替マグロが占めるものと予測している。そのため、当市場の想定規模をマグロ類の2030年の国内流通高に占める推定シェアで割り出した。

　農林水産省や財務省の統計資料によると、マグロ類の国内供給量（2018年）は約40万トンであり、うち国内生産（漁業と養殖）と輸入はそれぞれ半数程度である。クロマグロとミナミマグロ、メバチマグロ、キハダマグロの4種の卸売市場ベースの加重平均価格を1,700円／kgとすると、マグロ類の国内流通高は約6,800億円と試算できる。

　この推計流通高のうち、2030年には約5％の340億円が植物性・培養マグロに替わる（または市場が創造される）ものと予測した。先述の通り、植物性・培養マグロが全体に占めるシェアは8割強とし、植物性・培養シーフードの2030年の市場規模を440億円と予測した。

　米国では2018年以降、スタートアップによる「植物性シーフード製品」の上市が相次いでおり、植物肉の次に成長する分野として注目を集めている。背景には、供給面では水産物は天然資源の枯渇が懸念されている点や、環境への影

響などから各国が新たな養殖場の枠を増やすことを制限し始めている点などがある。

　また、需要面を見ると、マグロなどの魚介類の一部には重金属やマイクロプラスチックを蓄積しているといわれており、妊婦を中心とした健康面に気を遣う消費者の増加がある。「天然（漁獲）」と「養殖」に替わる水産物供給のもう1つの選択肢として、植物性シーフードへの期待が高まっている。

　この分野を代表する企業は、米国のソフィーズ・キッチン社やオーシャン・ハガー・フーズ社、グッド・キャッチ社などである。2010年に設立されたソフィーズ・キッチン社は当市場の草分けで、アレルゲン・フリーを実現するために大豆や小麦を使用せず、主にイエロースピリット（黄エンドウ豆）やコンニャクイモで「エビのから揚げ」や「フィッシュ・フィレ（魚の切り身）」、「クラブケーキ（カニ肉をパン粉などでまぶした料理）」、「スモークサーモン（燻製サケ）」などの代替製品を開発している。

　また、2015年に設立されたオーシャン・ハガー・フーズ社は、世界で初めて植物由来の原料で「生マグロ」の代替魚肉製品を開発したスタートアップである。主に寿司ネタ用の生マグロ代替製品「AHIMI（アヒミ）」と生ウナギの代替製品「UNAMI（ウナミ）」を開発している。当社製品は原材料がシンプルな点を特徴とする。「AHIMI」はトマト、グルテンフリーの醤油、砂糖、水、ごま油の5つ、「UNAMI」はナス、グルテンフリーの醤油、みりん、砂糖、こめ油、藻類オイル、こんにゃく粉の7つでそれぞれ製造されている。

　2016年に設立されたグッド・キャッチ社は、2019年に植物由来の生マグロ製品「fish-free TUNA」と同冷凍マグロ製品「FISH BURGERS」、「CRAB CAKES」、「FISH CAKES」をそれぞれ上市した。生マグロ製品のバラエティは3種類で、寿司ロールやサンドウィッチなどの調理用途に適した「NAKED IN WATER」の他、ガーリックやハーブを効かせてサラダ用に適した「OIL & HERBS」、ガーリックなどの調味料が濃くパーティ料理のクラッカーなどに適した「MEDITERRANEAN」がある。主原料は6種類のマメ科植物と藻類オイルとなっている。

　一方、「培養シーフード製品」はこれから上市が見込まれる分野である。これは牛肉や豚肉、鶏肉などの培養肉と同様に、魚から採取した筋幹細胞を培養

して魚肉を製造する代替シーフードの一種である。"本物"の魚を培養する点で植物性シーフードとは一線を画する。

　現在、この分野で注目されているスタートアップは米国のフィンレス・フーズ社である。当社は2017年に設立されたスタートアップで、2019年に世界で初めて培養クロマグロのプロトタイプ製品の開発に成功している。2020年中に、まずは植物性原料を含むフィッシュバーガー用パティやツナロールを上市し、2022年を目途に、完全培養クロマグロのネギトロやツナ缶を、2023年に刺身やフィレの上市をそれぞれ計画している。

　植物性・培養シーフード市場は、現状、日本では立ち上がっていない。代替シーフード製品としては「カニカマ」などが有名であるが、その主要原料にはカニやエビなどの魚介エキス（動物性タンパク）が含まれており、本書の定義には当てはまらない。

　現在、日本の大手企業を中心に植物肉の開発が急ピッチで進められているが、この1〜2年のうちに植物性シーフードについても植物肉と同様な状況が訪れるものと予想している。製品用途としては米国同様に、そのまま刺身として食べるというよりは、ハンバーガー用パティやサラダ、ピザなどの調理用途が大半を占めるものと考えている。

　培養シーフードについては、米国の当分野のスタートアップへ投資している日本企業は一部存在するが、自ら開発に取り組んでいる企業は今のところ見当たらない。こちらも近いうちに日本企業による取り組みが始まるものと考えている。製品用途としては、2025年頃までは植物性シーフードと同様にサラダやハンバーガー用パティなどの調理用途から始まり、2020年代後半になり、ネギトロや刺身としての生食用途に拡がるものと考えている。

⑥昆虫タンパク（昆虫食）

　「昆虫タンパク（昆虫食）」の今後の市場推計として、2020年の市場流通を5億円、2025年を110億円、2030年を210億円とし、10ヵ年のCAGRを45.3％と予測した。国内スタートアップ各社の製品開発の状況や計画を踏まえると、今後の当分野の製品は昆虫の粉末を主原料としたプロテインバーの他、原料の一部に当粉末を練り込んだパンやビスケット・菓子、麺類、飲料になるものと推

測される。

　自社で最終製品の開発までを手掛けるスタートアップもあるが、昆虫を粉末にして食品企業などへ卸売を行う（または共働して製品開発を行う）ビジネスモデルが中心を占めるものと思われる。実際、「昆虫粉末」は、食品原料の新素材として、主に小麦粉の添加物（代替品）として国内外の食品関係企業などから注目を集め始めている。昆虫タンパクの市場規模推計においては、簡易的に小麦粉の流通高に対する昆虫粉末の割合を予測して算出するものとした。

　農林水産省によると、小麦粉の国内生産量は2000年以降、460〜470万トンで安定的に推移している。2017年は470万トンであり、昆虫粉末が2030年に浸透する割合は最大で0.1％の4,700トンと予想している。

　国内外の昆虫スタートアップ各社へのヒアリングによると、昆虫粉末の単価は現在5,000円／kgを超えているものと考えられるが、今後、各社が進める自動化システムが奏功してコストダウンが進むものと予測し、平均3,000円／kgで取引されるものとした。この単純な積算は141億円であるが、粉末の卸売の他に自ら最終製品を開発して販売する企業も一定程度あるため、ここから50％程度を増した210億円を2030年の昆虫タンパクの市場規模と試算した。

　昆虫タンパク市場の今後の事業展望は、主に生産システムの自動化と製品開発である。BugMo（京都）やGryllus（徳島）の両スタートアップが開発を進める食用コオロギの自動飼育システムは2020年代前半に開発されるものと予想され、その後は効率化や省力化による製品コストの低下が進むだけでなく、菌管理なども徹底されることで、海外産と差別化を図る製品品質の向上も期待される。

　また、製品開発の方向性は、自社単独または食品メーカーなどと協働して、昆虫が有する特性を発揮した製品開発が見込まれる。例えば、昆虫は乾燥重量の6割程度がタンパク質である点を活かした機能性製品の開発の他、コオロギをはじめとする雑食昆虫の特性を踏まえ、エサによって機能性をオーダーメード化する付加価値のあるサービス提供などが見込まれる。中長期的にはゲノム編集（ノックアウト型）を活用した育種開発により、特定の機能を高めた新たな昆虫品種の開発なども予想される。

⑦その他食用タンパク（藻類など）

　「その他食用タンパク」の今後の市場推計として、2020年の市場流通を175億円、2025年を275億円、2030年を330億円とし、10ヵ年のCAGRを6.5％と予想した。当市場は現時点で「藻類」の分野が全体の半数以上を占めるものと考えられ、同分野の今後の想定成長率などから当市場規模を推定した。

　藻類の市場を牽引するのはユーグレナ（東京）である。当社のミドリムシを原料とする製品開発・販売を行うヘルスケア部門の2019年9月期の売上高は約140億円であるが、そのうち「ユーグレナのミドリムシ」や「飲むユーグレナ」など、化粧品などを除いた国内食品分野の直販と流通（食品スーパーやドラッグストアを通じた販売）の売上高を80億円程度と推計した。

　当社の同期業績は、広告宣伝費の比重を化粧品分野に置いた結果、食品分野の売上と定期顧客数は前年比割れした模様だが、今後当社が進めるブランディング強化と素材認知度の向上などの各種施策により、再び安定した成長曲線に戻るものと予測する。

　また、藻類の業界で当社に続いて注目されるのは、2014年に設立されたタベルモ（神奈川）である。当社は美容や健康食品市場で注目度の高い藻の一種「スピルリナ」を製品化し、将来のタンパク質不足という社会課題の解決を目指すスタートアップである。当社は加熱・乾燥させない新鮮な生スピルリナの製品化に世界で初めて成功しており、その本格的な量産に向けて2019年10月末に東南アジアのブルネイ・ダルサラーム国内に大型栽培農場と製造工場を立ち上げた。2020年4月頃の本格稼働を計画し、年間の出荷能力は最大1,000トンを見込んでいる。

　この分野は健康食品市場に位置し、大手食品企業をはじめとする多数の事業者が乱立している。その一方、健康食品市場は今後も規模を拡大する見込みが高く、「その他食用タンパク」の市場が2030年まで年率6-7％で成長することは十分に可能だと判断している。

⑧代替飼料（代替魚粉など）

　代替飼料の今後の市場推計として、2020年の市場流通を9億円、2025年を38億円、2030年を70億円とし、10ヵ年のCAGRを22.8％と予測した。当市場は

水産養殖などで使用される魚粉飼料の代替製品が中心になるものと考えており、原料としては「昆虫」や「藻類」、「酵母・バクテリアなどの単細胞生物」などが想定される。

これを踏まえ、本市場の2030年の市場推計においては、国内の魚粉流通量に対する代替魚粉の推計割合から算出するものとした。農林水産省や財務省の統計資料によると、魚粉の国内流通量は約40万トン（国産と輸入の割合はほぼ半数ずつ）であり、その用途は水産養殖が60％強、養鶏が20％強、養豚が15％程度と推定される。

輸入魚粉の製品単価（CIF価格）は約150円／kgであり、国内魚粉飼料の市場規模は、輸入商社ベースで600億円程度（40万トン×150円／kg）、輸入商社の粗利を20％と仮定し、国内事業者の出荷ベースで720億円程度の市場と推計した。このうち最大で1割弱が、昆虫や藻類、酵母・バクテリアなどを原料とする代替飼料に置き換わるものとし、2030年の当市場を70億円程度と予想した。

現在の魚粉飼料は、カタクチイワシをはじめとした天然魚を乾燥・粉砕して製造されており、天然資源に大きく依存している。水産資源の枯渇が懸念される中、世界では2030年には200万トン程度の魚粉飼料の原料代替が必要ともいわれている。このような背景から、国内でも2020年代中頃には代替飼料の一定の浸透が見込まれる。

市場を牽引するのは、昆虫を原料とした飼料製品の開発を行うスタートアップであろう。イエバエを使った飼肥料開発を行うムスカ（東京）やカイコ（蚕）のサナギから機能性物質「シルクロース」を抽出して飼料用サプリメントの開発を行う愛南リベラシオ（愛媛）などがその代表である。

現在、ムスカは実証を重ねながら上市製品を開発中であるが、愛南リベラシオは連携パートナーである新東亜交易（東京）を通じて、2016年より国内の水産養殖事業者や飼料メーカーなどへの製品販売を開始している。当社によると、およそ2年間のプレ上市を経た2018年頃から当社製品を採用する飼料メーカーや養殖事業者が増加し始めた模様である。

海外では、米国のカリスタ社の展開に注目が集まる。当社は2012年に設立されたスタートアップで、独自のバクテリアの発酵技術にもとづいて天然ガス

から魚粉などの代替飼料（代替添加物）製品を開発している。

　当社は、2016年に英国政府の支援を受けて同国に実証バイオプラントを建設し、翌年には米国穀物メジャーのカーギル社と設立した合弁会社によるプラント建設を開始した。また、2020年2月には中国の国有総合化学メーカーである中国化工集団（ケムチャイナ）グループと共同で、同国内に巨大バイオプラントを建設することを発表している。

　既に日本を含む世界各国の水産養殖関係者との実証が重ねられており、当社によると、養殖魚の成長促進などで概ね期待している成果が出ているという。製品上市は2021年中を計画している。

(2) ゲノム編集

今後の市場規模予測

　ゲノム編集の国内市場は2020年から立ち上がり始め、2025年を58億円、2030年を347億円と予想した。市場区分は「野菜・穀物種子」と「花卉種子」、「植物苗」、「水産分野（品種）」の4つの製品市場とした。なお、関連サービスについては市場推計に含まれていない。

市場展望

　ゲノム編集の国内市場は今後拡大し、2020年から2030年までの国内市場の10ヵ年のCAGRを68.3％と予想する。

　各種統計や業界関係者へのヒアリングより、国内の種子市場を約1,250億円、植物苗市場を約1,100億円、合計3,350億円と推計している。これらの市場のうち、ゲノム編集製品に置き換わる（または新市場が形成される）割合として、2025年を2.5％程度、2030年を15％程度とそれぞれ予測した。

　つまり、ゲノム編集による野菜・穀物種子と花卉種子の市場合計は2025年を30億円、2030年を175億円とし、同じくゲノム編集による植物苗市場は2025年を27億円、2030年を158億円とそれぞれ推計した。

　現在国内で開発に成功しているゲノム編集品種で、上市方針を明確にしているのはサナテックシード（東京）の「GABA高含有トマト」であるが、上市は早くても2021年以降だと考えられる。

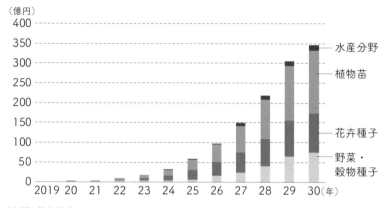

図表3-10　ゲノム編集の国内市場規模予測

（億円）

（出所）筆者推計

　2020年代の前半にサナテックシードをはじめとする一部のスタートアップによる製品の上市が見込まれるが、野菜や穀物種子市場の本格的な立ち上がりは2027年以降だと予想している。野菜や米に、耐病性の向上や多収などの形質が付与され、農薬使用量の削減や農業所得向上に寄与するものと考えられる。特に米の分野では、不足している加工用米や飼料用米向け品種の開発が進むものと予想される。

　ゲノム編集育種が高いポテンシャルを持つのは、食品衛生法の適用を受けない花卉であろう。遺伝子組換えの青いバラと青いカーネーションが一定の成功を収めている前例もあり、2025年までにバラもしくはカーネーションのゲノム編集品種が上市するものと予測している。

　水産分野については、2025年頃に陸上養殖で試験的にゲノム編集品種が採用され、2030年にかけて主に陸上養殖で浸透するものと予想している。主な魚種はサーモン類であり、第Ⅲ部1.（2）の「陸上・先端養殖」で推計したように、陸上養殖施設から出荷される魚の流通高を2025年は102億円、2030年は258億円と推測した。サーモン類の種苗コストを販売高の5.5％程度と置き、ゲノム編集品種の陸上養殖の浸透率は2025年を約1割、2030年を約7割と予測した。その他、既存の海面養殖でも徐々に採用されると考え、ゲノム編集の水産分野の市場規模は2025年を1億円、2030年を14億円と予測した。

　ゲノム編集については、消費者団体からオフターゲット（目的以外の配列を予期せず切断してしまうこと）によって有毒な品種ができてしまう可能性があり、それが出回ることで健康被害が生じることを懸念する声が聞かれる。しかし、ゲノム編集はあくまで育種の手段であり、ある個体をゲノム編集作業でノックアウトしただけで新品種ができるわけではない。膨大な数のノックアウト個体を作成し、そこから最も優秀な個体を選別し、さらにそれを交配して性質を安定させて初めてゲノム編集作物が完成する。当然、有毒な変異体など人間に不都合な性質の個体は選別の過程で排除される。つまり、世に出るのは一握りの"エリート"品種である。そのため、大きな健康被害を生じる可能性は限りなく低いと考えている。

2 フード&アグリテックと2030年の日本農業

1. フード&アグリテックを推進するコアテクノロジー

　フード&アグリテックの9つのサブセクターについて、2020年2月末時点の社会実装の状況を図表3-11にまとめた。既に普及期を迎え始めているのが流通プラットフォームやドローン、植物工場であり、上市期から普及期に位置するのが生産プラットフォームやロボットトラクター、陸上・先端養殖である。また、上市期にあるのが代替タンパクであり、開発期と上市期の間に位置するのが収穫ロボットとゲノム編集である。

　フード&アグリテックの各セクターは2020年代に全てが社会実装を迎えるものと考えているが、その契機は何か。それはフード&アグリテックのコアテクノロジーである「デジタル技術」の開発促進だと考えている。デジタル技術は既にフード&アグリテックの各分野に取り入れられ、社会実装を始めているサブセクターもある。その代表格はドローンである。日本では2017年中頃から普及が始まり、ここ数年で大規模な稲作農業者にとっては必要不可欠な農業機械となった。

図表3-11　フード&アグリテックの各セクターの社会実装ステージ

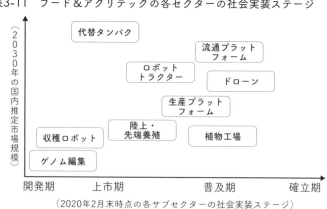

（2020年2月末時点の各サブセクターの社会実装ステージ）

（出所）筆者推計

　ドローンの自律飛行になくてはならない部品はフライトコントローラーであり、ドローンの「脳」や「心臓部」とも呼ばれている最重要パーツである。フライトコントローラーは主にマイクロコンピューターとセンサ類（ジャイロセンサなど）で構成されており、ドローンに取り付けられた各種センサからの情報を自動演算しながら自律飛行を行っている。まさにデジタル技術の塊である。

　また、国内外で潜在需要の高い収穫ロボットには、主に自律走行技術の他、画像認識技術、ロボットアーム技術の３つが不可欠だが、これらの技術の根幹を成すのはデジタル技術である。植物工場や陸上養殖、生産／流通プラットフォーム、そして食材や栄養素を分子レベルで解析する植物性由来の代替タンパクなどの分野も、やはりデジタル技術がそれらの基盤となっている。

　それでは、デジタル技術の開発スピードを加速させるきっかけは何か。そのトリガーは、日本でも2020年からサービスが開始される「5G」だと予想する。

　通信規格は日本では10年に1度更新されており、2000年に3Gが、2010年に4Gのサービスがそれぞれ日本で開始された。3Gは携帯電話やインターネット、また4Gはスマートフォンの普及にそれぞれ貢献した。そして2020年からサービスが始まる5Gは「高速・大容量」と「低遅延」、「多数接続」を特徴とし、4Gと比べて速度は20倍、遅延は10分の1、同時接続数は10倍といわれる。

　これによって膨大なビッグデータの収集とリアルタイム解析の精度が格段に上がる他、今後の機械学習の中心を成すディープラーニング（深層学習）の学習量もこれまでと比類のない規模になる。結果、AIの「質」が向上する。また、IoTセンサやAI、ビッグデータといったデジタル技術の本格的な活用が進み、実質的にクラウド（データ蓄積空間）と実社会との垣根がなくなる。

　つまり、現在のようにクラウドにあるデータをインターネット経由でアクセスして収集・分析するのではなく、センサ経由でクラウドに蓄積されるビッグデータをAIが自動解析し、その結果が（人がアクセスしなくても）リアルタイムでフィードバックされるようになる。

　収穫ロボットやロボットトラクターなどのフード＆アグリテックの次世代技術がようやく社会実装を迎えるだけでなく、既に普及し始めたドローンや植物工場、流通プラットフォームなどの分野に関しても、IoTセンサやAIを用い

たシステムの精度や性能、安全性などが見違えるように変わるものと考えられる。5Gはフード＆アグリテックのデジタル技術を飛躍的に高め、フード＆アグリテックの社会実装を促進する大きな起爆剤になるものと予測する。

2. フード＆アグリテックが創出する農と食の新市場

「5G」はただの高速大容量通信ではなく、社会を変えるデジタル技術の基盤になる。そのため、フード＆アグリテックが社会に大きく浸透し始める2020年代の後半には、これまでの技術や常識では考えられないビジネスモデルやサービスが出始めるものと推測される。

まず、新たなビジネスモデルとして、食のサプライチェーンを横断した事業モデルが普及する。例えば植物工場で野菜栽培を行う事業者は、食品スーパーなどとの契約量に基づいて野菜を栽培・出荷するのではなく、植物工場の生産プラットフォームに搭載されたAIが、生産プロセスだけでなく出荷や物流などの各プロセスもコントロールするようになるだろう。

つまり、契約している食品スーパーの野菜棚に設置された無数のセンサが売れ行きや残数の他、購入した性別や年齢層などのビッグデータを収集する。それをAIが解析し、次回棚に並べるべき野菜と日にちをリアルタイムで判断し、栽培と物流のリードタイムを勘案しながら自動で栽培（播種）を行うようになることが見込まれる。

また、園芸施設では、顧客であるレストランのシェフが野菜を発注する際、園芸施設内に張り巡らされた高精度カメラやセンサで収穫可能な野菜を直接確認できるようになろう。顧客による商品の栽培履歴やオーダー可能量などの細かな質問についても、園芸施設内の生産プラットフォームに搭載されたAIが自動で応答し受注すると同時に、収穫・包装ロボットと外部の物流事業者に指示を与えて商品を発送するようになると考えられる。

その際、アマゾンの「あなたへのおすすめ」のように、レストランシェフのこれまでの受注履歴などをもとに、「園芸施設内で出荷可能な野菜や果実を使ってこのようなメニュー（レシピ）を開発できます」という精度の高い"逆提案"をする営業もできるようになるかもしれない。

　さらに、水産分野では、漁師が魚介類を漁獲する映像を高精度カメラでライブ配信し、船上で漁師と実需者がリアルタイムに会話を行いながらセリ取引が行われ始めるであろう。都市の良い立地にある卸売市場は、それらのシステムを投資・構築し、取引関係者に物流の場を提供するだけでなく、漁業者と実需者との日々の膨大な取引データを収集・解析して、マーケティングや金融（保険・小口融資など）などのサービスが始まるものと予測する。

　ゆくゆくは、漁師の「漁」自体が取引の対象になるかもしれない。つまり、過去の特定地域の漁獲実績や衛星で収集した海面情報などをAIで分析し、食品スーパーなどのバイヤーに対して、例えば「1週間後の漁ではこのような魚介類がこのくらい漁獲できる可能性が9割ある。」という出港前の漁がセリ取引の対象となる。

　漁師は所得が安定するメリットが、また、バイヤーは卸売市場などが開発する保険でリスクを回避することで、新鮮な魚介類を通常より安価に確保できるだけでなく、漁の様子を消費者にライブ配信するなどのマーケティング・販促手段にも活用が見込める。まさに、アリババのジャック・マー氏が2016年に提唱した“ニュー・リテール”の体現といえる。

　このようなビジネスモデルは決して遠い未来の話ではなく、5Gの浸透によるフード＆アグリテックの普及により、いずれも2020年代に開始されるものと考えてよい。

　次に、フード＆アグリテックの浸透は新たなサービス分野の創出を促す。最も大きな分野として期待されるサービスが、収穫をはじめとする農作業の代行サービス（コントラクター）である。コントラクターは決して新しいサービスではないが、農業人材が国内外で不足している中で、需要は確実に増えることが予想される。

　農作業は主に「播種・定植」、「施肥・防除」、「収穫・包装」があるが、コントラクターが特に普及するのは「収穫・包装」分野であろう。品目によって異なるが、収穫・包装の作業は全農作業時間の半分以上を占めるといわれている。しかも、多くの品目で、収穫時期に限定して労働者の大量確保が必要となるため、年を追うごとに人材確保は困難になり始めている。

　また、デジタル技術を搭載したロボットトラクターや収穫ロボットなどの農

業機械は決して安くない。基本的に年に1度または数回しか使わないのであれば、メンテナンスや性能のアップデートなどを考慮すると、収穫などの作業を外部委託する農業経営者が出てきても全く不思議ではない。

コントラクターを担う事業者としては、地域の農業団体や農薬・肥料・資材などの代理店の他、新たな事業機会を見出す個人事業主やスタートアップ、異業種企業などの参入を予想している。コントラクターの作業料は農業経営者が作業を行う場合に必要な人件費が前提となっており、例えば米の収穫サービスだと販売高の2割程度だといわれる。

これまでのコントラクターは、この売上高で自社の人件費や機械の償却・保守・メンテナンスなどを賄ってきたが、今後のコントラクター経営の柱は「データサービス」にあるものと考える。つまり、収穫サービスを通じて、多様な農場や営農、作物に関するビッグデータを収集・解析し、特定の地域に特化したローカル版の生産プラットフォームを開発したり、収量予測や補償を行う保険、収穫物を担保にした即日融資などの金融サービスを行ったり、（データを個人が特定されない形で加工した上で）特定地域の営農データを関係者へ提供したりするサービスなどが考えられる。

1990年代後半に続いて再び大きな注目を集めているAIは、デジタル技術の中核を成す技術の1つである。これは優れたアルゴリズムとデータ量でその性能が決まるといわれている。2020年代のデジタル化時代は、これまで以上に「データ」が価値を生む時代となる。

例えば、生産プラットフォームを開発しているスタートアップの中には、利用料をほぼ無料に近い形でシステムを提供している企業もあるが、その最大の目的は農場と作物のビッグデータ収集である。また、収穫ロボットを開発する国内外の先進的なスタートアップの大半のビジネスモデルは、製品の売り切りではなく手間のかかる収穫代行やリースモデルだが、その目的も同様である。

データをサービスに換える動きは、代替タンパク分野でも同様である。例えば、米国のユニコーン企業で代替卵製品を開発するジャスト社は、植物性原料100％の代替マヨネーズ「JUST Mayo」や植物卵液「JUST Egg」を開発し食品スーパーで販売しているが、当社が今後"本命"と位置付ける事業はデータサービス事業である。

　当社は2011年の創業以来、世界中から植物を集めて植物性タンパク質の
ビッグデータを収集し続けている。それぞれが持つ植物性タンパク質の機能を
解析して、代替食品を開発する企業にソリューション提供するビジネスを計画
している。製薬業界では1960年代以降、全世界の植物から薬に使える化合物
を探索してきたといわれるが、当社はその手法を食分野で展開予定である。

　このように、2020年代の5Gとフード＆アグリテックの普及は、関連製品の
浸透のみならず、それを利用した食産業の新たなビジネスモデルやビッグデー
タなどに着目した様々なサービスが、多様なプレーヤーによって展開されるも
のと予測する。その際、日本企業は特異な技術やサービスを有する海外企業と
のグローバル連携による成長の訴求という経営視点も忘れてはなるまい。

3. フード&アグリテックとデジタルトランスフォーメーション

　「5G」やフード＆アグリテックを活用した新たなビジネスモデル・サービス
は、業界の垣根を取り払うと同時に、食産業のサプライチェーン全体を再構築
する可能性がある。いわば、産業の創造的破壊（ディスラプション）である。

　実際、農と食の分野でも、データとデジタル技術で強みを持つグローバルな
異業種企業による国内進出が相次いでいる。EC業界で世界第2位のアマゾン・
ドット・コム社が2017年から日本でも「アマゾン・フレッシュ」を開始して国
内生鮮流通に本格参入した事例やEC業界で世界最大手のアリババグループ社
が2019年末に農業分野への本格的な取り組みを発表した事例はその象徴であ
ろう。

　2020年代はデジタル技術の進展により、あらゆる産業で異業種企業が進出
し合う構図が指摘されている。競争優位を保ち、新たな成長機会を探りながら
企業としての持続可能性を維持する方法として、昨今、多くの企業が取り組み
を検討し始めているのが"デジタルトランスフォーメーション（DX）"であ
る。

　DXは一般的に「データやデジタル技術を駆使して顧客や社会の需要をもと
に、製品やサービス、ビジネスモデル、組織、プロセス、企業文化などを変革
し、競争上の優位性を築くこと」と定義される。デジタル技術を単に商品戦略

や経営戦略に活かすだけでなく、企業文化を含めた企業そのものの変革につなげる取り組みだといわれている。

　経済産業省は2018年9月に取りまとめたレポートの中で、日本企業がDXに乗り遅れると2025年以降に最大12兆円／年の経済損失が生じる可能性があると述べている。農と食の産業も対岸の火事ではない。農を含む食産業の経済規模は全産業の10％程度と見込まれ、食産業全体で2025年以降に年間1.2兆円の経済損失となる可能性がある。

　DXは個々の企業が取り組む変革の概念であるが、仮に産業全体の概念で捉え直すとどうか。それは「デジタル技術を活用して各産業のサプライチェーンの最適化を実現し、持続可能な産業に再構築する」と言い換えられる。第Ⅰ部で述べたように、フード＆アグリテックの主目的の1つは「農と食の持続可能な新たなエコシステムの構築」であった。これは農業生産分野の生産性の改善や効率・省力化による農業所得の向上を促すだけでなく、円滑な技能伝承や資材調達の効率化、食品ロスや流通コストの低減、決済の効率化、生鮮物流の最適化、エシカル消費需要の高まりに対応した食品開発などを意味するが、一言でいえば「食のサプライチェーンの最適化」に他ならない。

　DXはフード＆アグリテックが目指す概念と同義である。デジタル化をコアテクノロジーとするフード＆アグリテックの普及は、まさに農と食のDXを促すことにつながる。

　農と食の分野は他産業と比べてデジタル化が遅れているため、DXを推進した際のインパクトは、全産業の中でもトップクラスの効果をもたらすものと予想している。現在、農林水産省でも「DXは農業現場はもちろん、農業政策や行政内部の事務についても推進することが不可欠」と述べ、農業DXの促進を図っている。例えば、部署ごとにバラバラに管理していた農地情報を一元化する「農業デジタル地図」や農政情報をスマートフォンで農業者に配信する「MAFFアプリ」、補助金などがオンラインで手続き可能となる「共通申請サービス」などをそれぞれ開発している。

4. デジタルトランスフォーメーション時代の農業経営

　フード＆アグリテックが促す農と食のDXは、2030年の日本農業の現場をどう変えるか。稲作の例で俯瞰してみたい。

　稲作の生産プロセスは、主に「耕起・整地」、「移植・播種」、「防除」、「水管理」、「営農管理」、「収穫」であるが、2030年には大部分が自動化されているものと予測する。主役になるテクノロジーは、ロボットトラクター（田植機とコンバインを含む）とドローン、生産プラットフォームである。

　ロボットトラクターは耕起・整地、移植・播種、収穫のプロセスで用いられるが、2030年時点で自動化レベル2（有人監視での自動化）と3（遠隔監視での自動化）のシェアは全体で4割程度を占めるものと予測している。

　また、ドローンは防除で利用されるが、既に大規模な稲作事業者で利用されている。今後は防除だけに留まらず、2025年までには生産プラットフォームと連携して水田や作物の栄養状態などを把握するセンシングや直播などにも広く利用されていよう。

　水管理や営農管理は生産プラットフォームが担うが、こちらも水管理のセンサなどは既に導入されている。2025年頃には、農場の各センサがクラウドを通じて生産プラットフォームのAIとリアルタイムで連携して、農業経営者の操作や判断を仰ぐことなく、センサ情報をもとに「水を増やす」、「ドローンでピンポイント防除・施肥を行う」などの営農アクションが起こされるようになることが想定される。

　このような自動化により、農業経営者は生産プロセスに多くの時間を割く必要がなくなる。非常の際にはセンサ情報を感知したスマートフォンなどのデバイスからアラームが発せられるが、2030年にはその非常対応についてもAIが解決できるようになっているだろう。

　農業の生産プロセスの"オートメーション時代"が訪れる中、今後、農業経営者に求められるのは何か。それは新たな組織づくりである。コア人材は「農業人材」と「デジタル人材」であろう。DX時代になっても農業の現場を理解できる人材は不可欠である。中国で生鮮流通のデジタル化を牽引する美菜社や宗小菜社などのユニコーン企業が開発する流通プラットフォームは、いずれも

農業の現場に精通しているチームによって開発され、日々、マイナー改良が行われている。

2030年は生産から販売までのサプライチェーンがデータ連携されているものと考えられるため、農業の生産プロセスはもちろん、加工や流通のプロセスの現場にも長けている人材の価値がより高まるであろう。

また、デジタル人材はどの業種でも必要不可欠になる。もちろん、IoTセンサやAIシステム、流通プラットフォームなどのデジタル技術の多くはITベンダーなどの他社から提供されることになる。しかし、これらのITベンダーとの意思疎通だけでなく、システムから解析されたデータの意味を理解し、次に取るべきアクションを経営者と共有し議論できる社内人材は必須となる。

DX時代で競争優位性を左右するのは商品や顧客などの「データ」であり、それを社内人材が理解できるか否かの違いはとても大きい。自社の商品やサービス、または商品づくりに対する"思い"などに精通しているのは自社の経営陣や従業員だからである。

もちろん、農と食のサプライチェーンやデジタル化に精通している優秀な人材の確保は容易ではない。それらの人材は農と食の業界だけではなく、新たにこの分野へ参入を検討している異業種企業をはじめ、ITベンダーや金融、コンサルティングなどの様々な業種で需要が高まっている。

報酬水準が重要であることはいうまでもないが、より重要なのは自社の経営ビジョンであろう。一定の報酬があれば、後は"やりがい"を求める人材は増えている。SDGs（持続可能な開発目標）やエシカル消費に関心を持つ層が国内でも増加しているように、仕事に関しても多様な価値観を持つ人材が増えている。

幸い、農と食の分野はデジタル化の導入による変化率（成長期待率）が高く、また生活様式としてすっかり定着した"スローライフ"を体現する産業としての注目度も高い。自社の事業を通じてどのような社会を実現しようとしているのか、どのような価値を社会や顧客に提供しようとしているのかを経営者が自ら謳い、従業員に共有していくことが欠かせない。

フード＆アグリテックとDXは、農と食の産業を大きく変えるテクノロジーとソリューション概念だが、個々の経営数値を変革させる"飛び道具"ではな

い。1925年に創業された米国の大手乳業メーカーのエルムハースト社は、2017年に乳業の先行きを案じて、業態を植物由来の"代替"乳製品業に大転換した。結果としては、アーモンドミルクをはじめとする植物性ミルクの他に、オート麦を原料とした「オートミルク」が全米で大ヒットして、再び成長軌道に乗った。当時は乳業を閉じることに社内外で大きな反発もあったというが、経営者が従業員1人ひとりに自身のビジョンを丁寧に説明しながら、その「決断」をした。

　いつの時代もどの産業においても、事業の変革には経営者の確固たるビジョンにもとづく、地道な組織と戦略づくりが肝要となる。そして、最終的には決断を行う経営者の「覚悟」がそれらの礎となろう。

【著者紹介】

佐藤　光泰（さとう　みつやす）

野村アグリプランニング＆アドバイザリー株式会社　調査部長 主席研究員

1978年・大分県生まれ。2002年・早稲田大学法学部を卒業し、野村證券株式会社へ入社。2005年・野村リサーチ＆アドバイザリー株式会社へ出向し、農水産業・食品・小売セクターの産業・企業アナリストとして産業調査や企業分析・企業価値算定、成長戦略策定支援などの調査業務を通じてVC・IPO・M&Aなどの投資銀行業務にも従事。2010年・野村アグリプランニング＆アドバイザリー株式会社（NAPA）へ出向し、農水産業・食品セクターの調査・コンサルティング業務に従事。

NAPAでの主な業務実績は「6次産業化の生産性向上に係る調査（2011年／農林水産省）」「6次産業化財務動向調査（同）」「農業参入に向けた事業構想・計画策定支援（2011-12年／民間）」「農業復興計画の策定支援（2012年／自治体）」「東北被災地域での農業参入可能性調査（2012年／民間）」「農林漁業成長産業化ファンドを活用した事業／財務戦略・計画策定支援（2012-16年／民間）」「ロシアの農業市場調査（2013年／民間）」「香港・シンガポールにおける生鮮小売店の出店可能性調査（2014年／民間）」「東南アジアの生鮮流通実態・輸出可能性調査（2015年／農林水産省）」「国際農産物等市場推進計画策定支援（2016年／自治体）」「卸売市場の基本計画策定支援（同）」「農水産物・花卉の輸出戦略・計画策定支援（2016年／民間）」、「欧州・米国・東南アジアの生鮮流通市場調査（2016-17年／民間）」「卸売市場の移転再整備支援（2017-18年／自治体）」「卸売市場の経営展望策定支援（2018年／自治体）」「欧州・東南アジア・中国の農業ICTシステム実態調査（2018年／民間）」「欧州・米国における農業ICTシステムの海外展開可能性調査（2019年／民間）」他多数。

石井　佑基（いしい　ゆうき）

野村アグリプランニング＆アドバイザリー株式会社　調査部　主任研究員

1983年・千葉県生まれ。2006年・筑波大学第二学群生物資源学類を卒業、2008年・筑波大学大学院生命環境科学研究科を修了（生物工学修士）。同年・資産運用会社へ入社し、証券トレーディングや株式アナリスト業務に従事。2018年・野村證券株式会社に入社し野村アグリプランニング＆アドバイザリー株式会社（NAPA）へ出向し、農水産業・食品セクターのリサーチ・コンサルティング業務に従事。

NAPAでの主な業務実績は「農業ビジネス開発支援（2017年／民間）」「海外における農業データの利活用に関する調査・研究（2017年／民間）」「農業データ知財保護・活用推進事業（2018年／農林水産省）」「農林水産分野の知財に関する調査研究（2018年／特許庁）」「閉鎖型植物工場の事業可能性調査（2018年／民間）」「農業法人の誘致支援事業（2018-19年／自治体）」「輸出に関する優良事業者表彰事業（2019年／農林水産省）」「農業参入に関する事業戦略作成支援（2019年／民間）」等。

全日本蘭協会学術委員等を務める他、雑誌「園芸ジャパン（エス・プレスメディア出版）」に「植物工場とラン」の連載を寄稿、「小型野生ランを楽しむ（栃の葉書房）」等、園芸関係の著作多数。

【編者紹介】

野村アグリプランニング&アドバイザリー株式会社

野村アグリプランニング&アドバイザリー株式会社（NAPA）は、「アグリビジネスを軸に、地域活性化を通じて日本経済の発展に貢献する」という理念のもと、野村ホールディングス株式会社が2010年9月に設立した農と食の産業を専門領域とする調査・コンサルティング会社。

リサーチをベースとした実践的なコンサルティング・サービスと経験豊富な人材、全国の先進的な農と食の事業者とのネットワークを特徴に、野村グループのネットワークも活用して、国内外の市場調査や省庁・自治体の政策立案・実行支援、事業会社の新規事業の構築支援など、これまでに省庁や自治体、事業会社などへ100件程度の調査受託およびコンサルティング・サービスを提供。

https://www.nomuraholdings.com/jp/company/group/napa/

2020 年 3 月 31 日　　初版発行
2023 年 1 月 10 日　　初版10刷発行　　　　　　　略称：アグリテック

2030 年のフード&アグリテック
―農と食の未来を変える世界の先進ビジネス 70―

編　者　ⓒ　野村アグリプランニング&
　　　　　　アドバイザリー株式会社
著　者　　　佐藤光泰・石井佑基
発行者　　　中　島　豊　彦

発行所　同 文 舘 出 版 株 式 会 社
　　　　東京都千代田区神田神保町 1-41　　〒 101-0051
　　　　営業（03）3294-1801　　編集（03）3294-1803
　　　　振替 00100-8-42935　http://www.dobunkan.co.jp

Printed in Japan 2020　　　　　　　DTP：マーリンクレイン
　　　　　　　　　　　　　　　　　　印刷・製本：三美印刷

ISBN978-4-495-39036-5